QUESTIONS DE DROIT PÉNAL

Question de méthode

En couverture : *Amur* de C. Lequesne-Roth.

5-7, rue de l'École-polytechnique ; 75005 Paris

http://www.librairieharmattan.com
diffusion.harmattan@wanadoo.fr
harmattan1@wanadoo.fr

ISBN : 978-2-296-56395-7
EAN : 9782296563957

Sous la direction de
Jean-Jacques Sueur, Professeur des Universités
et Geneviève Dorvaux, Maître de conférences

QUESTIONS DE DROIT PÉNAL

Question de méthode

Université du Sud-Toulon Var
Centre d'Études et de Recherches sur les Contentieux

L'Harmattan

Ont collaboré à ce numéro :

Mlle Marjorie BLANC, Doctorante de droit privé, membre de l'Atelier de sociologie criminelle du C.E.R.C ;

Mlle Elodie BORDES, Doctorante de droit public, membre de l'Atelier de sociologie criminelle du C.E.R.C ;

Mme Valérie BOUCHARD : Maîtres de conférences à l'Université du Sud Toulon-Var ;

Mme Geneviève DORVAUX : Maître de conférences à l'Université du Sud Toulon-Var ;

M. Emmanuel DREYER : Professeur à la faculté J. Monnet de l'Université Paris Sud (Paris XI) ;

M. Thierry GARCIA : Maître de Conférences à l'Université de Nice Sophia-Antipolis ;

M. Laurent JOURDAA, Doctorant de droit public membre de l'Atelier de sociologie criminelle du C.E.R.C ;

Mlle Magali LARDEUX, Doctorante de droit privé, membre de l'Atelier de sociologie criminelle du C.E.R.C.

M. Henri LECLERC : Avocat au barreau de Paris Président d'honneur de la Ligue des droits de l'Homme ;

M. Christopher LEONE : Étudiant en Master 1, Droit public et privé à l'Université du Sud Toulon-Var ; Président GENÉPI Toulon (Groupement Étudiant National d'Enseignement aux Personnes Incarcérées) ;

Mme Caroline LEQUESNE-ROTH : Doctorante contractuelle, Université du Sud Toulon-Var ;

M. Denis SAUVAN : Maître de conférences de droit privé et sciences criminelles (HDR), Université de la Polynésie Française, Membre de l'Association internationale des criminologues de langue française (AICLF) ;

M. Jean-Jacques SUEUR : Professeur de droit public, Fondateur et ancien directeur du CERC.

AVANT-PROPOS

Le présent ouvrage a un contenu un peu différent des précédentes publications du centre d'études et de recherches sur les contentieux. Il ne s'agit pas en effet de rassembler en un seul volume les actes d'un colloque ou d'une journée d'études, organisés sur un thème précis, mais de rendre compte, de manière thématique – le droit pénal et la procédure pénale – de la vie du centre et de sa réactivité à certaines « questions sensibles ».

Le sujet choisi s'impose de lui-même en raison de l'actualité législative nationale, mais c'est aussi un sujet fuyant, parce que la « matière pénale » – autre nom pour désigner le même objet – s'impose avec une fausse évidence, due à une instrumentalisation forte par les politiques. Le droit pénal est devenu un instrument de gouvernement. Mais ne l'a-t-il pas toujours été ?

Cela impose au chercheur – qu'il soit ou non un spécialiste, et quels que soient ses « moyens » – un devoir élémentaire de réserve critique. Autrement dit une réflexion de caractère méthodologique : de quoi parlons-nous ? Que veulent dire ces mots qu'on nous présente comme allant de soi ? Que sont au juste ces révolutions qui, à la réflexion, n'en sont pas vraiment ?

C'est pourquoi les textes ici rassemblés sont eux-mêmes des propositions, des « ouvertures », comme nous l'avons dit *in fine*.

Cette ouverture est affaire de volonté, bien entendu, mais pas seulement. On trouvera donc d'abord des enquêtes, menées – redisons-le – avec les moyens disponibles, et visant à une double finalité : contribuer à faire vivre autant que possible le centre de recherches, en assurant la publication de ce qui s'y passe (en l'occurrence dans le domaine de la sociologie criminelle), donner la parole à ses membres, s'ils le souhaitent, et si cette parole est compatible avec le projet d'ensemble.

C'est le cas des deux enquêtes qu'on va lire : la première constitue un travail de synthèse, tandis que la seconde s'efforce de dégager (ou de rappeler) sur un plan plus général ce que sont les conditions d'une... enquête en droit, ses conditions de possibilité comme disent les philosophes.

On s'est ensuite efforcé de dresser un état (évidemment non exhaustif) de ces « questions sensibles », où affleure la politisation du droit[1]. On n'avait que l'embarras du choix, mais l'opportunité aidant (un colloque tenu il y a longtemps dans le cadre de la Faculté de droit et dont les actes n'avaient pu être publiés alors), on s'est interrogé sur deux tendances qui commencent à devenir lourdes: l'importance assez extraordinaire donnée à la victime dans la structure du procès pénal, contre toute attente, mais non sans « raison » et l'intrication croissante du privé et du public (on devrait dire du régalien), sous couvert d'efficience parfois.

Le premier sujet est toujours d'actualité parce qu'il recoupe malencontreusement un recentrage de la politique pénale autour de la victime précisément, ou autour des victimes, considérées comme catégorie juridique spécifique et instrumentalisées comme telle[2]. Le second sujet le devient, massivement sous le poids de l'actualité des conflits armés : les États n'en ont plus le monopole et les « sociétés militaires et de sécurité privées » sont un défi permanent aux principes généraux du droit pénal interne comme à ceux du droit international pénal. Un défi ou une preuve de leur tragique inefficacité.

Cela donne deux questions sans réponse pour le moment.

Pourquoi parler de méthode dans ces conditions ? Parce que semble-t-il – c'est en tout cas l'avis des contributeurs –, le droit pénal, politisé comme nous venons de le dire, mis à nu d'une certaine manière, soumis aux aléas d'une conjoncture que nul ne semble maîtriser, est à la recherche de lui-même. De loi en loi, de

---

[1] Cf. G. Koubi et *alii* : *Questions sensibles*. P.U.F : CURAPP, 1998.

[2] Cf. D. Salas : *La volonté de punir. Essai sur le populisme pénal.* Paris : Hachette, 2005, rééd. coll. «Pluriel», 2008.

réforme en réforme (mais que veut dire ce mot : réforme ?), le « roc » des principes fondateurs[1] que l'on croyait inexpugnable, s'effrite peu à peu, sous la pression d'une idéologie sécuritaire savamment orchestrée. Parallèlement, l'étude de ces évolutions se complique parce que les lois pénales tombent dans le lot commun à toute la production législative : précipitation, esquive, et au final, insécurité juridique. A cela s'ajoute la faiblesse des moyens, ce qui n'est pas nouveau, le fait que la France soit prise à partie par les juges sur certains sujets (célérité de la procédure) : ce n'est pas nouveau non plus.[2]

L'improvisation apparente, l'imprécision des lignes directrices, tout cela interpelle et pose la question du statut du droit pénal dans la société française d'aujourd'hui. Est-il en passe de se banaliser dans le mauvais sens du terme ?

La justice et les institutions pénales n'échappent pas à l'air du temps: elles sont sous le feu des projecteurs, certes, mais elles nous renvoient aussi à leur manière une image déformée voire grimaçante de ce qu'il faut bien appeler l'idéologie dominante : les réponses gestionnaires apportées au « problème » de la surpopulation carcérale en sont un exemple irritant, parce que chacun sait qu'elles sont de très mauvaises réponses. La République n'accepte pas le fait pénitentiaire, elle ne le reconnaît pas, elle le refoule C'est ce qu'ont fait ses devancières comme Robert Badinter l'a montré dans un très grand livre[3]. Mais cette fois les effets sont dévastateurs. Le problème nous saute aux yeux.

Les questions évoquées sont tout sauf techniques et imposent toutes, sans exception, à ceux qui y prennent part de s'élever, pour observer à distance ce qui est en train de se passer.

---

[1] Selon la formule de R. Badinter : « La prison après la peine », *Le Monde*, 27 octobre 2007 (à propos de la « rétention de sûreté »).

[2] Mais cela le devient lorsque le juge européen somme l'exécutif-législateur de revenir sur certains dispositifs sensibles auxquels on avait fini par se résigner, avec plus ou moins de bonheur (garde à vue).

[3] *La prison républicaine*. Paris : Fayard, 1992.

On reviendra donc, pour terminer, sur certaines des questions qui viennent d'être évoquées, mais en prenant les choses d'un peu plus loin : quelle connaissance avons-nous de ces politiques pénales si envahissantes et qu'on nous présente comme des nécessités, et si mystérieuses en même temps ?

Et d'ailleurs les connaissons-nous vraiment ? Sont-elles même enseignées ? La sociologie criminelle est-elle de quelque secours ? Il semble que oui, mais la place qui lui est réservée dans les facultés de droit françaises demeure encore bien modeste. Elle l'est moins qu'avant-guerre comme on le verra. Est-ce le fait du hasard ? Puis, thème récurrent, qu'y a-t-il derrière tout cela ? Où en sommes-nous ? Que reste-t-il des « Lumières » ?

La sociologie, on l'a dit, avait donc toute sa place, mais quelques éléments de philosophie pénale ou de philosophie tout court n'étaient pas déplacés non plus. Ils ne le sont jamais.

Jean-Jacques SUEUR
Professeur de droit public,
Fondateur et ancien directeur du CERC

Première partie

Enquêtes

LE FONCTIONNEMENT DE LA JUSTICE PÉNALE DANS L'« AIRE TOULONNAISE »

Premier rapport de l'atelier de sociologie criminelle du C.E.R.C. *

I – PRÉSENTATION GÉNÉRALE

A – Perspectives de recherche, méthodologie

La thématique générale de notre atelier, constitué en 2010 consiste en l'analyse du fonctionnement de la justice pénale dans l'aire toulonnaise.

Cette problématique, qui paraît s'intégrer assez naturellement dans les perspectives de recherche du CERC, revient sur l'idée d'évaluation de l'effectivité de l'activité judiciaire chère à notre centre, et pourrait éventuellement se décliner dans d'autres matières (droit administratif, droit des personnes).

Le point faible d'une telle entreprise réside dans l'absence d'une Cour d'appel dans la zone géographique étudiée, mais pourrait sans doute être compensé par l'exploitation du fonctionnement de la Cour d'assises du Var.

Dans cette perspective, plusieurs axes de recherche sont concevables et ont été explorés. Les remarques qui suivent sont donc l'esquisse d'un programme que nous entendons mettre en œuvre dans les prochaines années et dont nous présentons ici un premier bilan.

---

* La présente étude est le fruit d'une recherche collective dirigée par Geneviève Dorvaux, Maître de Conférences. L'équipe est composée de Valérie Bouchard, Maître de Conférences, ainsi que de plusieurs doctorants : Marjorie Blanc, Elodie Bordes, Laurent Jourdaa et Magali Lardeux.

Il serait intéressant de mettre en évidence les éventuels particularismes régionaux du traitement pénal, et de tenter d'en comprendre les mécanismes.

Au delà de l'analyse de cette hypothétique spécificité, on peut songer à étudier la physionomie actuelle de la réponse pénale, en privilégiant notamment les alternatives aux poursuites (comme le rappel à la loi), et toutes les procédures récentes (composition pénale, comparution sur reconnaissance préalable de culpabilité).

Dans le cadre de cette seconde approche, il serait judicieux de tenter d'évaluer non seulement l'impact réel, statistique, de ces modes de jugement nouveaux, mais également de collecter des données relatives à la perception de ces évolutions par les praticiens concernés (magistrats, avocats, greffiers) et à leur éventuelle incidence sur leur pratique professionnelle. Cette dernière perspective nous permettra peut-être de créer une synergie entre théorie et pratique, et pourrait ainsi déboucher sur des propositions d'améliorations concrètes dans la gestion des flux contentieux, voire sur des propositions de réformes.

B – Constitution de l'atelier

A la suite de la présentation de cette thématique, un groupe de travail comprenant quatre doctorants et deux maîtres de conférences a été constitué le 27 avril 2010 dans le cadre du laboratoire.

Après un entretien avec Monsieur Marc Cimamonti, Procureur de la République de Toulon, le 19 Mai, nous avons obtenu l'autorisation d'accéder aux statistiques nécessaires à nos recherches.

Mais, en dépit de l'intérêt témoigné pour notre démarche, le Procureur nous a signalé plusieurs biais méthodologiques susceptibles d'affecter la fiabilité des résultats obtenus.

L'ensemble des difficultés évoquées reposent sur le caractère sommaire des statistiques, et ceci en raison de plusieurs facteurs : le défaut d'harmonisation de la présentation des chiffres reportés sur les documents utilisés, le défaut de précision de la structure des infractions traitées par les différentes procédures analysées et, plus globalement, le caractère dramatiquement obsolète des instruments de mesure utilisés. Ce dernier élément découle de l'application d'une politique budgétaire drastique qui entrave le fonctionnement normal de l'institution judiciaire jusque dans ses moindres détails.

Au delà des limites matérielles signalées, d'autres écueils résident dans l'existence d'une politique du résultat, sans directive générale susceptible de nous faciliter la lecture et l'interprétation des données obtenues. Nous nous sommes heurtés également à la difficulté d'évaluer l'évolution à moyen terme de certaines procédures comme la composition pénale, en raison de l'absence de statistiques plus anciennes que celles dont nous disposions.

Ces avertissements très utiles nous ont permis non seulement de prendre conscience des nombreux obstacles s'opposant à l'exploitation de nos données, mais aussi d'en relativiser d'emblée considérablement les résultats. En effet, ces écueils spécifiques viennent s'ajouter aux critiques classiques adressées aux statistiques. On admet aujourd'hui que celles-ci révèlent moins la réalité de l'objet de l'étude que la performance de l'outil d'analyse utilisé à cet effet.

Nonobstant l'ensemble de ces réserves, la lecture des documents fournis par M. Cimamonti nous a suggéré quelques pistes de réflexion. L'atelier de sociologie ayant vocation à fonctionner de manière continue, les prochains thèmes de recherche pressentis s'articuleront autour de l'examen du recours aux modes alternatifs aux poursuites pénales. Une attention particulière sera portée au temps procédural nécessaire à l'efficience de ceux-ci. Cet aspect semble intéresser les magistrats en charge du traitement du flux pénal en temps réel, et peut constituer un objet d'étude inédit.

D'autres thèmes seront envisagés par la suite comme « le fonctionnement de la comparution sur reconnaissance préalable de culpabilité », « la modernisation de la justice » ou encore « l'exécution des peines ».

Pour l'heure, nous avons choisi de nous atteler à « l'analyse de la délinquance juvénile dans l'aire toulonnaise ».

A priori, l'examen de cette première problématique semblait devoir reposer sur l'exploitation de données statistiques nous permettant d'appréhender les spécificités locales du phénomène dans son aspect quantitatif. Dans un second temps, il aurait été intéressant de compléter cette première approche par une analyse qualitative fondée sur la structure de cette délinquance. En réalité, ces prismes d'analyse se sont révélés impraticables, en raison de la pauvreté des données collectées. Nous avons par conséquent limité notre étude à l'examen des hypothétiques spécificités de la réponse pénale en matière de minorité.

II – PHYSIONOMIE DE LA RÉPONSE PÉNALE

Le traitement de la délinquance juvénile dans l'aire toulonnaise semble résulter de la conjugaison de deux paramètres déterminants quoique, *a priori*, antinomiques. En effet, une exigence d'adaptation de la poursuite à la gravité de l'infraction constatée et à la personnalité du mineur impliqué coexiste avec une volonté délibérée de systématisation de la réponse pénale.

S'il n'est pas surprenant de voir apparaître ici les deux enjeux fondamentaux de protection sociale et de garantie de la procédure pénale, la recherche de leur conciliation en droit de la minorité complexifie sensiblement l'entreprise. En ce domaine plus qu'en droit commun encore, le choix d'un mode de réaction sociale véritablement adapté apparaît crucial. Idéalement, la réponse pénale doit réaliser un subtil compromis entre éducation et répression. L'objectif consiste à trouver une sanction en adéquation avec la psychologie d'une personnalité en devenir qu'il ne s'agit pas de briser mais dont il est primordial d'éviter l'enracinement dans la criminalité.

C'est ainsi que l'on voit se dessiner un éventail varié de mesures correspondant à une déclinaison de la réaction sociale privilégiant la justice douce pour les affaires considérées comme peu graves (B), et une réponse pénale ferme et prompte pour des contentieux plus inquiétants (A).

A – Une réponse pénale affermie

En évoquant la nécessité d'une « réponse systématique et rapide », le rapport de politique pénale de 2009 fourni par Monsieur le Procureur Cimamonti corrobore et amplifie la ligne de conduite déterminée depuis plusieurs années à Toulon. En effet, dès 2004, se trouve souligné un phénomène de rajeunissement des mineurs écroués[1] assorti d'une transformation du contentieux[2]. De même, un accroissement de 3% du nombre de mineurs impliqués est indiqué en 2008 par le Procureur en poste, qui oppose cette donnée à la stabilité de la délinquance générale observée pour l'année considérée. Effectivement, et sous réserve des biais méthodologiques inhérents aux statistiques déjà signalés, force est de constater un accroissement important du nombre de mineurs mis en cause par les services de police en 2009[3].

La systématisation de la réaction sociale est attestée, quant à elle, par l'augmentation continue du taux de réponse pénale qui passe de 92% en 2007 à 96% en 2008, pour atteindre 97% en 2009. En dépit d'une progression moins marquée dans ce contentieux qu'en droit commun (1% contre 3% en 2009), la fréquence des sanctions prononcées à l'égard des mineurs démontre la vigueur de l'objectif poursuivi (97% contre 88% en 2009).

Le souci d'efficacité a par ailleurs débouché sur une volonté d'accélération du traitement de l'ensemble du contentieux (2), allié à la mise en place d'un durcissement du traitement de certaines infractions (1).

---

[1] Le rapport de politique pénale indique une tranche d'âge comprise entre 12 et 15 ans.

[2] Émergence d'une délinquance sexuelle, augmentation importante de l'usage de produits stupéfiants, banalisation des actes de violence au sein des établissements scolaires.

[3] 2711 mineurs ont été mis en cause sur un total de 14060, ce qui représente une augmentation de 40% contre 34% pour l'ensemble des intéressés.

1– Accroissement de la sévérité dans certains contentieux

Le rapport de politique pénale le plus récent évoque deux vecteurs de sévérité renforcée. Le premier réside dans la mise en place de stratégies ciblées destinées à endiguer certaines manifestations de délinquance (b), alors que le second repose sur l'élaboration d'une liste d'infractions n'appelant aucune tolérance (a).

a – La rigueur est de mise à l'égard des « auteurs d'infractions graves contre les personnes, de violences ou d'atteintes diverses au sein des établissements scolaires, à l'encontre de personnes investies de missions d'autorité, à bord des véhicules de transport en commun ou au sein des « centres éducatifs ». Désormais, ces mineurs font l'objet de défèrement.

Le même sort est réservé aux auteurs de trafic de stupéfiants ou de vol par effraction même lorsqu'ils sont primo-délinquants.

Par ailleurs, la lutte contre le fort taux de cambriolages observé dans la région se manifeste par une systématisation des opérations de police technique.

Concrètement, cette orientation a abouti à une augmentation considérable des défèrements (+71%). Pourtant, le rapport signale l'existence de certains « hiatus » dans la mise en œuvre de ce durcissement. Ceux-ci sont imputés à des difficultés d'articulation entre la pratique de certains juges pour enfants et les réquisitions du Parquet tendant à un placement sous liberté surveillée ou à un contrôle judiciaire « destinés à la mise en œuvre rapide d'un suivi éducatif ». Cependant, l'incidence de ces dissensions est relativisée, puisqu'elles sont présentées comme marginales et « en voie de résolution ».

Au delà de leur importance, ces divergences semblent inhérentes à l'exercice de fonctions fondamentalement distinctes ; alors que le magistrat est guidé dans sa décision par des données humaines et factuelles spécifiques, la mission du procureur l'incitera à prôner une mesure plus standardisée dictée par un souci délibéré d'efficacité et d'homogénéité de la politique pénale.

C'est par conséquent sans surprise que l'on relève une étroite correspondance entre la liste des infractions soumises à la « tolérance zéro » et celles qui préoccupent actuellement les pouvoirs publics. Se trouvent ici mentionnées des infractions dont on dénonce depuis plusieurs années une augmentation significative au niveau national ou qui correspondent à des évolutions récentes du comportement délinquantiel.

Les violences contre les personnes entrent dans la première catégorie ; les statistiques attestent depuis une dizaine d'années déjà, du phénomène, et elles se trouvent corroborées par les données les plus récentes. La dernière enquête de victimisation réalisée par l'observatoire national de la délinquance et des réponses pénales[1] estime à un peu plus de 1,4 million le nombre d'actes de violence physique hors ménage en 2009, soit 2,8 actes pour 100 personnes. Le document souligne que ce taux d'atteintes déclarées est en hausse significative par rapport à 2006[2]. La proportion de mineurs mis en cause pour atteintes volontaires à l'intégrité physique s'élève ainsi à 19%.

Globalement, on constate que les violences ou menaces expliquent plus de la moitié de l'augmentation du nombre des mineurs mis en cause entre 2004 et 2009.

Quant aux formes nouvelles de transgression, rappelons la création récente et récurrente par le législateur de circonstances aggravantes destinées à protéger les personnes investies d'autorité[3] ou encore les conducteurs de transports en commun[4].

La violence en établissement scolaire constitue également un axe émergent de politique pénale, placé sous haute vigilance en 2009. Déjà évoquée dans le rapport de 2004, cette orientation semble revêtir une relative permanence. En dépit de l'indigence de certains rapports qui ne nous permet pas malheureusement de

---

[1] Alain Bauer (Dir.) : *La criminalité en France*. Rapport de l'observatoire national de la délinquance et des réponses pénales, CNRS éditions, 2010.
[2] En 2006, ce taux s'élevait à 2,4 pour 100 personnes de 14 ans et plus.
[3] Loi n° 2003-239 . Sécurité intérieure du 18 mars 2003.
[4] Loi n° 2010-201 du 2 mars 2010. *JO* 3 Mars p 4305.

conclure à la chronicité de cet axe, son rappel en 2008 évoque évidemment l'intervention de la loi du 5 mars 2007[1] venue renforcer encore l'aggravation de la répression en la matière[2].

Désormais, sur le plan local, l'objectif de systématisation de la réponse pénale se manifeste par le fait que toute plainte ou signalement engendre une mesure du Parquet. Les modalités de ce renforcement de la répression consistent en une intensification des échanges avec les responsables départementaux de l'éducation nationale et de l'aide sociale à l'enfance. Davantage sensibilisés à ces problématiques, ceux-ci sont corrélativement, étroitement informés des suites réservées aux révélations effectuées. Plus que les violences commises entre mineurs, susceptibles de réponses modulées en fonction des antécédents des intéressés[3], ce sont les violences commises sur les personnels des établissements scolaires ou éducatifs qui suscitent la plus grande sévérité. Elles entraînent le défèrement de l'auteur, exposé de surcroît à une peine aggravée par le fait que la circonstance tirée du lieu de commission de l'infraction est systématiquement retenue.

La même fermeté prévaut en matière de violences urbaines, lorsque les mineurs auteurs d'incendie volontaire, de dégradation de véhicules ou de biens publics sont interpellés, ainsi qu'en cas de voies de fait sur les représentants des forces de l'ordre. Tout en soulignant le caractère sporadique de ces phénomènes étrangers à l'existence d'une délinquance structurée ou de la défense de territoires opposant des bandes rivales, le rapport déplore cependant le climat d'insécurité affectant certains

[1] Loi n° 2007-297 .Prévention de la délinquance. *JO* 7 Mars 2007, p. 4297.

[2] Notons que la circonstance aggravante tirée du lieu de commission de l'infraction coexiste depuis la loi du 2 mars 2010 avec celle tirée de la qualité d'enseignant (articles 222-10-4° bis CP, 222-12-4°bis CP, 222-12-11° CP, 222-13-4°bis CP, 431-22 CP et 431-28 CP).

[3] Le défèrement ne concerne alors que les faits les plus graves comme les violences précédées d'introduction d'armes blanches dans l'établissement ou ceux ayant entrainé des dommages corporels importants.

quartiers sensibles[1]. Plus globalement, il évoque une dégradation généralisée des relations entre policiers et usagers lors de banals contrôles opérés sur la route ou lors d'interventions de voisinage. D'après le document, les outrages, rebellions et violences commis à ces occasions apparaissent non seulement beaucoup plus nombreux, mais également totalement imprévisibles. Le phénomène décrit ne semble nullement constituer une spécificité locale. Il confirme en effet le constat effectué par le rapport 2010 de l'observatoire national de la délinquance et des réponses pénales[2] qui signale une augmentation non négligeable d'atteintes aux personnels de Police nationale enregistrées l'année dernière[3]. Prés de 95% de ces faits sont imputables à la commission de quatre infractions : outrage à agents de la force publique, violence, rébellion et enfin menaces d'atteintes aux personnes.

Localement, un but d'efficacité renforcée commande la réalisation d'opérations de police scientifique en la matière. Effectuées sous la forme de recherche de traces d'ADN, elles visent l'identification des auteurs de jets de projectiles sur les forces de l'ordre.

En ce domaine encore, la politique pénale se fait l'écho de l'attention particulière du législateur pour des comportements inédits comme le « caillassage » ou l'émergence de violences de groupe, avec ou sans guet-apens[4]. Lourdement sanctionnées lorsqu'elles s'exercent à l'encontre de dépositaires de l'autorité publique[5], ces nouvelles formes de délinquance ont abouti à l'incrimination de la simple appartenance à un groupement violent[6], avant d'entraîner un durcissement notable de la répression

---

[1] Cité Berthe (La Seyne sur mer), Cité des œillets (Toulon Est), La Beaucaire (Toulon ouest).
[2] Alain Bauer (Dir.) : *La criminalité en France. Op.cit.*
[3] 1279 actes supplémentaires ont été constatés en 2009.
[4] Visée à l'article 44 de la loi sur la prévention de la délinquance du 5 mars 2007, cette circonstance aggravante remise au goût du jour, figure désormais à l'article 132-71-1 CP.
[5] Article 222-14-1 CP issu de la loi n° 2007-297 du 5 mars 2007.
[6] Article 222-14-2 CP issu de la loi n° 2010-201 du 2 mars 2010.

applicable en la matière par la loi du 14 Mars 2011[1] ; outre la création d'une peine plancher pour de nombreux délits de violences aggravées, ainsi que pour le délit d'embuscade commis en réunion[2], ce texte majore en effet les peines encourues en matière de destructions de biens destinés à l'utilité ou à la décoration publique et appartenant à une personne publique ou chargée d'une mission de service public[3].

Plus spécifique à l'aire géographique étudiée, apparaît la lutte contre le trafic de stupéfiants, particulièrement développé dans la région[4], au même titre que les cambriolages. Le recours à l'examen biologique des traces relevées sur les lieux de vols avec effraction est par conséquent systématisé, et les auteurs identifiés font l'objet d'un déferement sous forme d'une requête au juge des enfants ou d'une présentation immédiate du mineur.

Le trafic de stupéfiants est décrit quant à lui comme un phénomène généralisé présent tant sur la côte que dans les zones rurales de l'arrière pays[5] où ont été détectés des réseaux certes peu importants, mais concernant des produits extrêmement toxiques comme l'héroïne ou la kétamine [6]. L'omniprésence du cannabis est signalée, ainsi que la fréquence de la consommation de cocaïne, en particulier dans les établissements de nuit de la côte, surtout dans les ports[7].

Concrètement, c'est la faculté de remonter aux sources d'approvisionnement qui déterminera l'ouverture d'une information contre X[8] ou contre personnes dénommées[1]. C'est

---

[1] Loi 2011-267 du 14 Mars 2011, *JO* 15 mars 2011, p. 4582.
[2] Article 132-19-2 CP.
[3] CP, article 322-3, 8° mod.
[4] Le phénomène est déjà dénoncé dans le rapport de 2008, pour expliquer le durcissement de la réponse pénale en la matière.
[5] Cuers, Pierrefeu, Puget-Ville.
[6] Anesthésiant destiné aux chevaux.
[7] Toulon, Hyères, Le Mourillon, Le Lavandou, Les îles d'or, pendant l'été.
[8] 12 en 2009.

encore l'objectif ultime de démantèlement des réseaux, poursuivi notamment par la mise en place d'écoutes téléphoniques[2], qui explique la pratique suivant laquelle le déferement de l'auteur est finalement préconisé lorsque l'interpellation en flagrance ne paraît pas pouvoir déboucher sur l'identification de plus de personnes.

La lutte contre le trafic de stupéfiants se démarque incontestablement des autres infractions. Enjeu primordial de politique pénale, elle a conduit à la mise en place de dispositifs consécutifs à la localisation de « têtes de trafic » dans certaines cités de la région. On assiste donc en la matière à l'élaboration de stratégies ciblées fondées sur la particulière gravité de ce type de criminalité. D'autres contentieux font l'objet d'un traitement spécifique, axé à l'inverse sur une volonté de renforcement de la prévention.

b – Dictés par un souci d'efficacité, deux dispositifs de lutte contre le trafic de drogue ont été mis en place.

L'un, temporaire[3], à été centré sur la région d'Hyères à compter de Septembre 2009. Reposant sur une étroite collaboration entre police et gendarmerie nationale, il a débouché sur le démantèlement d'un réseau soumis à information judiciaire au moment de la rédaction du rapport étudié.

L'autre, dénommé « groupe local de traitement de la délinquance » (GLTD), activé à la cité Berthe de la Seyne, apparaît plus sophistiqué. Effectif depuis mars 2010, il est constitué de deux niveaux : le premier, axé sur la prévention et la répression de la délinquance de proximité définit le cadre d'action des nouvelles prérogatives reconnues aux maires depuis la loi du 5 mars 2007. Concrétisé par la faculté d'adresser un rappel à la loi au mineur[4],

---

[1] Au moment de la rédaction du rapport, 200 personnes étaient mises en examen dans le cadre de 45 dossiers.

[2] Pratiquée majoritairement par la gendarmerie depuis 2008.

[3] « Secteur d'intervention renforcée » : SIR.

[4] CGCT, art. L.2212-2-1.

de recourir à une transaction[1] ou encore par la création du conseil des droits et devoirs des familles, ce dispositif présuppose l'instauration d'un partenariat novateur. Se trouvent désormais impliqués dans cette collaboration le parquet, le maire, la sécurité publique, la police municipale et le bailleur social de la cité concernée.

Le second niveau du dispositif s'inscrit dans une perspective radicalement différente. Destiné exclusivement au démantèlement des têtes de réseaux grâce à une approche proactive, et ciblé sur l'identification des délinquants organisés, l'objectif ambitieux de cette démarche repose sur l'instauration d'un échange d'informations entre les divers services d'investigation concernés. À cette fin, un groupe de travail constitué d'un représentant de la police judiciaire, de la sûreté départementale, du GIR, compagnie de gendarmerie dans sa déclinaison « brigade de recherches », SDIG (Service départemental d'information générale) et d'un fonctionnaire des impôts ; les membres du groupe confrontent les éléments dont ils disposent à partir d'une liste nominative de personnes soupçonnées de trafic pour déterminer ensemble des stratégies. La tâche apparaît cependant particulièrement délicate, et le rapport reste très circonspect quant à l'efficacité réelle de cette nouvelle stratégie.

La même réserve prévaut quant à l'effectivité du premier niveau du dispositif dont le fonctionnement est neutralisé par des difficultés pratiques majeures. Outre l'inexistence de la mise en œuvre des pouvoirs de transaction désormais reconnus aux maires, faute de démarches entreprises en ce sens par les municipalités, le procureur mentionne des doléances émanant de certaines communes. Celle de La Garde notamment réclame des informations relatives aux suites judiciaires des procédures exercées à l'encontre des mineurs de son ressort, pour pouvoir mettre en œuvre les nouvelles prérogatives légales. Or, cette

[1] Art 44-1CPP issu de la loi n°2006-396, 31 Mars 2006 pour l'égalité des chances (JO 2Avril 2006 p 4950), *JCP* G 2006, act 154, Aperçu rapide G. Auzero.

demande ne peut être satisfaite en raison de l'insuffisance des effectifs en particulier au secrétariat du greffe du Parquet.

En réponse à l'ensemble de ces dysfonctionnements dirimants, susceptibles d'obérer toute velléité de conception d'une politique criminelle viable, le rapport fait état de divers perfectionnements en cours destinés à pallier ces multiples défaillances.

L'ensemble des stratégies de lutte contre la délinquance n'est heureusement pas concerné, en effet, par ce relatif constat d'échec.

Il suffit pour s'en convaincre de rappeler la mise en place de dispositifs spécifiques en réponse aux conduites à risques. Le dénominateur commun de ces actions est une tentative de prise de conscience des dangers inhérents au comportement prohibé, assortie de l'application de mesures dissuasives.

En matière de consommation de stupéfiants notamment, on propose, à Toulon, à l'usager mineur de cocaïne ou d'héroïne d'effectuer un stage payant de sensibilisation aux dangers de l'usage de drogue. Le même sort est réservé à l'usager de résine de cannabis. Il est certainement trop tôt pour évaluer l'impact de cette nouvelle réponse pénale prévue par le législateur depuis 2007. Quoiqu'il en soit, il semble qu'elle soit mieux adaptée que la pratique antérieure, dictée par le seul impératif répressif. Par le passé, le parquet requérait une amende d'un montant correspondant à quatre à six mois de consommation avouée, assortie éventuellement de la confiscation du permis de conduire lorsque le conducteur était trouvé en possession de substances illicites.

Les rapports[1] mentionnent l'instauration prochaine de mesures d'injonctions thérapeutiques pour pallier ce type d'addiction. Souhaitons que cette solution soit rapidement opérationnelle, puisque la liste des médecins référents est enfin établie depuis 2008 et que la description du mécanisme global figure dans le texte le plus récent : en cas d'échec, une procédure

---

[1] Rapport de 2009 et de 2006.

de comparution sur reconnaissance préalable de culpabilité serait engagée, comportant une peine de sursis avec mise à l'épreuve assortie d'une obligation de soins.

D'autres dispositifs spécifiques ont été mis en place pour adapter au mieux la réaction sociale ; ils concernent le domaine des violences sportives, et celui de la délinquance routière. Nous reviendrons ultérieurement sur l'apport de ces programmes en termes d'alternatives aux poursuites, et plus spécifiquement sur l'obligation de réparation imposée dans ce cadre au mineur délinquant.

Notons pour l'heure que l'idée de concevoir un traitement particulier applicable à l'auteur de violences sportives apparaît dès 2003, grâce à la mise en place d'une opération dénommée « ça c'est du foot » ; elle a été perfectionnée en 2006 par l'instauration d'un partenariat entre instances sportives et judiciaires dans le cadre d'une convention baptisée « Espace réparation ». L'objectif affiché de cette coopération est tant de définir une éthique sportive et de citoyenneté que de prévenir les incivilités et la violence dans le sport.

C'est dans la même optique de prévention qu'a été lancé en 2003 un programme intitulé « La moto c'est ta vie ». Très vivace encore aujourd'hui, cet axe majeur de politique pénale repose sur un ensemble de spécificités locales mentionnées dans le rapport de 2009. Le procureur y rappelle la sur- représentativité du département en matière d'infractions commises par les deux roues, la progression du nombre des tués en 2009[1] et le fait que près des trois quarts des conducteurs décédés sont responsables de l'accident. Partant, un plan d'action « deux roues » a été conçu en coordination avec tous les services intéressés par la problématique[2]. Les multiples objectifs fixés pour 2010 attestent de l'intensité des efforts déployés à l'adresse de cette population

[1] 53% contre 35% en 2008, et ceci en dépit d'une amélioration globale des statistiques de l'accidentologie dans le département.

[2] Préfecture du Var, services de police et de gendarmerie, intervenants dans le domaine de la prévention routière, parquet de Toulon et Draguignan.

spécifique ; le plan prévoit ainsi de privilégier l'aspect prévention des risques routiers lors des interventions réalisées en milieu scolaire, de multiplier les actions de sensibilisation non seulement en faveur du public concerné, mais également d'élargir ces campagnes à l'ensemble des usagers de la route. Dans une perspective plus répressive, il est convenu d'adapter la politique de « contrôle sanction automatisé » (CSA) dans le Var, sur la base notamment d'une carte de l'accidentologie propre aux deux roues et de réaliser des contrôles sur l'état des véhicules, l'absence de débridage des moteurs et le respect des limitations de vitesse.

La sensibilisation à ce contentieux est telle qu'elle a conduit en outre à la mise en place d'un dispositif spécifique destiné à la répression des auteurs de grands excès de vitesse. L'efficacité de ce dernier mécanisme repose sur une gestion en temps réel des infractions constatées. Ce mode de traitement des dossiers tend à se généraliser en raison de l'engorgement des juridictions, et semble plus adapté à la psychologie des mineurs. L'engouement actuel pour ce mode de gestion est spectaculaire, et nous a été présenté lors de notre enquête auprès des parquetiers comme un tournant décisif dans la maîtrise du flux contentieux.

2 – Accélération du traitement de tous les contentieux

L'objectif d'accélération du traitement des affaires impliquant des mineurs constitue une constante des rapports de politique pénale étudiés.

Servie par différentes techniques aboutissant à marginaliser le recours aux modes de saisine classiques des juridictions, cette orientation a abouti à privilégier le traitement massif des dossiers en temps réel, modifiant ainsi profondément la pratique judiciaire.

a – Dans un premier temps, l'objectif a consisté à réduire la durée d'instruction des dossiers et à recourir à des procédures accélérées.

Le rapport de 2004 fait ainsi état d'une systématisation de la procédure de jugement à délai rapproché pour les mineurs de plus de seize ans récidivistes et de l'intervention d'un accord avec les juges des enfants visant à encadrer strictement le temps des informations, clôturées désormais en moins de douze mois.

Ces préconisations sont légitimées par la nécessité pour le jeune de percevoir pleinement le sens de la sanction prononcée. On sait que la pédagogie de la sanction a toujours constitué un axe primordial du droit de la minorité. Elle participe à la compréhension de la loi pénale[1] et l'on s'accorde aujourd'hui pour admettre qu'elle s'impose avec encore plus d'acuité à l'égard de personnalités encore immatures.

En Septembre 2008, a été instauré un nouveau système destiné aux mêmes fins ; il reposait alors sur des convocations par OPJ devant les délégués du Procureur. Le chef du parquet de l'époque souligne les progrès représentés par la mise en œuvre de cette technique, et son impact sur la physionomie de la réponse pénale. En augmentation de 24% en 2008, les convocations par OPJ devant les juges pour enfants représentent alors 18% des affaires traitées. Corrélativement, le rapport déplore la proportion encore trop importante de saisines des juges des enfants sur requête, estimée à 24, soit 56% du nombre de dossiers. La critique adressée à ce mode de traitement des litiges réside dans sa lourdeur, puisqu'un délai d'environ deux mois est nécessaire en cas de convocation devant le magistrat spécialisé. En conclusion, l'accent est mis sur l'impérieuse nécessité de développer le recours au traitement en temps réel des procédures.

Or, en 2009, cette évolution était accomplie grâce à une profonde restructuration du fonctionnement de la juridiction. Auguré par une application en matière de lutte contre l'insécurité routière dès 2006, le traitement en temps réel constitue aujourd'hui le principal mode de gestion de la délinquance des mineurs.

---

[1] Le rapport sur la prévention de la délinquance des jeunes, faisant suite à l'organisation d'assises de la prévention de la délinquance le 14 octobre 2010, s'assigne comme objectif de « réinstaurer la confiance envers les jeunes en améliorant la compréhension de la loi et la pédagogie de la sanction » in *AJ pénal* 2010 p 363.

b – La délinquance routière, qui concerne de manière significative les mineurs, a constitué une matière pionnière du traitement immédiat des litiges. Fondée sur le double besoin d'accélérer le traitement du contentieux et de lui donner une cohérence, l'instauration de cette nouvelle pratique a débouché sur des reflexes novateurs en termes de réaction sociale. Le renforcement de la lutte contre les grands excès de vitesse a ainsi suscité l'expérimentation d'un dispositif déjà évoqué, dont l'originalité mérite d'être soulignée. Mis en œuvre depuis Décembre 2009, il s'inscrit tant dans une perspective de prévention renforcée que d'économie. Désormais, en cas d'interpellation d'un propriétaire de deux roues dont la valeur est au moins égale à mille euros, les agents verbalisateurs contactent le parquet en temps réel pour que le magistrat de permanence autorise la saisie du véhicule, et remette au délinquant une convocation par officier de police judiciaire devant le tribunal de police. Les enquêteurs apportent alors immédiatement au parquet la procédure ainsi que tous les éléments d'identification du véhicule. Il s'ensuit une saisie du juge des libertés et de la détention destinée à la vente anticipée du véhicule par l'administration des domaines. Le magistrat du parquet en charge du dossier rédige donc, outre une requête adressée au juge des libertés et de la détention, un projet d'ordonnance que ce magistrat peut directement signer s'il accède à la requête.

Malgré les substantielles économies escomptées grâce à la suppression de l'attente du prononcé de la confiscation du véhicule par la juridiction compétente, l'avènement de ce dispositif n'a pourtant pas été plébiscité par les praticiens. Plus précisément, il a rencontré un demi-succès auprès des juges des libertés et de la détention du tribunal de grande instance de Toulon qui ont fait droit aux requêtes visant à la vente anticipée des véhicules. En revanche, le tribunal de police a manifesté des réticences à l'application de ce nouveau mode de traitement en ne prononçant qu'exceptionnellement des confiscations, y compris en valeur[1].

[1] Le rapport 2009 indique l'existence d'une confiscation pour trois restitutions.

Face à cette résistance, que l'auteur du rapport répugne à qualifier trop hâtivement de jurisprudence, un effort de communication est à l'étude avant d'envisager éventuellement l'abandon de cet axe de politique pénale.

C'est à l'inverse par un franc succès que se solde le traitement en temps réel appliqué aux dossiers des mineurs.

Modalité suprême de l'accélération du traitement des litiges, cet arbitrage en faveur d'un règlement instantané du sort réservé à chaque affaire présuppose la mise en place d'une logistique adaptée. C'est ce qui a conduit l'actuel procureur à rénover profondément l'organisation des services affectés à cette tâche. Depuis le 15 Décembre 2009, a été mutualisée la permanence « majeurs mineurs », chargée du traitement direct des affaires soumises par la police à la justice. Concrètement, le changement a consisté à réunir les deux magistrats de permanence sur le même site géographique. Cette centralisation vient se substituer au dédoublement antérieur qui mobilisait deux sites : l'un localisé au palais Leclerc et l'autre au palais Péri. Ne subsiste désormais dans ce dernier site, que le traitement spécifique des signalements en assistance éducative. L'objectif poursuivi par une telle restructuration est purement d'ordre économique : à l'avantage de la réduction à une seule assistance greffe se rajoute la perspective d'un gain d'efficacité du service.

La recherche de performance, de productivité, constitue l'essence même de cette technique de traitement sur le vif des dossiers. En assurant une réponse judiciaire instantanée, ce mode de gestion du contentieux instaure une coordination extrêmement étroite, voire fusionnelle, entre police et justice. En ce sens, on salue les vertus d'une articulation quasi parfaite de l'intervention des autorités répressives, gage d'harmonisation et donc de bonne justice.

Pour autant, le recours au traitement en temps réel ne constitue pas une panacée absolue. Par nature, il insuffle au magistrat l'urgence du fait divers. Le parquetier se trouve dès lors happé par l'urgence policière, puisqu'il se voit assigner la terrible mission de juger juste dans l'instant. D'une intensité rare, l'activité du parquetier astreint à cet exercice impose une vigilance extrême : il s'agit en effet de collecter en un temps record le plus possible d'éléments pertinents sur l'affaire pour lui donner la suite la plus adéquate et retrouver immédiatement une disponibilité pour le dossier suivant. Le spectre des décisions inadaptées est prégnant. Le risque de subjectivité, amplifié par le phénomène de collusion avec le policier, paraît difficilement contournable. Dans cette course contre la montre qui interdit une quelconque prise de recul, que subsiste-il de l'office du juge ?

L'autre inconvénient majeur de ce mode de traitement à flux tendu est de favoriser la répression des infractions les plus visibles au détriment d'infractions plus difficilement décelables. Adapté au traitement des petits délits, cette technique aboutit à biaiser encore davantage la perception de la réalité du phénomène délinquantiel par la sur-représentativité des infractions reportables. Au delà de l'inconfort intellectuel suscité par ce travestissement de la réalité, signalons le risque de développement du sentiment d'inégalité devant la loi pénale.

En dépit de ces imperfections, le traitement en temps réel constitue indéniablement un remarquable instrument de gestion du contentieux de masse.

Le bilan dressé par le procureur en 2009 est à cet égard très satisfaisant, puisque l'objectif d'accélération des délais de traitement des procédures assigné par son prédécesseur est pratiquement atteint. Il s'agissait, rappelons-le, de raréfier les saisines des juges pour enfants. Or, leur nombre a effectivement diminué de 20% au profit d'autres modes de gestion du contentieux. Le rapport mentionne ainsi une augmentation de 27% des poursuites sur convocations par officier de police judiciaire. La hausse du nombre de présentations immédiates est encore plus marquée puisqu'elle est de 86,66%, bien que le document spécifie que cette procédure a essentiellement été utilisée à l'encontre de mineurs de plus de seize ans multiréitérants ou récidivistes avec réquisition de mandat de dépôt.

Ces résultats sont le fruit d'une évolution sans précédent dans la conception des exigences de justice. L'objectif de systématisation de la réponse pénale, relayé par le renforcement de l'encadrement des pouvoirs des magistrats du parquet opéré par la loi Perben[1] a radicalement transformé les perspectives de travail des organes de poursuite. Les impératifs concrets de gestion des stocks priment sur toute autre considération, réduisant l'office du magistrat à une gestion mécanique du flux contentieux. De surcroît, cette automatisation repose sur l'optimisation des moyens matériels disponibles dont la dramatique pauvreté[2] impose des trésors d'inventivité aux juges chargés de l'action publique. Cette tendance, déjà sensible depuis une dizaine d'année[3] se renforce sans cesse dans le contexte de culture de résultat qui est le nôtre.

En tant que plaque tournante de la chaîne pénale, le Parquet est au cœur de cette évolution radicale qui aboutit à renforcer sans cesse sa mission. Acteur clé de l'aiguillage des affaires en fonction de sa perception de leur gravité, il est l'artisan de la mise en œuvre de la gradation de la réponse pénale.

B – Une réponse pénale déclinée

Soucieux d'apporter la réponse la plus adéquate possible à l'acte délinquantiel commis, tout en allégeant le traitement des flux pénaux, le Parquet oriente l'affaire vers le mode de poursuite qui paraît le plus adapté à cette double exigence.

Enrichi par les multiples réformes destinées à renouveler la réaction sociale[4], le panel de mesures à la disposition de l'autorité de poursuite apparaît aujourd'hui conséquent et très diversifié[5]. Au sein de cet arsenal législatif, une faveur très marquée s'est

---

[1] Loi n° 2004-204 du 9 mars 2004 portant adaptation de la justice aux évolutions de la criminalité. *JO* 10 Mars 2004, p 4567.

[2] La « quasi-faillite » de la justice est évoquée dans le récent livre blanc de l'union syndicale des magistrats. *Le monde* 26 novembre 2010, p12.

[3] Voir en ce sens le discours du 1er Président de la Cour de Cassation en janvier 2001 in « La justice des années 2000 ». *JCP* 2000 n°1/ 2 p.7.

[4] Loi de 1993 pour la médiation pénale, 1999 pour la composition pénale, et les extensions subséquentes réalisées en 2002 et 2004.

[5] Voir ce sens : J. Pradel : « Vers un « aggiornamento »des réponses de la procédure pénale à la criminalité. Apports de la loi n°2004-204 du 9 Mars 2004 dite Perben II ». *JCP* 2004 , I, 132 et I, 134.

actuellement manifestée à l'égard des mesures de réparation imposées aux mineurs. En dehors de cet engouement affiché par le rapport de 2009 et illustré en pratique par la multiplication des initiatives en ce sens, il paraît intéressant d'analyser les choix opérés parmi les réponses pénales concevables. En effet, l'examen de cette sélection révélatrice laisse entrevoir au final une sorte de cartographie procédurale induite par la mise en œuvre de la politique pénale locale.

1– Le critère tiré de la qualité de récidiviste ou à l'inverse de primo-délinquant

Ce critère est un élément déterminant de l'application des peines. Concernant les mineurs, il semble que la notion de réitération occupe à côté de celle de récidive une place de choix, puisqu'elle semble plus fréquente, d'après les documents fournis, que la seconde ; on découvre ainsi que la loi du 10 Août 2007 trouve finalement peu d'application, à défaut de l'existence de ce préalable légal.

Quant à la déclinaison des réponses pénales, il ressort du rapport de 2009 enrichi de nos diverses recherches que les infractions les plus courantes, constitutives de la délinquance juvénile de masse, sont sanctionnées de manière uniforme, en fonction de barèmes élaborés par le parquet.

Curieusement, une dichotomie radicale n'oppose pas les atteintes aux biens et les atteintes aux personnes.

a – Le traitement des violences varie selon leur lieu de commission.

Lorsque les violences sont commises en milieu scolaire entre mineurs, leur traitement fait l'objet de plus de souplesse que celles perpétrées à l'encontre du personnel éducatif. La sanction est ici modulée en fonction des antécédents des mineurs en cause et/ou de la gravité des dommages corporels causés. En application de ces critères, un rappel à la loi ou une mesure de réparation sont privilégiés, lorsque le mineur est primo-délinquant et que les dommages corporels sont peu importants.

La réponse préconisée en cas de violences urbaines peu graves, ayant abouti à de petites dégradations, consiste en un stage de citoyenneté. Cette nouvelle sanction pénale, créée par la loi du 9 Mars 2004[1], a pour objet de rappeler à la personne condamnée les valeurs républicaines de tolérance et de respect de la dignité humaine sur lesquelles est fondée la société. La durée de stage est fixée par la juridiction en tenant compte, pour le condamné mineur, de ses obligations scolaires et de sa situation familiale. Elle ne peut excéder un mois. La durée journalière de formation effective ne peut excéder six heures.

Elle doit être adaptée en fonction de son âge et de sa personnalité.

La même recherche de personnalisation de la mesure pénale prévaut en matière de violences sexuelles. Une vigilance extrême est de mise, puisque toute agression sexuelle même minime donne lieu à un rendez-vous devant le service éducatif auprès du tribunal[2] pour permettre d'évaluer la situation du mis en cause. Dès 2004, le rapport de politique pénale signale l'émergence d'une délinquance sexuelle chez les mineurs, tout en en minimisant immédiatement la portée, puisque le document mentionne l'absence de viols collectifs. C'est exactement dans les mêmes termes que s'est exprimé en Juin 2009 le magistrat chargé du traitement en temps réel des dossiers impliquant des mineurs. Interrogé sur sa perception globale de l'évolution des faits signalés, il a évoqué la multiplication de ce type d'infractions, sans que cette progression s'accompagne d'une aggravation des faits perpétrés.

Face au contentieux également très sensible de l'usage de stupéfiants, la réponse va encore être déclinée en fonction de l'enracinement du jeune dans la délinquance. Nous avons déjà évoqué la mise en place de dispositifs spécifiques en la matière, consistant en une obligation de stage de sensibilisation aux dangers des produits stupéfiants. Organisés sur une période de deux jours

---

[1] Article 131-5-1 CP.

[2] Arrêté du 30 Juillet 1987 (*JO* du 18 Août 1987), portant création d'un service éducatif auprès des tribunaux pour enfants.

par la protection judiciaire de la jeunesse, ces stages s'adressent aux mineurs connus des services de la justice.

Les autres usagers de résine de cannabis ou d'herbe font l'objet, en dépit de la banalisation de ces comportements, d'un rappel à la loi par le délégué du procureur ou officier de police judicaire, voire de poursuites pénales devant le juge des enfants par convocation par officier de police judiciaire (COPJ). Notons que cette mesure est susceptible de sanctionner un primo-délinquant en raison d'une volonté affichée de sévérité du parquet.

Quant à la consommation de drogues dures telles que la cocaïne, l'ecstasy ou l'héroïne, elle entraîne une convocation de l'usager devant le délégué du procureur qui l'orientera vers une structure sanitaire et sociale s'il est primo-délinquant. Dans le cas contraire, le recours à un stage de sensibilisation est préconisé.

Les problèmes d'addiction se posent avec une acuité toute particulière en matière de délinquance routière. Rappelons que le délit le plus sanctionné sur le plan national est précisément la conduite en état alcoolique[1].

Ce registre fait l'objet d'un traitement sélectif évoqué déjà par le rapport de politique pénale de 2008. Le document indique que ces infractions constituent le domaine de prédilection de l'application de procédures alternatives selon un barème préétabli, à l'exception des cas les plus graves imposant une incarcération immédiate de l'auteur d'homicide ou de blessures involontaires aggravées par l'usage d'alcool ou de stupéfiants.

C'est dans cette même lignée que s'inscrit la pratique actuelle. En effet, en cas de conduite sous l'emprise de stupéfiants ou (et) en état alcoolique, le mineur primo-délinquant est orienté par le délégué du procureur vers une structure sanitaire et sociale. En revanche, en cas d'antécédents, il lui sera délivré une convocation par officier de police judiciaire. Le même sort est réservé au conducteur sans permis ou poursuivi pour refus

[1] 22% des délits condamnés en 2008 relèvent de cette qualification selon le rapport 2010 de l'ONDRP, p. 29.

d'obtempérer s'il est récidiviste. Le mineur persistant dans cette voie après une condamnation par le tribunal pour enfants ou, *a fortiori*, après avoir bénéficié d'une alternative aux poursuites ne peut plus espérer le bénéfice d'une clémence réservée aux erreurs ponctuelles. À l'opposé, le prévenu qui commet ces infractions pour la première fois se voit adresser une mesure de réparation définie par la protection judiciaire de la jeunesse, notamment un stage de sécurité routière.

La même logique dicte la mesure appliquée en cas de défaut d'assurance. Un simple rappel à la loi sanctionnera le primo-délinquant, alors qu'une convocation par officier de police judiciaire interviendra à l'égard de l'individu connu du tribunal pour enfants pour des faits similaires ou ayant bénéficié d'une réponse pénale de la « troisième voie ».

b - La sanction préconisée en matière d'atteinte aux biens connaît une gradation analogue.

Le vol simple expose ainsi l'auteur mineur interpellé pour la première fois à un rappel à la loi par OPJ en fonction des circonstances et du montant du vol. En revanche, un préjudice important ou un état de récidive impliqueront une convocation par officier de police judiciaire. Dans la pratique, la mise en place d'instructions générales de politique pénale permet à la police de recourir à des procédures simplifiées sans garde à vue, notamment en matière de vols à l'étalage.

Le traitement des vols avec effraction ou des extorsions est délibérément drastique, puisque quelque soient ses antécédents et la gravité des faits, le mineur se verra délivrer une convocation par officier de police judiciaire. Si l'intéressé est déjà connu pour des faits identiques, le déferement, voire une présentation immédiate sont privilégiés.

Enfin, en cas d'outrage ou de rébellion, les antécédents du mineur sont encore décisifs. En effet, si le mineur est inconnu des services de police, et en fonction des circonstances de fait, le délégué du procureur procède à un rappel à la loi.

Dans le cas contraire, la mesure consiste en une convocation par officier de police judiciaire, voire un déférement dans les cas les plus graves.

Le recours aux alternatives aux poursuites pénales apparaît donc comme une réalité bien ancrée dans l'aire toulonnaise. Leur mise en place, effectuée entre 2002 et 2005 et développée à partir de 2006, a permis d'atteindre l'objectif assigné à ces mesures destinées à éviter le classement « sec » des affaires de petite et moyenne importance. Dès lors, il serait plus adapté de qualifier ces mesures d'alternatives aux classements, plutôt qu'aux poursuites. La progression du taux de réponse pénale est à cet égard particulièrement éloquente, puisqu'il est passé de 58% en 2002 à 97% en 2009.

Il reste que toutes les mesures légales ne sont pas activées. C'est ainsi que la composition pénale n'est pas utilisée en matière de minorité, contrairement au recours fréquent à cette sanction en droit commun[1]. La raison invoquée par l'actuel procureur réside dans l'excès de formalisme suscité par la mise en place de cette alternative qui semble difficilement compatible avec la restructuration du parquet.

À l'opposé, l'intensification du prononcé de mesures de réparation constitue un paramètre déterminant de la politique pénale actuelle.

2 – L'engouement pour les stages de citoyenneté ou de sensibilisation autorisés par la loi

Nous avons évoqué l'engouement marqué pour les différents stages de citoyenneté ou de sensibilisation autorisés par la loi. Cette option est mise en œuvre soit indirectement par l'intervention d'associations mandatées par le parquet (b), soit directement grâce à des mécanismes élaborés sous le contrôle des magistrats du Parquet (a).

---

[1] Le rapport 2009 fait état de 1643 compositions pénales, représentant une augmentation de 8%.

a – Décelable au travers de l'application de la grille répressive en vigueur dans l'aire toulonnaise, l'aiguillage vers des mesures de réparation est systématisé dans certains contentieux de masse. Nous avons vu que c'était le cas en matière de violences scolaires bénignes ou encore en réponse à certaines infractions routières.

Un bel exemple nous est également fourni en matière de violences commises à l'occasion d'évènements sportifs. L'organe exécutif de la convention « Espace réparation » évoquée précédemment, dénommé « sous-commission espace réparation » est habilité à apporter une réponse directe aux infractions de faible gravité sous l'égide du délégué du procureur.

Il importe ici de bien souligner que les infractions graves échappent à la compétence de cette instance pluridisciplinaire. Composé d'un délégué du procureur, d'un représentant de la police nationale, d'un inspecteur de la jeunesse et des sports, de représentants des mouvements sportifs, de représentants des collectivités locales et de diverses personnes en lien avec le monde du sport, cet organe est issu de la commission de prévention et de lutte contre la violence et les incivilités, créée dans les années 2000 par les Préfets. C'est dire par conséquent que les violences aux personnes, voire celles perpétrées à l'encontre des arbitres, ou encore les vols suivent un circuit procédural classique. En effet, la sous-commission, chargée dans ces hypothèses d'accompagner le dépôt de plainte de la victime, alertera alors le parquet qui appréciera la suite à donner à l'affaire.

En revanche, cette instance se voit octroyer une compétence exclusive en matière d'insultes, menaces ou dégradations légères notamment. Concernant ce petit contentieux, au terme de l'exécution de la mesure, une fiche de compte- rendu est adressée tant aux personnes convoquées qu'au procureur de la République.

Un classement sans suite interviendra alors si la mesure de réparation imposée, d'une part est jugée suffisante, et d'autre part a été respectée par l'intéressé. Le cas échéant, si l'une de ces deux conditions fait défaut, des poursuites seront engagées. Leur forme dépendra alors de la gravité des faits, puisqu'il pourra s'agir soit d'une convocation par officier de police judiciaire, soit d'une procédure de comparution sur reconnaissance préalable de culpabilité.

La promotion spectaculaire de ce type de mesures peut être rapprochée du succès rencontré par les médiations réparations en droit de la minorité.

b – C'est en réaction au phénomène très marqué de désaffection à l'égard de la médiation pénale que l'intensification de son utilisation a été décidée en 2009. Une telle impulsion renoue avec une tradition locale vivace, puisque cette alternative aux poursuites a été la première mesure mise en œuvre au Parquet de Toulon dans les années 1998. Progressivement cependant, le recours à la médiation s'est marginalisé au profit d'autres mesures comme le rappel à la loi ou encore la composition pénale.

Le récent changement de politique pénale a été décisif. Les statistiques enregistrent ainsi une augmentation de 124% par rapport à l'année précédente, où seulement 186 médiations avaient abouti. L'adaptation de cette troisième voie à la résolution des litiges mineurs, souvent de proximité, sa spécificité au sein des modes alternatifs de règlement des conflits, ainsi que l'existence dans l'aire toulonnaise d'associations spécialisées[1] ont milité en faveur de l'opportunité de la relance de cette réponse pénale.

Spécialisée dans la médiation réparation pour mineurs depuis 1994, l'association AVENIR est l'interlocuteur privilégié du tribunal de grande instance de Toulon en la matière[2]. Le rapport de politique pénale pour 2009 souligne l'existence d'un volant important de mesures confié à cet effet à l'association conventionnée Protection Judiciaire de la Jeunesse. Effectivement, l'analyse des données, aimablement communiquées par le responsable de l'association au terme d'un entretien, confirme

---

[1] Associations A.A.V.I.V. et AVENIR.

[2] Le bilan 2009 de l'association révèle à l'inverse une désaffection du TGI de Draguignan cette année, aucune mesure de médiation n'ayant été mandatée.

l'intensité de l'activité déléguée par le parquet. Le dernier bilan fait ainsi état d'une habilitation à hauteur de 270 mesures par an en application de l'article 12-1 de l'ordonnance du 2 Février 1945[1]. Ce chiffre apparaît stable depuis 2008, après une augmentation significative en 2007[2]. Une analyse plus fine de l'origine des mesures reçues en 2009 révèle une prépondérance des mandats émanant du parquet sur ceux du siège. C'est ainsi que sur les 186 mesures reçues en 2009, 148 ont été ordonnées par le substitut des mineurs contre 38 pour le juge pour enfants. D'autre part, la proportion de garçons impliqués apparaît beaucoup plus importante que celle des filles, puisqu'elle s'élève à 88% du total[3]. Ce résultat, prévisible au regard des connaissances criminologiques actuelles concernant la répartition des sexes dans la population délinquantielle[4], se trouve corroboré par l'examen de l'âge des mineurs suivis. On constate sans surprise l'existence d'un pic d'activité délinquantiel chez les 16 à 18 ans[5], plus modéré dans la tranche d'âge des 13 à 16 ans[6]. À l'opposé, seules neuf mesures ont été ordonnées à l'égard de mineurs de 10 à 13 ans. Très massivement, les mineurs vivent dans leurs familles, et suivent une formation scolaire[7]. Quant à la géographie de la criminalité, on

---

[1] Article 12-1 (Extrait) : « Le procureur de la république, la juridiction chargée de l'instruction de l'affaire ou la juridiction de jugement ont la faculté de proposer au mineur une mesure ou une activité d'aide ou de réparation à l'égard de la victime ou dans l'intérêt de la victime ou dans l'intérêt de la collectivité ».

[2] 468 mesures traitées en 2007 contre 317 en 2008 et 303 en 2009.

[3] 163 garçons pour 23 filles ont fait l'objet d'une mesure.

[4] Bien que plusieurs praticiens aient évoqué l'émergence récente de bandes de filles, corroborant ainsi un phénomène nouveau mis en lumière par des données statistiques publiées en Octobre 2010 par l'observatoire national de la délinquance et des réponses pénales. La proportion de filles mineures mises en cause par la police et la gendarmerie marque une progression remarquable, passant de 9,9% en 1996 à 15,5% en 2009 (Cf. *Le Monde*, 6 Octobre 2010, p 13).

[5] 85% du total.

[6] 60% du total.

[7] Pour 79 d'entre eux, 64 étant en stage de formation, 22 sont sans activité contre 18 en activité professionnelle.

constate une forte concentration de commission des faits délictueux à Toulon, à hauteur d'environ 40%, suivi de La Seyne[1]. Les sites du Pradet et de Cuers sont surreprésentés, à égalité par rapport à d'autres communes puisque environ 5% des infractions y sont réalisées. À l'opposé, Saint-Mandrier, Belgentier, Le Canet, Châteauvallon ou encore Glenouze sont sous-représentés, un seul mineur y ayant réalisé son passage à l'acte.

Le document fourni nous renseigne par ailleurs sur la structure des infractions commises. Arrivent en tête les violences volontaires commises en réunion, représentant une proportion de 14%, les conduites sans permis[2], les défauts d'assurance[3] et les refus d'obtempérer[4]. La fréquence des infractions au code de la route constitue une tendance lourde des actes sanctionnés, représentant environ 28% des interventions de l'association pour la période considérée. Pratiquement 10% des faits consistent en vols en réunion, à égalité avec les dégradations de biens privés. Enfin, les dégradations de biens publics, dont la fréquence s'élève à un peu plus de 6%, devancent les vols en réunion avec dégradation, dépassant légèrement les 5%. Rappelons à ce propos la récente aggravation législative des sanctions encourues en cas de dégradations de biens destinés à la décoration publique depuis l'adoption de la loi du 14 mars 2011[5].

Le bilan de l'association nous renseigne utilement sur la durée de prise en charge du mineur imposée par la réalisation des mesures. La plupart nécessitent un suivi de un à trois mois. Cette durée moyenne, largement majoritaire[6], diminue pratiquement de moitié lorsque les médiations nécessitent une intervention de trois à six mois.

---

[1] Proportion de 18% des faits.
[2] 11%.
[3] 9,5%.
[4] 2 ,8%.
[5] Projet de loi d'orientation et de programmation pour la performance de la sécurité intérieure (LOPPSI II), précitée note 19.
[6] Proportion de 42,4%.

Les éléments les plus instructifs résultent cependant de l'analyse du contenu même des mesures effectuées.

Si en général les réparations consistent en journées d'activité[1], la forte propension des mineurs aux infractions routières est validée par le fait que plus de 26% des mesures portent sur un « projet moto ». Très proches statistiquement de cette application[2], les journées d'activité assorties de travail de réflexion constituent une intéressante variante de la mesure la plus fréquemment édictée. Il arrive d'ailleurs que celle-ci soit associée à la rédaction d'une lettre d'excuses[3]. En revanche, les mesures reposant sur un mécanisme d'indemnisation financière de la victime apparaissent tout à fait marginales[4], de même que les travaux écrits de réflexion. L'obstacle majeur à l'exécution des réparations ordonnées réside dans le non respect des convocations, loin devant le refus des mesures imposées[5].

La pertinence de l'ensemble de ces résultats doit cependant être relativisée, car le bilan d'activité de l'association mentionne l'existence de cinquante mesures de réparation en cours dont la nature n'est pas spécifiée.

Au terme de cette étude révélant toute l'ambiguïté d'une politique pénale orientée avec la même intensité vers les deux objectifs contradictoires que sont la répression et la prévention, nous devons saluer les efforts déployés par les praticiens pour réduire ce paradoxe consubstantiel au droit de la minorité.

La physionomie de la réponse pénale dans l'aire toulonnaise s'inscrit encore plus radicalement dans cette antinomie

---

[1] Ces mesures, majoritaires, représentent une proportion de 42% des réparations effectives pour 2009.

[2] Avec un taux de plus de 24% du total des 114 mesures effectives en 2009.

[3] Dans 6% des cas.

[4] Une seule application est mentionnée en 2009 consistant en un don financier assorti d'un travail de réflexion.

[5] L'absence de présentation du mineur constitue un cas sur deux des constats de carence, contre trois refus sur un total de 22 mesures inexécutées.

que nous ne le pressentions lors du choix de notre sujet de recherche. En effet, selon les contentieux concernés, apparaît un contraste saisissant entre les domaines gérés avec la plus grande rigueur, et ceux appelant des réponses souples, orientés vers une prise de conscience de la portée de l'acte commis. Tantôt mue par des exigences répressives consécutives à une dangerosité avérée du mineur, tantôt dictée par de trop fluctuantes directives générales de sévérité, la réponse pénale classique apparaît finalement comme l'ultime recours. À l'opposé, la multiplication des mesures de réparation évoque, dans son objectif récurrent de prise en considération de la victime, des visées plus civilistes que punitives. Il semble qu'un tel glissement de l'objet de la poursuite pénale, encore plus marqué en droit de la minorité qu'en droit commun, soit appelé à perdurer puisqu'il participe à l'essence même de la matière.

Pourtant, l'annonce des trois axes majeurs du rapport de prévention de la délinquance juvénile divulgué récemment[1] augure un durcissement délibéré de la politique pénale adoptée à l'égard des mineurs ; à l'avenir, priorité sera donnée au renforcement de l'autorité parentale, à la restauration de la citoyenneté par l'école et à la reconquête de l'espace public. Un tel raidissement rappelle certaines pistes de réformes préconisées dans la perspective du remaniement de la charte de l'enfance délinquante[2]. Il peut également être rapproché de certaines dispositions de la loi du 14 mars 2011, censurées pour violation des exigences constitutionnelles en matière de justice pénale des mineurs[3], de

---

[1] Rapp, nov.2010 ; Élysée, 3 novembre 2010, communiqué. *JCP* 2010, p 2092.

[2] Mise en place d'une commission destinée à la refonte du droit des mineurs le 15 avril 2008 (*JCP* 2008, act 287, *AJ pénal* avril 2008, p. 158), dont les travaux déboucheront sur un rapport du 3 Déc. 2008 (*AJ pénal* décembre 2008, p 482).Certaines propositions seront reprises dans le « code de justice pénale des mineurs » présenté le 16 Mars 2009 (*JCP* 2009, 159, p. 10).

[3] Cf. Déc. n° 2011- 625, DC du 10 mars 2011 : censure par le Conseil Constitutionnel le 10 mars 2011 de l'article 37-II de la loi autorisant l'extension du mécanisme des peines plancher même à des primo-

l'augmentation significative du nombre de mineurs incarcérés[1] et surtout des grandes orientations de politique criminelle divulguées tout récemment [2] ; en effet, dans l'attente de la refonte en cours du droit de la minorité, et dans un souci affiché de traitement plus rapide et plus lisible de cette délinquance, sont préconisées diverses mesures. Notons au titre de ces évolutions révélatrices l'amplification du recours aux placements en centres éducatifs fermés[3] ainsi que la faculté de faire juger des mineurs récidivistes de 16 à 18 ans par un tribunal correctionnel comprenant un juge des enfants. Il est également projeté d'ouvrir la possibilité de cumul des peines et des sanctions éducatives, ou encore d'étendre le recours au travail d'intérêt général à l'encontre des mineurs de 16 ans.

Nous appelons de nos vœux l'observation d'une prudence extrême en la matière. L'adaptation des lois et des pratiques aux évolutions sociétales ne doit pas aboutir, sous couvert d'efficacité, à l'anéantissement d'un droit à la spécificité constitutionnellement reconnue. Tentons de préserver autant que faire se peut le formidable optimisme sous-jacent à la matière depuis l'élaboration de notre charte de l'enfance délinquante, et gardons nous de la tentation de stigmatiser nos mineurs dès leur plus jeune âge.

---

délinquants mineurs, ainsi que de l'article 41 autorisant le procureur de la république à faire convoquer directement le mineur par OPJ devant le tribunal pour enfants sans saisir au préalable le juge des enfants, et ceci sans distinctions tenant à l'âge, à la gravité de l'infraction et au antécédents judiciaires de l'auteur.

[1] Augmentation de 6,3% de 2009 à 2010, in *Le Monde* 17 novembre 2010, p.13.

[2] Conseil des ministres, 2 Mars 2011, *JCP* 2011, p. 471.

[3] Le seuil de peine autorisant ce type de placement sera abaissé à 5 ans au lieu de 7 actuellement pour permettre un recours plus fréquent au mécanisme.

LE SOCIOLOGUE ET LE LÉGISLATEUR*

Le rapprochement de ces deux personnages, les points de contact qui lient leurs activités respectives et l'interpénétration observable entre leurs travaux, déterminent, plus profondément, la rencontre de deux univers : celui du savant et du politique. Appréhender pleinement cette relation – instaurée ou souhaitable – est un travail complexe auquel les dimensions cette étude ne nous permettent pas de prétendre. Nous privilégierons donc une seule voie d'accès : l'étude du processus législatif.

La définition de celui-ci s'avère pourtant délicate. En effet, si l'on admet aisément qu'il concerne l'activité législative au sein d'une entité politico-juridique donnée, ses contours demeurent moins faciles à circonscrire : quel(s) « événement(s) » marque(nt) le point de départ de ce processus? Quand s'achève-t-il? La demande sociale manifestée en faveur de l'adoption d'une disposition ou l'effectivité d'une loi entrée en vigueur doivent-elles être prises en compte? Eu égard à ces interrogations, multiples, on comprend que l'enchevêtrement complexe des évènements subsumés par le processus législatif – formellement ou implicitement – rend toute idée de systématisation hautement périlleuse, voire impossible. Aussi, pour les besoins de la présente note, nous adopterons une conception extensive : nous nous intéresserons à l'ensemble des opérations « substantiellement » décisives dans la création de la norme juridique par voie parlementaire.

Il nous faut encore préciser que ce travail n'a pas vocation à fournir, de manière exhaustive, les éléments de ce que André-Jean Arnaud appelle la sociologie de la création juridique[1]. Nous

* La présente note est issue d'un travail effectué par l'auteure, dans le cadre d'un séminaire de sociologie politique dirigé par Mme Valérie Souffron (Université de Paris 1, Sorbonne) en 3e année de Licence de philosophie.

[1] A.-J. Arnaud : *Critique de la raison juridique, I. Où va la sociologie du droit ?* Paris : LGDJ, 1981, consulté en ligne le 14/03/2010 in http://www.reds.msh-paris.fr/publications/collvir/crj-html/partie2-3-2.htm

l'avons précédemment mentionné : il s'agit de comprendre une relation et, à travers elle, d'entrevoir la spécificité de chacun des sujets qui la composent.

Dans cette perspective, nous porterons une attention toute particulière au plus ancien des paradigmes de la sociologie juridique française contemporaine[1] : la « sociologie législative ». L'expression même « vit le jour pour qualifier un ensemble d'innovations méthodologiques qui furent mobilisées au service de l'art de légiférer […] sous la forte impulsion de Jean Carbonnier »[2]. En effet, elle est définie comme « la fonction pratique de la sociologie juridique dans la partie qui concerne le législateur »[3]. Les premiers travaux de sociologie juridique étaient ainsi voués à une mission dite « d'accompagnement ».

Ils ont marqué, en outre, le point de départ d'une authentique collaboration entre nos « personnages ». Certes, le législateur s'est de tout temps intéressé aux phénomènes sociaux : il y va de l'essence même de sa démarche. Toutefois, c'est grâce aux premiers travaux de sociologie législative, en droit de la famille notamment[4], que les sciences sociales ont acquis une réalité tangible dans le processus législatif. Elles ont aussi acquis un certain prestige : il est bien connu que les parlementaires font souvent état, dans leurs rapports notamment, de références dites « sociologiques » autour desquelles se construisent les débats. C'est un détail révélateur.

Il en est résulté enfin une « révolution dans l'art de légiférer »[5] dont faisait état le professeur Jean François Perrin.

---

[1] Sur l'idée de paradigme en sociologie juridique et pour une genèse complète voire: A.-J. Arnaud : *Le droit trahi par la sociologie: une pratique de l'histoire*. Paris : L.G.D.J., 1998, collection Droit et Société, pp. 28 à 45.

[2] J.-F. Perrin : « Jean Carbonnier et la sociologie législative », *L'Année sociologique,* 2007/2, Vol. 57, p. 403.

[3] A.-J. Arnaud : *Dictionnaire encyclopédique de théorie et de sociologie du droit*, Paris : L.G.D.J., 1993.

[4] Voir *Infra*.

[5] J.-F. Perrin : « Jean Carbonnier et la sociologie législative », *loc. cit.*

Cette « révolution » a-t-elle été consolidée dans la pratique des démocraties occidentales au cours de ces vingt dernières années? Autant de questions auxquelles nous tenterons d'apporter quelques éléments de réponse.

Pour ce faire, il semble au préalable nécessaire de situer le travail législatif, c'est-à-dire de prendre la mesure de sa valeur et de sa portée sociales ; nous nous intéresserons alors à la fonction régulatrice du droit au fondement de la démocratie (I). Cela nous permettra d'appréhender, en deuxième lieu, toute la *nécessité* de la collaboration entre sociologue et législateur dans le cadre du processus législatif (II). Nous tenterons enfin d'apporter quelques éléments de discussion quant à l'état actuel de cette collaboration, laquelle apparaît menacée à divers égards (III).

Le droit pénal (français) est au centre de ces trois questions non pas tant parce qu'il marquerait une étape de l'évolution du social, mais parce que les transformations qu'il subit, son omniprésence, sont un trait marquant de l'évolution générale du système juridique.

I – LE SOCIAL, LE DROIT ET LA RÉGULATION : VALEUR ET PORTÉE DU PROCESSUS LÉGISLATIF EN DÉMOCRATIE

Une fois encore, l'« ambition » de cet intitulé doit être mesurée à l'échelle de ce travail : outre le fait que la question a été abondamment traitée sur un plan théorique[1], tenter de la formaliser en quelques lignes est une gageure. Notre objectif est plus modeste: il s'agit d'esquisser les formes empruntées par la « matrice législative », au sein de laquelle viennent se « fondre » les techniques de la sociologie ; nous pensons en effet qu'il est impossible de comprendre la place de celle-ci – et de la sociologie du droit en général – sans quelques éclaircissements préalables sur que ce qu'il en est du droit et de son statut dans la société globale.

[1] Il s'agit là, en effet, d'une question classique et récurrente de la philosophie ou de la théorie du droit.

Cela implique que l'on s'interroge sur la relation entre le social et le droit (A), et que l'on détermine la fonction première, selon nous, de ce dernier : la *régulation* (B). Ces éléments permettront de comprendre les enjeux qui se nouent au sein du processus législatif (C).

A – Le droit et le droit pénal : un miroir du social

Contrairement aux prétentions doctrinales ou dogmatiques visant à faire du droit un « système clos »[1], détaché de toutes réalités ou préoccupations sociales, nous défendons l'idée que le droit tout entier *est* social, c'est-à-dire « immergé dans le social »[2].

Une célèbre formule de Deleuze suggère le point de départ de la démonstration: « le social fuit de partout », écrivait-il. En d'autres termes, le social apparaît comme une réalité « liquide », qui ne se laisse pas tant appréhender par ses structures que par son *dynamisme opératoire*.

Cette approche a trouvé un écho remarquable dans la philosophie de Gilbert Simondon. Celui-ci soutient que le véritable objet des sciences sociales réside dans les *opérations* : ce n'est pas la réalité individuée, mais le *processus même d'individuation* qui doit être pris en considération. Aussi, se référant à différents modèles – inspirés par des schèmes physiques et la théorie de l'information – il appréhende le social à l'aune des potentialités de transformation qu'il recèle : le social se caractérise par sa capacité

---

[1] Nous disons dogmatiques parce que cette idée de clôture est elle même bien évidemment un obstacle à toute représentation « sociologique » du juridique si on la prend au premier degré, comme une sorte de donnée de base. Mais il existe, nous allons nous en apercevoir (*infra*) une autre définition de la clôture, où celle-ci apparaît comme une première étape dans la démarche qui permet de « décrire » le fonctionnement d'un système et aussi la chef qui permet de rendre compte de son adaptation à l'« environnement » ; la clôture est alors une sorte de modèle théorique qui ne se justifie que par son propre dépassement, le code que l'on compose pour ouvrir la porte blindée de la connaissance.

[2] G. Gurvitch et C. M. Herrera : *La Déclaration des droits sociaux*. Paris : Dalloz-Sirey septembre 2009, collection Bibliothèque Dalloz.

constante à se réinventer[1]. Selon Simondon, toute nouvelle tension dans le système engage ce qu'il appelle un mécanisme de *transduction* : mettant en cause la normativité d'un système donné, la transduction aboutit à la réorganisation de celui-ci. Aucun système n'épuisant jamais l'entier de ses potentialités, il s'agit d'un processus de normalisation permanente.

Dans chaque système, il est possible de comprendre le droit comme un « point de référence » : en produisant des normes, lesquelles portent des valeurs, il matérialise le système social dans un espace de temps donné. Le droit est bien ainsi un miroir du social.

Il peut aussi, à ce titre, être appréhendé en sa qualité de *technique,* au sens heideggérien du terme. En effet, il « acte » matériellement les transformations, les changements. On constate ainsi que le texte juridique – nous restons volontairement vague – est le matériau sur lequel se concentre tous les efforts humains : les politiques de réforme ont ceci en commun qu'elles investissent, dans leurs concrétisations diverses, le champ juridique. Toutes partent d'un état de fait intrinsèquement lié à l'état du droit : absence de dispositions idoines ou dispositions jugées insatisfaisantes. Cette situation juridique est alors relayée par les différents acteurs de la scène politique, en vue de fonder et de justifier la perspective de changement. Le processus atteint alors ce que l'on appelle le « *reverse salient* »[2]: la volonté de réforme qui se propage de telle sorte que la tension sociale impose la définition d'une nouvelle normativité. Autrement dit le discours politique, qui a convaincu, devient *performatif.*

Cette étape se traduit de nouveau en termes juridiques : comme l'explique Liora Israël, « le droit est caractérisé aussi par une forme de réversibilité »[3]. On comprend – parce qu'elle n'est pas

---

[1] G. Simondon : *Du mode d'existence des objets techniques*. Paris : Aubier, 2001, collection « Aubier philosophie », (1er édition 1958), voir notamment p. 105.

[2] Le terme est emprunté à la sociologie des techniques.

[3] L. Israël : *L'arme du droit*. Paris : Les Presses de Sciences Po, 2009, collection Contester n°7, p. 17.

une « arme » politique neutre, eu égard à sa puissance contraignante[1] – que la règle de droit est le levier privilégié par lequel on tente d'agir, et d'asseoir les changements[2]. L'actualité fourmille à cet égard d'exemples, comme tend à l'illustrer - notamment et malheureusement - l'inflation législative dans les secteurs les plus sensibles. Le signe de l'engagement « concret » d'une réforme se manifeste dans la sphère juridique[3], comme son entérinement[4]: notre société vit à l'heure de « *l'empire du droit* », mais c'est un empire malade[5].

On désigne sous le nom de « communauté épistémique »[6] l'ensemble des acteurs qui dotés des mêmes compétences, usent des mêmes pratiques, partagent les mêmes façons de raisonner pour parvenir à un résultat donné : ce concept de communauté épistémique pourrait être employé ici pour décrire le rapport qui s'établit entre ceux qui font la loi, ceux qui la pensent, et ceux qui influencent le processus législatif. La fonction de la sociologie politique est alors toute tracée : répartir les rôles, identifier les facteurs décisifs, assigner à la sociologie la place qui lui revient dans la genèse des lois. Nous en sommes encore loin.

---

[1] *Ibidem*.

[2] Soulignons-en contre point la tendance qui consiste à privilégier les formes au mépris du fond, à l'instar des batailles médiatiques visant à obtenir des accords ou des signatures sans pour autant amorcer de réels changements: le phénomène de la réforme *canada dry*. On peut à cet égard faire mention de la multiplication des déclarations d'intention, des lois programmatiques, des pactes (dans le domaine de l'écologie ou du droit pénal notamment): toutes ces mesures donnent la sensation de changement, le « goût » sans en avoir la réelle substance.

[3] Le lancement d'une procédure juridique, le travail sur des textes.

[4] Publicité, médiatisation de l'adoption. Voir également *infra* les fonctions de légitimation de la loi.

[5] Pour paraphraser le titre évocateur de R. Dworkin : *Law's Empire*. Cambridge : Harvard University Press, 1988, 2nd édition.

[6] Peter Haas : *Introduction : « Epistemic Communities and International Policy Co-ordination »*. International Organization, 1992, cité dans J. Lagroye : *Sociologie politique*. Presses de sc. Po. et Dalloz, 2002, p. 524.

C'est la raison pour laquelle le droit ne semble pas pouvoir être pensé et conçu indépendamment du social et de ses cycles: il n'acquiert de sens qu'à la condition d'être envisagé dans un rapport *dialectique* avec la réalité sociale[1] , ce qui signifie qu'il faut y voir à la fois un indicateur et un facteur du changement. C'est ainsi que Niklas Luhmann affirmait que non seulement « le système juridique remplit une fonction pour la société, qu'il est à son « service », mais aussi qu'il participe à sa construction réelle »[2]. Il se pourrait bien que le droit pénal soit au cœur de ce processus de transformation permanente, lui – les incriminations et les sanctions – et ce qu'il représente dans la société, sa fonction[3]

C'est à ce dernier point qu'il faut en venir maintenant.

B – Le droit comme régulateur du social

La question de la fonction du droit soulève, plus profondément, celle des fins du droit. À cet égard, une formule d'Ali Mezghani peut servir de point de départ, mais elle mérite d'être explicitée: « la fin du droit, écrivait-il, est de pacifier, dans la durée, les rapports sociaux »[4]. En quoi consiste cette « pacification » des rapports sociaux ? Dans quelle mesure le droit constitue t-il un facteur de pacification décisif ? Ne peut-il pas aussi être très exactement le contraire, un accélérateur du conflit ?

L'approche systémique revitalisée par Luhmann précisément, est selon nous une voie d'accès particulièrement pertinente pour pénétrer le mystère de ce paradoxe apparent. En

---

[1] Ch. Apostollidis, M. Chemillier-Gendreau : « L'apport de la dialectique à la construction de l'objet juridique », *RDP* 1993, p. 630.

[2] N. Luhmann : « Le droit comme système social », *Droit et société* 11-12/ 1994, p. 56.

[3] Il suffit de rappeler les vives discussions qui eurent lieu, en France, entre Tarde et Durkheim au sujet du crime, de sa « normalité » ou non et de sa sanction (E. Serverin : *Sociologie du droit,* La Découverte/Repères, 2000, p. 59).

[4] A. Mezghani : « Le 11 septembre et le droit économique », *Revue internationale de droit économique*, n°1, 2002, pp. 11 à 22, consulté en ligne.

effet, la « pacification » en question suppose, initialement, une situation conflictuelle et si tout le social n'est pas conflictuel, on admettra que « le conflit incontestablement est difficilement dissociable du social en tant que tel [...]: il est « inhérent » à la nature et au fonctionnement de la société comme toute « réalité vivante » »[1].

Or, l'analyse systémique postule l'existence de systèmes (ou de sous-systèmes) et la possibilité donnée au savant de les identifier comme tels : non seulement qu'« il y ait » des systèmes, mais que ceux-ci soient intelligibles, repérables[2]. Selon le professeur Farjat, ces « systèmes » se composeraient de trois éléments essentiels: « 1/ d'une logique, de concepts, d'un langage ; 2/ d'autorités et de praticiens; 3/ d'institutions »[3]. Ces références, propres à chacune des entités examinées, contribuent à en faire des systèmes autopoïétiques, c'est-à-dire clos sur eux-mêmes. Cependant, il faut comprendre que cette indépendance est relative dans la mesure où un système demeure ouvert sur les phénomènes extérieurs suivant des procédures qui sont difficiles pour ne pas dire impossibles à décrire: l'ouverture relève de l'hypothèse, elle est supposée.

Le système législatif est ainsi « ouvert » à et sur d'autres systèmes qui participent au processus de sa légitimation à l'intérieur du système juridique global.

La « bonne harmonie », le « juste équilibre » sont extrêmement délicats à déterminer parce que les mots manquent – ceux-là notamment sont un peu trop connotés ! Nous nous contenterons donc d'une double observation.

---

[1] J.-J. Sueur : *Une introduction à la théorie du droit.* Paris, L'Harmattan, 2001, page 180.

[2] D'aucuns préfèrent encore parler de « sphères », à l'instar de Michael Walzer : *Sphères de justice. Une défense du pluralisme et de l'égalité*, traduit de l'anglais par P. Engel. Paris : Le Seuil, 1997, coll. « La couleur des idées ».

[3] G.. Farjat : *Pour un droit économique.* Paris : PUF, 2004, coll. « Les voies du droit », p. 29.

Premièrement, il est des collisions systémiques réelles et d'autres qui sont potentielles ou « irréalistes », selon une terminologie évocatrice ; il arrive aussi que des conflits se superposent au sein d'une même société, faisant intervenir plusieurs systèmes différents[1]: on peut supposer que le droit a dans tous les cas un rôle à jouer, mais que ce rôle ne sera pas le même et que les branches du droit sollicitées ne seront pas les mêmes non plus selon le type de problème à résoudre: conflits de valeurs, conflits d'intérêts intra- et inter- systémiques.

Ici apparaît – peut-être – une des spécificités du droit pénal : un droit de la régulation des conflits majeurs, au prix parfois de la production d'autres tensions, ou à l'inverse d'une totale ineffectivité de la règle de droit, lorsque celle-ci aura été produite non pour résoudre un conflit mais pour convaincre les protagonistes que l'on « s'occupe d'eux », que leur demande a été prise en compte.

Deuxièmement, et cette remarque rejoint la précédente, certains systèmes ont une tendance hégémonique voire « totalitaire»[2]. À notre époque, c'est manifestement la sphère économique qui occupe cette posture dominante. Cette situation a inspiré à Paul Dumouchel et Jean Pierre Dupuy les conclusions suivantes : « nos sociétés industrielles, [...] sont des sociétés économiques. L'économie est la forme essentielle du monde moderne et les problèmes économiques sont nos préoccupations principales »[3].

La nécessité d'une « régulation », entendue ici comme un mécanisme de conciliation systémique, apparaît dès lors indispensable, à condition de penser cette « conciliation » en termes de contrôle ou de maîtrise. L'autorégulation pure et simple

---

[1] Nous nous référons aux travaux de sociologie des conflits de manière générale et tout particulièrement aux travaux de R. Dahrendorf.
[2] G.. Farjat : *Pour un droit économique*, *op. cit.*, p. 175.
[3] Propos repris dans J.-P. Dupuy : *Le sacrifice et l'envie, le libéralisme aux prises avec la justice sociale*. Paris : Calmann-Lévy, 1996.

est une fiction[1], il faut donc penser quelque chose qui s'apparente à une « instance » impartiale et désintéressée, capable d'assumer cette fonction de régulation-maîtrise. Le droit peut être cette instance ; il peut être le moyen qui permet de rendre soutenable socialement la contradiction majeure de toute société humaine : la pérennité du conflit et la nécessité de le réduire, sous le regard de l'opinion comme le disait naguère Georges Vedel au sujet de la démocratie britannique[2]. Généralisons : la démocratie est la condition de réalisation de cet objectif de « régulation », pour ceux qui « pensent » et pour ceux qui agissent.

Pour ceux qui font la loi, donc, en particulier.

C. Les enjeux du processus législatif

La loi s'inscrit dans un système complexe de normes. Sa singularité tient au fait qu'elle est une production étatique, mais qu'elle est pensée le plus souvent en termes de position dans une « hiérarchie » des normes prédéterminée ; elle occupe ou est censée occuper une « position » intermédiaire au sein de cette hiérarchie : subordonnée à la constitution et aux traités internationaux, elle s' « impose » à toutes les autres dispositions en vigueur. Tel est du moins le discours dominant des juristes.

En admettant que la règle de droit reflète une certaine expérience du temps, la loi serait l'expression d'un temps « court ». Cette approche fait écho aux temporalités bergsoniennes. On peut raisonner, pour illustrer ce point, en termes de branches ou de

[1] Outre le fait que l'autorégulation risque, à l'aune de nos précédents développements concernant les tendances hégémoniques, d'aboutir à un profond déséquilibre systémique, il convient de rappeler que le social ne peut fonctionner comme les systèmes auto régulés que sont la machine, ou dans une certaine mesure, l'organisme. La principale distinction, comme l'explique Canguilhem, tient dans le phénomène homéostatique, lequel n'est pas transposable au social. Canguilhem : « Le problème des régulations dans l'organisme et dans la société », in *Écrits sur la médecine*. Paris : Seuil, 2002.

[2] « Le problème des rapports du législatif et de l'exécutif », *RFSP* ; 1958, p. 257.

domaines du droit : si la constitution instaure un ensemble de principes fondamentaux « solides », qui délimitent le champ d'action de la volonté générale, la loi est cette substance « liquide », qui accompagne le politique[1].

La *qualité* démocratique de la loi lui assigne une double fonction au sein du processus législatif[2]. D'une part, elle a une fonction *médiatique*: elle fournit des réponses à un effet ou des effets que l'on attribue aux médias[3] ; d'autre part, elle possède une fonction légitimatrice, s'il est vrai comme l'affirme le professeur Pontier, que le « Parlement est légitimé par les lois »[4]. Un pouvoir se maintient, écrit-il encore, en se référant à Bertrand de Jouvenel, et les citoyens le soutiennent « parce qu'ils croient dans le pouvoir »[5].

Nous ajouterons : parce qu'ils s'y reconnaissent. Axel Honneth, postulant une imbrication étroite entre reconnaissance et socialisation, explique que seules sont considérées comme des

---

[1] Ne perdons pas de vue tout de même que la constitution intègre aussi une part importante du changement social qu'elle rend possible d'une certaine manière, alors que d'autres textes, d'autres lois assurent parallèlement une fonction de stabilisation du corps social : droit administratif comme le pensait Durkheim, droit pénal, à l'évidence. Précisons. Contrairement au texte constitutionnel, garant d'une certaine continuité, la loi peut aisément être adoptée ou modifiée. Aussi, elle constitue un « réceptacle » privilégié du politique parce qu'elle épouse les formes du social : on peut considérer à ce titre qu'elle est au cœur des enjeux de tout régime démocratique.

[2] J.-M. Pontier : « A quoi servent les lois ? », *Recueil Dalloz*, 2000, pp. 57 et suivantes.

[3] *Ibidem*. L'une des théories sur les effets des médias est celle dite de « fonction de mise à l'ordre du jour » ou encore de « fonction agenda ». Certaines lois apparaissent ainsi conditionnées par le fait qu'un problème devient politiquement important et appelle une réponse qui relève de l'ordre de la loi parce que les médias en ont parlé.

[4] J.-M. Pontier insiste à cet égard sur la corrélation « syllogistique » entre la production des normes et la justification de l'existence de l'institution. *Ibidem.*

[5] *Ibidem.*

entités sociales légitimes les sociétés capables d'assurer des relations fiables de reconnaissance réciproque à tous les niveaux[1].

La loi se présente donc comme une « boussole » indiquant à l'ensemble des citoyens l'ancrage effectif du pouvoir dans le social. A l'inverse, la « dissolution du paradigme libéral du droit »[2] mettrait en péril le droit en général dans sa fonction « régulatrice », et le droit pénal tout particulièrement, qui perd de sa substance et de sa spécificité comme branche du droit autonome.

Enfin il est important de garder à l'esprit que la loi répond à un but d'utilité sociale : elle est une solution des dirigeants aux difficultés et aux tensions qui traverse la société. Elle est à ce titre devenue la voie privilégiée de l'action « pacificatrice » du droit ou de son contraire. Mais il arrive que trop de droit tue le droit.

Le sociologue est (parfois) celui qui permet de faire « la part des choses ».

II – SOCIOLOGIE ET PROCESSUS LÉGISLATIF : L'INDISPENSABLE RENCONTRE

Selon nous, en effet, la participation du sociologue au processus législatif est nécessaire : il est ou devrait être l'un des acteurs du processus démocratique (A). Assumant une fonction auxiliaire ou ancillaire (B), il dispose pour ce faire d'un savoir et de techniques propres à sa discipline (C).

---

[1] A. Honneth : « Reconnaissance et justice », *Le Passant ordinaire,* n° 38 [janvier 2002-février 2002], consulté en ligne le 17/03/2010 : http://www.passant-ordinaire.com/revue/38-349.asp. Où l'on peut lire: « une éthique politique ou une morale de la société doit être conçue de façon à recouper la qualité des relations de reconnaissance assurées par la société : la justice ou le bien-être d'une société se mesure à son degré d'aptitude à garantir des conditions de reconnaissance mutuelle dans lesquelles la formation de l'identité personnelle et ce faisant, l'épanouissement individuel, pourront se réaliser dans des conditions suffisamment bonnes ».

[2] J. Habermas : *Droit et démocratie.* p. 263.

A – Le sociologue au service de la démocratie

Le sociologue semble notamment tout désigné pour jouer ce rôle de *médiation* que nous mentionnions tout à l'heure. La vocation de la sociologie est de mettre en lumière les relations entre phénomènes sociaux, de comprendre autant que faire se peut le fonctionnement et l'organisation des sociétés humaines ; elle rend compte des conflits, du changement social ou des phénomènes de « reproduction ». Bien qu'elle fasse preuve, selon Wolf Lepenies, d'une oscillation constante entre la science et la littérature – au point d'être décrite comme une « *troisième culture* »[1] – son contenu cognitif s'est « imposé comme une évidence aux classiques des sciences sociales » qui « ont bel et bien tenu leur pari sur ce point »[2].

En dépit de l'imperméabilité de la science juridique – que l'on doit sans doute à l'influence d'une interprétation dogmatique de la pensée kelsénienne[3] –, le recours à la sociologie se présente aujourd'hui comme une nécessité, à plusieurs points de vue.

Si la dialectique entre le peuple et le politique, le social et la loi, est au fondement même de la démocratie, cette exigence ne va pas naturellement de soi on le sait bien. La communication n'opère pas de manière spontanée : comme l'explique encore Simondon, il ne suffit pas de réunir des hommes pour que l'alchimie se crée ; les débats doivent nécessairement être organisés, planifiés.

---

[1] W. Lepenies : La *Troisième Culture: la sociologie entre science et littérature*. Paris : MSH, 1990.

[2] R. Boudon : « À quoi sert la sociologie ». *Cités Hors Série, Voyages inédits dans la pensée contemporaine*, 2010, p. 420.

[3] Ceci est particulièrement sensible en France, où l'on a eu tendance, jusqu'aux importants travaux de M. Troper, à négliger la dimension épistémologique de la pensée du maître autrichien – qu'est-ce que penser le droit ? – au bénéfice d'une lecture s'inscrivant plus facilement dans les cadres mentaux d'un certain positivisme juridique descriptiviste : qu'est-ce que le droit ? En quoi consiste-t-il ?

C'est ainsi que la loi, si elle n'est peut-être pas l'expression de la « volonté générale », doit être tenue pour telle, selon les injonctions d'une fiction opératoire qui a été inventée en même temps que la démocratie.

La participation du sociologue, sa médiation sont ce qui rend possible cette opération, à un double niveau

Du social vers le politique. A l'aune de nos précédents développements, c'est sans doute la relation qui s'impose avec le plus de force. Les travaux de la sociologie sont essentiels à la régulation des rapports intersystémiques: parce qu'ils rendent *sensible* le social, ils constituent une base de travail précieuse. La sociologie permet ainsi une plus grande porosité entre État et société civile. Son intérêt tient notamment au caractère scientifique et à la « neutralité axiologique » que la sociologie suppose : au-delà des postures partisanes, elle permet de porter un regard critique sur le réel comme le soutient André-Jean Arnaud.

Les travaux de sociologie peuvent également revêtir une importance non négligeable dans la phase post-législative, à propos de l'« évaluation » des lois. Aujourd'hui, la question de l'effectivité du droit – et en particulier de l'effectivité des lois – soulève des difficultés et interroge la doctrine[1]. Des études de terrain peuvent, par exemple, s'avérer très utiles pour déceler d'éventuels dysfonctionnements et comprendre les facteurs d'ineffectivité d'une loi, ce qui facilite ou entrave son application. Par-dessus tout, elles fourniront aussi des critères permettant de procéder à une telle mesure – qu'est-ce qu'une loi effective ?

Du politique vers le social. Le législateur, nous l'avons dit, est un élu, investi d'un mandat donc préoccupé des relations avec son électorat, et plus largement, avec les citoyens. La « réception » de la loi est très tributaire de l'image perçue par ceux à qui elle est destinée et par tous les autres. Cette image et tout ce qui est dit à

[1] J.-M. Pontier : « À quoi servent les lois? », *loc. cit.*.

propos de la loi conditionnent en partie son effectivité[1]. Elle le fait de plus en plus.

C'est ainsi que la loi du 11 octobre 2010 « interdisant la dissimulation du visage dans l'espace public » – comme toutes celles récentes portant sur des questions du même genre – a permis de mettre en évidence l'importance du travail « pédagogique » préalable, souligné par de nombreux politiques[2] ; le projet de loi prévoyait même que les six premiers mois après le vote seraient consacrés à la « pédagogie », et qu'ils constitueraient le « temps d'apprentissage des nouvelles règles ».

Dans ce contexte, la sociologie peut de nouveau jouer un rôle clé, en contribuant à rendre sensible et à réduire l'hétéronomie de la règle de droit. Elle s'inscrit dans le cadre du processus législatif pour lui fournir un élément de justification, une légitimité « expertale ». Les sociologues américains sont particulièrement sollicités à ce titre, pour repérer « les nœuds psychologiques où se situe la répugnance de la réforme »[3] et tenter de les dissoudre en fournissant « une meilleure information »[4].

Cette contribution pourrait légitimement se poursuivre au delà même du temps de l'adoption d'un texte, pour prévenir, mesurer et conjurer les phénomènes d'ignorance de la loi. Ceux-ci tendent à se développer, notamment en matière de droits sociaux

---

[1] W. G. Svydak : « Les aspects sociologiques de la formation de la loi », in *La création du droit. Aspects sociaux, 2e colloque de sociologie juridique franco-soviétique, Moscou, 1978*. Paris : Éditions du C.N.R.S., 1981, coll. Travaux de l'institut de recherches juridiques comparatives, pp. 319-323.

[2] En qualité de secrétaire aux Droits de l'homme, Rama Yade avait par exemple déclaré : « Une action pédagogique doit être menée vis-à-vis de certains musulmans de France », *Le Point*, 22/06/2009.

[3] J. Carbonnier : *Sociologie juridique*. Paris : PUF, 1978 réédition 2004, coll. Quadrige, p. 277.

[4] *Ibidem*.

où les cas de « non recours », ou « non demande », sont de plus en plus fréquents pour cause de « non connaissance »[1].

On admettra que cette démonstration est discutable parce qu'elle interroge l'engagement du sociologue alors que celui-ci occupe naturellement une posture qui prête à une certaine instrumentalisation.

B – La nécessaire « auxiliarité »

À quoi sert la sociologie ? L'hypothèse d'une sociologie qui aille « au-delà de la sociologie », voire d'un sociologue législateur comme l'ont rêvé certains esprits au XIXe siècle, cette hypothèse donc est-elle réalisable et seulement souhaitable? Le sociologue n'occuperait-il pas plutôt la position du « conseiller » hobbesien: éclairer tandis que le législateur, seul, délibère.

Cette division du travail peut être mise au service de la discipline sociologique elle-même. Durkheim concluait *Les règles de la méthode sociologique* en formant le vœu suivant : « Le moment est venu pour la sociologie de renoncer aux succès mondains et de prendre le caractère ésotérique qui convient à toute science. Elle gagnera ainsi en dignité et en autorité ce qu'elle perdra peut-être en popularité »[2]. Il s'agissait donc, pour lui et pour le sociologue selon lui, d'échapper à la « tentation prophétique », de ne pas devenir celui que son public lui demande d'incarner[3].

---

[1] P. Warin : « Qu'est-ce que le non-recours aux droits sociaux ? », *La Vie des idées,* 1er juin 2010. URL : http://www.laviedesidees.fr/Qu-est-ce-que-le-non-recours-aux.html. Sur le sujet, voir également : P. Mazet : « La non demande de droits : prêtons l'oreille à l'inaudible », *La Vie des idées*, 1er juin 2010. URL : http://www.laviedesidees.fr/La-non-demande-de-droits-pretons-l.html

[2] E. Durkheim : *Les règles de la méthode sociologique,* (1894). Édition électronique, p. 80. Consulté en ligne, le 13/05 sur le Site des classiques en sciences sociales.

[3] P. Bourdieu, J.-C. Chamboredon et J.-C. Passeron : *Le Métier De Sociologue: Préalables Épistémologiques*. Paris : Mouton de Gruyter, 2005 5e édition, coll. « École des hautes études en sciences sociales ».

Cela revient à s'interroger sur la nature du travail de sociologue et sur celle de sa production. La vocation de la sociologie, nous l'avons vu, n'est pas dans la production de normes, mais dans la compréhension des phénomènes sociaux. Raymond Boudon, à partir des travaux de celui qu'il présente comme l'un des pères fondateurs de la discipline – Alexis de Tocqueville –, décrit le programme du sociologue de la manière suivante:

« 1/ l'objectif de la sociologie est d'expliquer des phénomènes opaques pour l'esprit; 2/ expliquer un phénomène, c'est, en sociologie, comme dans toute discipline, en retrouver les causes; 3/ les causes des phénomènes sociaux sont à rechercher du côté des attitudes, des choix et des représentations des individus; 4/ les attitudes, les choix et les représentations sont par principe compréhensibles: leur sens pour l'individu est en cause; 5/ étant entendu que les attitudes, les choix et les représentations des individus ne sont compréhensibles que si l'on tient compte du contexte auquel appartient l'individu »[1].

Ce programme appelle quelques remarques de notre part.

Tout d'abord, on constate que la transmission de « données brutes » ne présente pas grand intérêt : elle se rapproche davantage du travail d'un sondeur ou d'une sociologie dite caméraliste, qui se révèle souvent « dépourvue de continuité et [...] peu susceptible de progrès »[2]. L'apport concret de la sociologie réside dans l'interprétation, productrice de sens. Cette remarque ne met pas en cause la scientificité de la discipline, mais permet d'en mesurer les limites : si le sociologue doit se départir des jugements de valeurs pour construire ses propositions, il n'en demeure pas moins un homme enfermé dans ses propres limites, avec son histoire et ses convictions.

De cette manière, aussi « efficaces » soient les explications proposées – les théories avancées par Durkheim et surtout Weber sur le fait religieux par exemple ayant même acquis le statut de

---

[1] R. Boudon : « À quoi sert la sociologie », *loc. cit.*, p. 431.
[2] *Ibidem* p. 435.

« vérités scientifiques »[1] – elles n'en demeurent pas moins des vérités relatives et donc, de fait, discutables.

Par ailleurs, si le sociologue n'a pas une fonction normalisatrice, il peut parfois endosser ce rôle par voie incidente : les conclusions d'un travail de sociologie invitent à « agir » dans un certain sens, de manière implicite, et alors même qu'une donnée sociologique, aussi « normalisatrice » soit-elle, est incapable de se convertir, seule, en texte de loi.

Si l'idée d'une législation par les savants est donc une utopie, la dimension politique évincée réapparaît sous la forme du débat scientifique. La distinction entre pouvoir sociologique et pouvoir législatif s'impose donc en fait ; elle est aussi hautement recommandable, parce qu'elle est une condition de la démocratie politique. Il est difficile d'envisager la légitimité d'un monde « aseptisé » par la raison scientifique.

De surcroît, l'effectivité du droit tient tout autant à son immersion dans le social qu'à son indépendance vis à vis de lui ; cette indépendance est, rappelons-le, une condition essentielle de la fonction régulatrice ou, en d'autres termes, du fonctionnement démocratique de la société.

Notre propos n'est pas de condamner l'engagement politique du sociologue, mais d'insister sur la complémentarité des deux figures – sociologue et législateur, savant et politique – dans le jeu démocratique. Cette complémentarité peut être illustrée à travers l'exploitation de différentes techniques sociologiques au cours du processus législatif.

C – Techniques sociologiques et processus législatif

Les outils et les méthodes sociologiques auxquels il est envisageable de recourir tout au long du processus législatif constituent les points de rencontre entre l'univers politique de la décision et la recherche en sciences sociales.

[1] R. Boudon : *Études sur les sociologues classiques*. Paris : PUF, 1998-2000, coll. « Quadrige ».

En théorie, l'articulation de ce processus est telle que le sociologue est susceptible d'apporter sa contribution dans toutes ces phases : antélégislative, législative et post-législative. L'« avant-dire droit » est la phase pré-parlementaire : une phase préparatoire, au cours de laquelle des propositions ou projets de loi sont ébauchés; la phase proprement « législative » correspond à l'étape qui recouvre l'examen du texte de loi par le Parlement (en commission et en séance publique), jusqu'à la promulgation du texte; enfin, « l'après-dire-droit » est la phase qui intéresse, largement, la loi une fois adoptée et promulguée.

Toutes les techniques « classiques » visant au recensement de données sociales peuvent être mobilisées ; en effet, « la sociologie juridique a beaucoup reçu de la sociologie générale dont elle est fille. Ses méthodes ne sont pour la plupart [...] que des adaptations de celles qui avaient déjà été mises au point dans d'autres domaines sociologiques »[1]. On pense notamment aux enquêtes de faits ou d'opinions et aux sondages de type référendaire ; nous en avons déjà souligné l'intérêt pour la phase post-législative, concernant l'évaluation des lois.

Le législateur a la possibilité d'emprunter lui-même les techniques sociologiques. Il en va ainsi pour le travail en commission: réunies pour l'examen approfondi des articles, ces formations – qu'elles soient spéciales ou permanentes – procèdent à une sorte d'« enquête », au cours de laquelle sont auditionnés certains des principaux acteurs concernés. Ce travail aboutit à un rapport, instrument privilégié du législateur dans la préparation des textes de loi.

À cette occasion, notons que des sociologues peuvent être invités à faire part de leur point de vue en qualité de chercheur. Il s'agit là d'un moment clé de la procédure législative, mais

---

[1] J. Carbonnier, 1978, p. 20, cité par J. Commailles : « La construction d'une sociologie spécialisée. Le savoir sociologique et la sociologie juridique de Jean Carbonnier », in *L'Année sociologique* 2007/2, Vol. 57, p. 282.

« silencieux » et relativement « méconnu » (Olivier Duhamel) [1]qui permet aux parlementaires de forger leur opinion par rapport à la réalité sociale. De fait, c'est sans doute dans cette phase préparatoire que la contribution du sociologue est ou devrait être la plus fondamentale. Par exemple lorsque le Parlement est amené, comme c'est de plus en plus souvent le cas, à se prononcer sur des « questions sensibles », ainsi nommées parce qu'elles ne recoupent pas ou plus les clivages politiques traditionnels.

On peut également envisager que les parlementaires confient au sociologue une étude, sur un sujet précis. Le Parlement lance régulièrement ce type de marchés publics à destination des scientifiques. Il conviendrait de mentionner également à ce titre les travaux de l'office parlementaire d'évaluation des choix scientifiques et technologiques qui, depuis sa création (en 1983), déploie une grande activité à l'interface du monde politique et la communauté scientifique.

Le doyen Carbonnier faisait état de l'intérêt des modèles législatifs, construits afin d'« anticiper » en quelque sorte, grâce à une simulation, les effets potentiels d'une mesure[2]. Il arrive aussi, tout simplement, que les sociologues, ou d'autres « spécialistes » attirent l'attention sur une question qui n'entrera que plus tard dans le champ politique (l'augmentation des dépenses de santé par exemple).

Par ailleurs, à l'occasion d'un contrôle de constitutionnalité, les sociologues peuvent à nouveau être entendus. Dans sa démarche d'« analyse », le Conseil Constitutionnel a la possibilité de recourir à des consultations externes (technique dite « de la porte ouverte »). Tandis que la technique moins connue dite de la « porte étroite » autorise toute personne à soumettre des arguments

---

[1] Auditions au sein de commissions parlementaires ou de missions d'information, par exemple). Ici l'exemple des États-Unis pourrait servir de contrepoint utile : importance du rôle des commissions, et reconnaissance de la fonction qu'y exercent les experts de toutes sortes ; poids des lobbies aussi.
[2] J. Carbonnier : *Sociologie juridique…*, *op. cit.* pp. 296 à 298.

au juge ; ces arguments ne seront pas exposés, mais le Conseil pourra s'en inspirer pour établir sa décision.

Outre le processus institutionnel enfin, le relais médiatique, on l'a déjà dit, est fondamental car il assure la publicité du débat au sein de l'opinion publique. Au cœur du débat démocratique, les travaux des sociologues ont vocation à constituer une base de discussion pour les citoyens. Est-il possible d'espérer, plus prosaïquement qu'ils ne soient pas déformés ?

III – SOCIOLOGIE ET PROCESSUS LÉGISLATIF: CHRONIQUE D'UNE HISTOIRE TOURMENTÉE

Il serait bien entendu illusoire de limiter à la seule figure du sociologue les interventions qui, venant des disciplines non « spécifiquement » juridiques, sont censées enrichir ou infléchir le travail du législateur ; il serait illusoire également de croire que le sociologue est toujours écouté. Enfin il arrive que son « intervention » soit diffuse : les parlementaires lisent aussi.

Il faut observer dans cet ordre d'idées que l'ouverture du parlement et donc du système politique dans son ensemble à ceux qui concourent d'une façon ou d'une autre à leur légitimation (groupes, experts) est tributaire de l'évolution générale du parlement en tant qu'institution et du système dans son ensemble ; la « majoritarisation » du régime politique de la Ve République, par exemple, allant de pair avec sa présidentialisation ont incontestablement accentué objectivement le poids des experts dans la genèse du processus décisionnel. C'est ainsi qu' « [au] cours des années soixante, les élites « modernisatrices » du syndicalisme (ouvrier, paysan, patronal), de la haute fonction publique et des sciences sociales (économistes, sociologues, politologues), qui cherchent alors à modifier les conceptions et les modes de légitimation de l'action publique, vont jouer un rôle considérable dans la diffusion et l'imposition d'une image de président-gouvernant et dans la conversion des forces politiques à l'élection présidentielle »[1]. Les sociologues et d'autres spécialistes

[1] L. Lagroye et *al* : *op. cit.* p. 158.

des sciences sociales, dans des proportions variables comme nous le verrons, contribuent de cette façon, indirectement, à créer des conditions favorables ou non à l'écoute du discours qu'ils tiennent sur le régime. Ils sont leurs propres propagandistes.

Cependant, en dépit du succès de quelques initiatives et collaborations éprouvées (A), on peut se demander si la sociologie législative n'est pas aujourd'hui menacée (B). Ces réflexions et interrogations nous conduiront à envisager ce que pourrait être un programme de recherche relatif aux relations entre le sociologue et le législateur (C).

A – Initiatives et collaborations éprouvées

Comme le rapportait François Terré en 1990, la sociologie législative a connu, pendant quelques années, un succès non négligeable en droit civil[1]. Les exemples affluent, notamment, en droit de la famille : entre 1964 et 1975, les travaux de la sociologie juridique entourèrent la réforme de la tutelle, celle des régimes matrimoniaux, des incapables majeurs, de l'autorité parentale, de la filiation et, surtout, la réforme du divorce de 1975[2] . L'exemple fut suivi avec succès en Suisse où les « diverses réformes du droit suisse de la famille profitent, dans une large mesure, du rayonnement du modèle français, qui était très observé »[3].

Aux États-Unis, la sociologie législative a également acquis une place fondamentale. Jean-François Perrin rapporte ainsi que les « *Surveys* » de la *Federal Trade Commission* sont exemplaires quant à leur qualité méthodologique, dans le domaine

---

[1] F. Terre : « Défense et illustration d'une réflexion juridique intégrant la sociologie », *JCP*, supplément à l'édition de E, 1990, pp. 35-38.

[2] L'ensemble des enquêtes conduites dans le cadre de ces réformes sont répertoriées par Jean Carbonnier : *Sociologie juridique... op. cit.,* pp. 284 et 285.

[3] J.-F. Perrin : « Jean Carbonnier et la sociologie législative… », *loc. cit.,* p. 404.

des données personnelles en particulier[1]. Autre exemple : les auditions d'*amicus curiae,* une tradition à la Cour Suprême ; elles sont particulièrement appréciées en matière fiscale, car elles permettent ou devraient permettre d'éviter au juge d'avoir à se « prononcer, en toute innocence, dans un sens risquant d'engendrer de grandes incertitudes chez les experts fiscalistes »[2].

Dans certains États, la constitutionnalisation des pratiques de la sociologie législative a même été envisagée. Un débat a eu lieu en Suisse et en Allemagne où il a été porté jusque devant la Cour constitutionnelle : le juge de Karlsruhe a estimé qu'il était fondé à prescrire au législateur le respect de certains principes de la méthode sociologique et à assurer, à cet effet, un contrôle plus aisé de l'activité du législateur[3]. Cette méthode législative est une partie de la science de la législation. Largement inspirée des sciences sociales, elle vise à décomposer en plusieurs séquences le processus conduisant à l'adoption d'une loi et à établir, pour chacune d'elles, les préceptes méthodologiques applicables[4]. En

---

[1] J.-F. Perrin : *La notion d' « effectivité » en droit européen, international et comparé de la protection des données personnelles.* Genève : Droz, 2002, coll. « Comparativa ».

[2] Entretien entre Mmes Sandra Day O'Connor, Ruth Bader Ginsburg, Membres de la Cour suprême des États-Unis, et Noëlle Lenoir, Membre du Conseil constitutionnel, in *Les Cahiers du Conseil Constitutionnel n°5*, 1998, p. 60.

[3] Voir à ce sujet L. Mader : *L'évaluation législative : pour une analyse empirique des effets de la législation.* Lausanne : Payot, 1985, pp. 162 à 165.

[4] Les principales phases sont: 1/ L'émergence d'un problème ; 2/ La définition de celui-ci à partir de la tension existant entre désir d'une société et les comportements de ses membres ; 3/ La fixation des objectifs; 4/ L 'analyse des faits en rapport avec le champs de la législation envisagée ; 5/ L'ébauche de solutions alternatives, comprenant l'étude des moyens de poursuivre certaines fins ; 6/ L'évaluation prospective de l'aptitude de ces moyens à réaliser les fins poursuivies ;7/ Le choix des moyens ; 8/ L'évaluation rétrospective de la solution adoptée et enfin, nouveau cycle, l'adaptation des moyens aux fins poursuivies pour autant que celles-ci ne constituent pas elles-mêmes une transformation. Source : C.-A. Morand : « Les exigences de la méthode législative et du

Suisse, des efforts considérables ont été faits dans le même sens, tant au niveau fédéral que régional[1].

Revenons au cas français. Outre les nominations relativement récentes d'Azouz Bégag et de Dominique Schnapper à de hautes fonctions étatiques en leur qualité de sociologues[2], d'autres ont pris part aux récents travaux de l'Assemblée Nationale et les députés n'hésitent pas à se référer à leurs travaux. La treizième législature en offre plusieurs exemples[3].

Toutefois, ces exemples demeurent marginaux et l'ouverture interdisciplinaire est peu pratiquée, voire menacée.

B – La sociologie législative menacée?

En 1979, les succès remportés par la sociologie législative conduisaient le doyen Carbonnier à s'interroger: « cette originalité est-elle le symptôme d'une évolution générale dans l'art législatif? N'est-elle qu'un épisode qui restera sans lendemain? »[4]. Trente ans plus tard, les constats sont amers : la doctrine déplore le recul de la discipline et manifeste un sentiment d'indignation mêlée de crainte d'une possible instrumentalisation. Nous allons successivement revenir sur ces différents points.

---

droit constitutionnel portant sur la formation de la législation », *Droit et Société, n°10*, 1988, pp. 407 à 423.

[1] L. Mader : « L'évaluation législative en suisse : la « longue marche » d'une idée à travers les institutions étatiques », in *De l'évaluation à l'action législatives, Actes du colloque en l'honneur du Professeur Jean-Daniel Delley*, Travaux CETEL, n° 57 - Décembre 2009, pp. 15 à 26.

[2] Azouz Bégag et Dominique Schnapper occupèrent respectivement les fonctions de ministre délégué à la promotion de l'égalité des chances du 2 juin 2005 au 5 avril 2007 et membre du Conseil Constitutionnel de 2001 à 2010. Notons que le cas d'Azouz Bégag est particulier ; il pose la question de l'engagement politique du philosophe : nous ne sommes plus ici dans l'hypothèse classique où l'on peut distinguer les deux figures, dans la mesure où le politique et le savant s'incarnent dans la même personne.

[3] Cf. Annexe I.

[4] J. Carbonnier : « Essais sur les lois », *Répertoire du notariat Defrénois*, 1979 p. 234.

Le recul de la sociologie législative. Le professeur Jean-François Perrin y insiste particulièrement. Il déplore la tendance qui consiste à substituer le droit comparé à l'étude des réalités sociales que la loi est censée appréhender. Moins coûteux, ce type d'étude serait, selon lui, de plus en plus privilégié : « on les lit comme des réponses locales et on les compare comme si elles étaient de véritables données sociologiques [...]. L'évacuation des disciplines qui observent les sujets sur les terrains s'effectue par facilité, par économie de moyen [...] c'est confortable [...]. Cette mutation s'est produite non pas pour de bonnes raisons mais seulement parce qu'il est plus facile [...] de rester enfermé dans un monde de normes que d'assumer les conséquences de la confrontation avec la réalité quotidienne »[1].

Variation sur le même thème, le sociologue argentin Daniel Filmus déplorait le fait qu'en Amérique latine, « la décennie des années 1990 a été celle où l'on a beaucoup écouté la voix des économistes, mais peu celle des sociologues »[2].

L'idéologie du *New Public Management* s'est imposée, progressivement, comme critère quasi exclusif de l'action de l'État. Cette idéologie n'est pas condamnable en elle-même, et un consensus impressionnant s'est réalisé à son sujet dans un très grand nombre de pays occidentaux. Que faut-il en penser ? L'erreur consisterait, si l'on en croit Jacques Lagroye, à raisonner en termes manichéens, en opposant « les raisons d'agir (les « vraies » raisons que percevrait seul le sociologue ou le moraliste) et les motifs que l'acteur assigne à ses actes ».[3] L'idéologie, après tout, fait partie de la pratique sociale et le rôle du sociologue (ou de l'historien de l'administration dans le cas précis) est d'en découvrir les ressorts : qu'est-ce qui fait que dans la France des années 1970,

---

[1] J.-F. Perrin : « Jean Carbonnier et la sociologie législative... », *loc. cit.* p. 410.

[2] Entretien avec Daniel Filmus, ministre et sociologue : « Je revendique l'engagement politique du spécialiste des sciences sociales », *SHS Regards, site web périodique de l'Unesco*. Paris : France, 07/2005, consulté le 19/02/2010.

[3] *Op. cit.* pp. 481-484

dans d'autres pays un peu auparavant, l'efficacité de l'action publique a été ainsi « mise en doute », et par qui ? Comment, à partir de constats convergents – influence du modèle anglo-saxon, rôle déterminant de la réflexion de quelques « hauts fonctionnaires sociologues » comme Michel Crozier relayés par certaines administrations, des clubs et associations – cette croyance s'est-elle transformée en source inspiratrice pour tous les « groupes dirigeants » ?

En tout état de cause, les législateurs sont pris dans un mouvement: les modes d'élaboration du droit, les critères qui déterminent l'action législative, orientée vers le court terme et une logique du résultat, tout cela limite l'action du sociologue à ne plus intervenir qu'à la marge de la décision quand les grands principes sont arrêtés ailleurs en fonction d'autres critères. La sociologie au terme de ce processus n'est pas reléguée, elle est marginalisée.

Le risque d'instrumentalisation doit alors être repensé. Jacques Commaille craint que les sciences sociales soient appréhendées comme « un instrument de maîtrise du social au service de la fonction du droit ». Il s'agit bien souvent, regrette t-il, « d'inscrire le juridique dans le registre de l'effectivité sociologique par la recherche du consensus... ou la gestion maîtrisé du dissensus, et ce afin de le relégitimer »[1]. En ce sens, Laufer et Paradeise vont jusqu'à dénoncer le « marketing politique » destiné à « convaincre les citoyens de la justesse de leurs procédés, de la légitimité de leurs décisions ou des qualités de leur produits »[2].

Il ne s'agit pas d'un fait nouveau ; en témoigne l'étude d'Antoine Vauchez relative à la sociologie législative au début de la Ve République. La mobilisation de l'expertise des sciences sociales par la Chancellerie servait alors une stratégie politique sous-jacente, visant l'établissement du nouveau régime politique ;

---

[1] J. Commaille : « De la sociologie juridique à une sociologie politique du droit », *Recherches et travaux du REDES à la maison des sciences sociales de l'Homme*, volume 7, 1999, p. 32. Consulté en ligne le 13/03/2010 : http://www.cess.paris4.sorbonne.fr/dossierpdf/tjcom.pdf.

[2] R. Laufer et C. Paradeise : *Le prince bureaucrate – Machiavel au pays du marketing*. Paris : Flammarion, 1982, p. 26.

elle a permis, en particulier, de légitimer la prépondérance de l'exécutif dans la production des lois, et ce aux dépens du Parlement[1].

L'autonomie du chercheur est-elle menacée comme nous le laissions entendre ? En 2002, Raymond Boudon faisait part de ses inquiétudes face au développement croissant de la sociologie caméraliste, qu'il interprétait comme le produit d'une demande « pressante » des politiques: la « démocratie statistique » de Maurice Duverger menace. Il suggérait alors que cette tendance, outre son pouvoir de nuisance à l'encontre de la régulation sociale, desservait également la discipline: « à partir du moment où les activités caméralistes deviennent dominantes, la sociologie perd de sa continuité et de sa cumulativité »; de ce fait, concluait-il, elle « épouse les méandres de la conjoncture sociale et idéologique »[2].

Là encore, le débat n'est pas nouveau. Attractivité, retombées économiques, recherche de l'audience... : la crainte de voir la recherche grevée par des impératifs qui lui sont étrangers est partagée par l'ensemble de la communauté scientifique.[3]

---

[1] A. Vauchez : « Le droit en transitions L'invention d'un nouvel art législatif au service de la Vème République naissante », In L. Israël, G. Sacriste, A. Vauchez et L. Willemez (dir.) : *Sur la portée sociale du droit. Usages et légitimité du registre juridique* ; Paris : PUF, 2005, coll. « Publications du Centre universitaire de recherches administratives et politiques de Picardie ».

[2] R. Boudon : *A quoi sert la sociologie…*, pp. 434-435.

[3] Sur ce « paradigme » sociétal dominant et ses impacts sur la recherche, nous ne pouvons que renvoyer à : C. Bonneuil : Les transformations des rapports entre sciences et société en France depuis la Seconde Guerre mondiale : un essai de synthèse, in colloque *Sciences*, *Médias et Société*, 15-17 juin 2004. Lyon : ENS-LSH, Consulté en ligne le 15 mai 2010 : http://sciences-medias.ens-lsh.fr/article.php3 ?id_article=56. Voir aussi les propositions de Christine Noiville et Marie-Angèle Hermitte pour l'instauration d'un « statut juridique du chercheur lanceur d'alerte » : « Quelques pistes pour un statut juridique du chercheur lanceur d'alerte », in *Natures Sciences Sociétés* 14, 2006, pp. 269-277.

La réflexion qui s'impose dans tous ces domaines n'est pas neutre, on vient de le voir. Mais elle s'impose, par défaut : nous avons atteint le moment où il n'est plus possible de s'en remettre les yeux fermés à des jugements venus d'ailleurs pour déterminer les fins des politiques publiques. *A fortiori* dans les secteurs les plus exposés.

C – Quelques pistes de recherche

Comme nous l'avons précédemment indiqué, le temps et les moyens nous ont manqué pour conduire une véritable enquête de fond. Nous souhaiterions toutefois, à partir de nos lectures et des faits observés, soumettre les pistes de recherche qui nous semblent devoir être privilégiées dans la perspective d'une étude sur les rapports entre le sociologue et le législateur.

Nous les avons inscrits comme autant de questions et regroupés par thèmes/problématiques.

L'appréhension de la collaboration.

– *Du côté des Parlementaires:* quel regard portent-ils sur les sociologues? Sur leurs travaux ? Dans quelles circonstances se réfèrent-ils à eux ? Considèrent-ils que leur participation au processus législatif est nécessaire ? Utile ? Suffisante, satisfaisante ? Devrait-elle être renforcée par un dispositif légal ? Existent-ils, selon eux, des obstacles à leur collaboration et si oui de quelle nature ? Quelles données privilégient-ils dans leur délibération? Quels arguments font-ils prévaloir et quelle place accordent-ils à la sociologie ? La sociologie est elle, selon eux, d'égale importance dans tous les domaines pour lesquels ils légifèrent ? Entretiennent-ils des relations avec les sociologues ? Institutionnelles? Officieuses ?

– *Du côté des sociologues* ; il serait nécessaire de s'intéresser aux sociologues qui ont été ou sont sollicités. S'intéressent-ils à la création législative propre à leur domaine de recherche ? Comment appréhendent-ils la collaboration avec le législateur : l'estiment-ils souhaitable ? Utile ? Appropriée ? Existe-il, selon eux, des obstacles à leur collaboration et si oui de quelle nature? Comment l'envisagent-ils idéalement ? Considèrent-ils que leurs travaux sont utilisés à profit ? Qu'ils bénéficient d'un écho favorable? Satisfaisant ? Pour ceux qui ont été sollicités, quel bilan font-ils de la collaboration ? Estiment-ils avoir été entendus ? Que leur avis a autant été pris en compte que celui des autres chercheurs ?

– *Du côté des citoyens.* Il faudrait également pouvoir appréhender cette collaboration du point de vue des citoyens : comment est-elle perçue, vécue et souhaitée ? Les citoyens estiment-ils qu'elle renforce la démocratie ? Que le sociologue en est un acteur ? Le sociologue est-il regardé comme ce « médiateur » que l'on rêvait qu'il soit ? Participe-t-il selon eux – médiatiquement ou institutionnellement – au processus législatif ?

La réalité de la collaboration

Certes, celle-ci s'avère particulièrement délicate à déterminer, son influence ou son impact étant difficilement mesurables. Toutefois, les réponses aux questions suivantes permettraient de nous éclairer quelque peu.

– Il serait nécessaire de produire des chiffres statistiques pour savoir à quelle fréquence les sociologues sont sollicités. Le sont-ils plus ou moins que les chercheurs d'autres disciplines ? Eu égard aux remarques de Daniel Filmus, sont-ils sous représentés par rapport aux économistes et quelle(s) conclusion(s) peut-on en tirer ?

– Nous avons noté que les parlementaires faisaient souvent état, dans leurs rapports notamment, à des références dites « sociologiques » autour desquelles se construisent les débats. Il faudrait s'y intéresser et se demander comment sont produites ces données et par qui: s'agit-il d'études commandées par les autorités publiques ou de travaux produits indépendamment? Sont-elles systématiques ? À quelle fréquence les parlementaires s'y réfèrent-ils? Dans quelle(s) circonstance(s)? Dans quel(s) domaine(s) ? Quelle est la nature de ces travaux? Quelles sont les techniques, les méthodes privilégiées? L'enquête de terrain occupe-t-elle une place importante? En outre, les études sur lesquelles se fondent les travaux parlementaires sont-elles substantiellement représentatives des travaux de la communauté scientifiques dans le domaine considéré? La même question pourrait être posée à propos des sociologues auditionnés. Le principe du contradictoire s'applique-il à leur égard?

– Cela soulève en outre une autre question : comment sont choisies les personnalités consultées et/ou citées ? Sur quels critères ? Qui initie la collaboration ? Certains sociologues sont-ils plus fréquemment consultés que d'autres ? Si oui, à quel titre ? Les sociologues souhaitant de leur propre initiative se prononcer sur une question sont-ils entendus ? De quelle manière ?

– Quels obstacles à la collaboration peut-on observer ? De quelle nature sont-ils ? Que nous enseignent-ils ?

À la périphérie du processus législatif

– *L'évaluation des lois post législatives.* Dans quelle proportion s'effectue l'évaluation des lois ? Par qui? À quelle fréquence ? À cet égard, le recours à des enquêtes sociologiques est-il systématique ? Si oui, sous quelle forme ? De quels effets sont suivies ces évaluations ? Il faudrait s'intéresser à l'écho produit par celles-ci et à leur visibilité, notamment au sein de l'opinion publique.

– Enfin il serait également profitable de s'intéresser *aux nouvelles formes et techniques émergentes de normativité* et tenter de voir quelle est, en leur sein, la place réelle, souhaitable et fantasmée du sociologue. En ce sens, il serait souhaitable de porter une attention toute particulière aux entités florissantes que sont les Autorités de régulation. Mais sans doute cette dernière question suppose-t-elle, à elle seule un nouveau travail.

Caroline LEQUESNE-ROTH

Doctorante contractuelle,
Université du Sud Toulon-Var

ANNEXE I

Sociologues auditionnés et références explicites à leurs travaux sous la Treizième législature

Nous avons tenté de relever les sociologues auditionnés à l'occasion des travaux de la troisième législature.

Ces données attestent de l'existence d' « une » collaboration, mais ne nous informent aucunement sur la nature, l'effectivité, ni l'importance de celle-ci.

A priori, dans la mesure où 353 textes de lois ont été adoptés sous la treizième législature, on peut d'ores et déjà constater que les auditions ne sont pas systématiques. Pour les textes adoptés, on estime seulement à 4% les lois pour lesquelles les sociologues ont été auditionnés.

Notons toutefois que ces chiffres sont sujets à caution dans la mesure où nous les avons obtenus à partir du moteur de recherche de l'Assemblée nationale, dont nous ignorons l'exacte fiabilité.

I. <u>Lois, projets de loi et propositions de loi.</u>

1. *Dans le cadre de la loi sur le repos dominical*: **M. Jean Viard ;**

+ Références aux travaux du CREDOC.

2. *Dans le cadre de la loi relative au service civique*: **Mme Valérie Becquet.**

3. *Dans le cadre de la loi de financement de la sécurité sociale pour 2008:* **M. Saül Karsz** et **Mme Jacqueline Costa-Lascoux**.

4. *Dans le cadre de la loi de finances 2010*: **M. Jean-Marie Charon**, **M. Jean-Paul Bozonnet**, **Mme Agnès van Zanten, M. David Le Breton**.

5. *Dans le cadre de la Loi sur le dialogue social et la continuité du service public dans les transports terrestres réguliers* *de voyageurs:* référence aux travaux de **M. Thomas Coutrot** et de **M. Jean-Michel Denis**.

6. *Dans le cadre de la proposition de loi de Jean-Marc Ayrault et plusieurs de ses collègues visant à réguler la concentration dans le secteur des médias*: **M. Jean-Marie Charon**.

7. *Dans le cadre de la proposition de loi (n° 1305) de Mme George Paul-Langevin visant à lutter contre les discriminations liées à l'origine, réelle ou supposée*: **M. Philippe Bataille**, **M. François Dubet, M. Patrick Weil**, **Mme Jacqueline Costa-Lascoux**.

8. *Dans le cadre de la proposition de loi (n° 781) de Mme Valérie BOYER visant à combattre l'incitation à l'anorexie:* formation d'un groupe de travail sous la co-direction de **M. Jean-Pierre Poulain**.

9. *Audition sur l'accès des femmes aux responsabilités par la délégation aux droits des femmes et l'égalité des chances entre les hommes et les femmes le mercredi 3 juin 2009:* **Mme Jacqueline Laufer**.

II. Travaux d'informations.

10. *Dans le cadre des travaux de l'Office parlementaire d'évaluation des choix scientifiques et technologiques concernant les incidences éventuelles sur la santé de la téléphonie mobile:* **M. Olivier Borraz, M. Shinji Miyadai** (Tokyo), **M. Michel Setbon**, **M. Sven Ove Hansson** (Stockholm); **Mme Danielle Salomon**.

11. *Dans le cadre de l'évaluation de la loi bioéthique 2004:* **M. François Steudler**, **M. Alain Ehrenberg**, **Mme Irène Théry**, **Mme Dominique Mehl** et M. **Saül Karsz.**

De nombreux travaux parlementaires, sans faire explicitement référence à des sociologues font état de données dites sociologiques. Ce fut notamment le cas pour la réforme du crédit à la consommation, la loi relative à la gestion concertée des flux migratoires et au codéveloppement (qui se réfère pour l'essentiel aux données de l'OCDE), la réforme portuaire et la loi relative à la rétention de sûreté et à la déclaration d'irresponsabilité pénale pour cause de trouble mental (pour laquelle, vraisemblablement, aucun sociologue n'aurait été auditionné).

ANNEXE II

Florilège

Témoignages-Extraits choisis

« Peut-être le choix opéré entre l'approche durkheimienne et l'approche webérienne repose-t-il [...] sur la séparation entre dogmatique juridique, d'une part et sociologie juridique, d'autre part. Nous sommes là en présence d'une distinction exacerbée dans la tradition française, érigée, chez nous, en summa divisio. Elle est lourde de conséquences. Fidèle à un courant qui a probablement exagéré l'importance de l'Exégèse, et auquel son maître Julien Bonnecase n'était pas étranger, Jean Carbonnier aurait conçu le recours à la sociologie juridique comme une réponse à l'engourdissement dogmatique et formaliste. Il se serait ainsi rallié à une sociologie conçue par certains durkheimiens sensibles aux questions de droit, comme une réponse aux errements de l'Exégèse. Mais, ce faisant, il s'écartait de la voie webérienne généralisée dans les études sociojuridiques internationales, notamment dans l'Europe du Sud, par l'intermédiaire de Renato Treves, ou, surtout et d'une manière plus radicale encore, dans les pays anglo-saxons et ceux où cette culture s'est répandue ».

S. Andrini ; A.-J. Arnaud et Jean Carbonnier : *Renato Treves et la sociologie du droit. Archéologie d'une discipline.* Paris : LGDJ, 1995, collection « Droit et Société », p. 93.

« *Le droit dogmatique a maintenant la sociologie juridique auprès de lui comme un instrument de critique ouverte susceptible de l'observer du dehors* ».

J. Carbonnier : *Sociologie juridique.* Paris : PUF, 1978, réédition 2004 collection « Quadrige Manuel ».

« *La sociologie juridique [...] a souci [...] de devenir science appliquée, d'assumer une fonction pratique. Elle ressent même beaucoup plus que la sociologie générale ce besoin de servir, parce que, forcée par son état de côtoyer les juristes, dont la science est entièrement tournée vers une action, elle rougirait d'être un luxe d'esprit* ».

Ibidem.

« *Les sociologues ne doivent pas venir au droit en se faisant trop d'illusions sur son compte. Ils l'imaginent comme une science de la même nature que la leur, justiciable des mêmes méthodes, si bien que, de l'un à l'autre, il y aurait continuité, voire faculté de substitution. Et ils s'étonnent, s'irritent en constatant que les juristes persistent à traiter leur matière par des procédés quasi théologiques [...]. Mais c'est que le droit peut se dispenser d'être une science, fût-ce une de ces sciences sociales, humaines, non exactes, auxquelles se rattache la sociologie. Est-ce un art ? Une technique ? Une pratique ? [...] La sociologie juridique et le droit ont tout à gagner à respecter mutuellement leur autonomie intellectuelle. Il existe une sociologie de la musique ; elle peut rendre service, en les orientant, aux imprésarios et même aux musiciens, mais elle ne fait pas de la musique* ».

J. Carbonnier : « Gurvitch et les juristes ». *In Droit et Société*, 1986 n°4, p. 350-351.

« *L'enquête de sociologie législative doit-elle être regardée comme bienfaisante dans la mesure où elle peut aider à atténuer cette sorte d'aliénation du peuple à l'égard du droit.* »

J. Carbonnier : « La sociologie juridique et son emploi en législation : communication de Jean Carbonnier à l'académie des sciences morales et politiques ». *In Communications* (23 octobre 1967). Paris : Académie des sciences morales et politiques, 1968, 91-98, réédition *L'Année sociologique* 2007/2, Vol. 57, p. 401.

« *Avons-nous suffisamment marqué les limites ? Après comme avant, légiférer demeure un acte politique, une décision à laquelle la sociologie se contente de transmettre ses informations. La sociologie législative, ce n'est pas encore, s'il s'en faut, cette législation par la science dont on a quelquefois rêvé sur une phrase célèbre de Renan.* »

J. Carbonnier : « La sociologie juridique et son emploi en législation : communication de Jean Carbonnier à l'académie des sciences morales et politiques ». *op. cit.*, p. 401.

« Pendant longtemps, j'ai cru ma position simple et bien assurée: pas de mélange des genres, pas de combinaison de répertoires, à bas l'hybridation. J'avais un rapport au droit à double face: d'un côté, la vie intellectuelle et la sociologie législative; d'un autre, le militantisme et la défense des droits des minorités. Ce cloisonnement me paraissait étanche: je n'ai jamais utilisé mes terrains militants pour développer des activités de recherche; et j'ai toujours veillé à ce que, lors de mes engagements n'apparaisse pas ma qualité «CNRS». Longtemps j'ai justifié cette séparation par mon désir de disposer d'une identité feuilletée, c'est-à-dire de construire mon espace de liberté en disposant de plusieurs registres d'investissement sans interférences publiques (il en allait de même d'autres secteurs de mon existence comme ma sexualité, ou mes activités théâtrales). J'éprouvais surtout le besoin de ne pas mêler les discours dans mes raisonnements et argumentations, et ainsi de toujours pouvoir clairement répondre aux questions de base: «Qui parle? Et au nom de quoi?» À y regarder de plus près, aujourd'hui où je suis plus à distance de ces activités, cette dichotomie me semble plus artificielle. »

P. Lascoumes : « Changer le droit, changer la société : le moment d'un retournement ». *In* Dossier: Savants dans l'action : témoignages, *Genèses* 77, décembre 2009, page 111.

« Chez nombre d'entre nous le «pluralisme» répond à une conviction profonde, à certains égards, presque à une profession de foi. Les vérités méthodologiques qui en découlent ne sauraient être travesties ou altérées par des difficultés qui sont surtout liées à l'évolution des stratégies de la politique législative plus qu'à celles des réalités sociales que les systèmes normatifs sont appelés à régir. Je continue à penser que l'isolement disciplinaire est une erreur ainsi qu'une mauvaise réponse à l'hypercomplexité du monde qui s'est instaurée depuis une décennie ou deux. La

prudence – face à la complexité – est probablement d'attendre, avant de réformer un domaine du droit, de prendre le temps nécessaire à l'étude des besoins auxquels il faut répondre. Attendre que les travaux de terrain soient parvenus à identifier sereinement la véritable nature des changements sociaux auxquels la loi doit répondre. Il faudrait sur – tout cesser de légiférer dans la précipitation, changer demain ce que l'on a fait hier sans s'occuper vraiment de ce que vivent et veulent les destinataires. La justice est un besoin primaire. Il se manifeste socialement d'abord et c'est à ce niveau que se situe la vérité du droit. Le reste n'est qu'affaire de technique. Comment et pourquoi des idées si simples, si évidentes, ne devraient-elles pas percer à nouveau ? C'est, à tout le moins, un espoir qui méritait d'être exprimé[1]. »

J.-F. Perrin : « Jean Carbonnier et la sociologie législative ». *In L'Année sociologique*, 2007/2, Vol. 57, pp. 414-415.

« La contribution des sciences sociales est très importante sur deux plans : d'une part dans l'urgence, pour aider à formuler des politiques sociales qui permettent de réduire la pauvreté, la marginalité et l'exclusion ; d'autre part à moyen terme, pour participer à la construction d'un modèle social conjuguant croissance et égalité. »

Entretien avec Daniel Filmus, ministre et sociologue : « Je revendique l'engagement politique du spécialiste des sciences sociales ». *In SHS Regards,* site web périodique de l'Unesco, Paris : France, 07/2005, consulté le 19/02/2010.

[1] D'autres se chargent aussi d'exprimer à nouveau la nécessité de la collaboration qui est à la clef de cette méthode (voir par exemple Le Gall, 2006).

Deuxième partie

« Questions sensibles »

1. Trois points de vue sur un nouveau venu dans le procès pénal

DROIT(S) DES VICTIMES : NOUVEAU DROIT PÉNAL ? *

Il y a quelques jours dans un procès médiatisé à Grenoble, l'avocat général s'adressait aux parties civiles, des jeunes femmes dont on jugeait le père accusé d'assassinat sur la personne de leur mère. Elles avaient fait part d'un désarroi qui avait été interprété comme une sorte de demande de clémence du jury.

« Le droit pénal a été conçu pour la défense de l'ordre social, pas pour celle des intérêts privés » disait la représentante du ministère public qui ajoutait qu'elle requérait « la sanction d'un trouble social », et que ces jeunes filles « n'avaient pas à s'en mêler », que la peine de quinze ans qu'elle demandait était « destinée à compenser la déchirure de l'ordre social, quelles que soient les exhortations des victimes ».

Les jurés la dépassèrent d'ailleurs dans la sévérité et condamnèrent à vingt ans ! En tout cas voilà de fortes paroles et qui tranchent singulièrement avec l'atmosphère du temps et l'orientation dominante actuelle de la politique pénale. Nous sommes là dans la rigueur des principes traditionnels. La peine est l'affaire de la société et non des victimes. Il est vrai qu'il est rare que les victimes réclament l'indulgence et cette exception va tout de même dans le sens de la sévérité qui, elle, est bien conforme à l'actualité répressive.

---

* Le texte qui suit est celui d'une communication faite par Henri Leclerc lors d'une journée d'études organisée par le Cerc et consacrée à la question des droits des victimes (2006). Il a été reproduit dans son intégralité parce qu'il n'a rien perdu de son actualité.

On trouve dans ces réquisitions l'écho d'une remarque du grand Beccaria lui-même, le père du droit pénal moderne.

« Quelquefois on dispense de la peine l'auteur d'un petit délit quand la victime lui pardonne : acte conforme à la bonté et à l'humanité mais contraire au bien public car un particulier ne peut pas supprimer par son pardon la nécessité de l'exemple de la même manière qu'il peut renoncer à la réparation du dommage qu'on lui a causé. Le droit de punir n'appartient pas à un seul mais à tous les citoyens ou au souverain. Un citoyen peut renoncer à sa portion de droit mais non pas annuler celle des autres ».

C'est donc bien à la société qu'appartient la peine.

La victime et la peine : état des lieux juridiques et évolution historique

Face à cette conception traditionnelle, le tout nouvel article 132-24 tel qu'il résulte de la loi sur la récidive du 12 décembre 2005 ajoute à la rédaction du nouveau Code pénal de 1993 qui pour la première fois dans notre droit jetait un regard sur la fonction de la peine en énonçant succinctement le principe de personnalisation stipulant que :

« Dans les limites fixées par la loi, la juridiction prononce les peines et fixe leur régime en fonction des circonstances de l'infraction et de la personnalité de son auteur ». Ce à quoi on a ajouté ; « La nature, le quantum et le régime des peines prononcées sont fixés de manière à concilier la protection effective de la société, la sanction du condamné et les intérêts de la victime avec la nécessité de favoriser l'insertion ou la réinsertion du condamné et de prévenir la commission de nouvelles infractions ».

Presque tout est classique dans cette définition et se rattache aux grands principes qui ont été débattus depuis deux siècles :

> L'utilitarisme benthamien : « protection effective de la société », « prévenir la commission de nouvelles infractions ».

Le rétributivisme classique : « sanction du condamné ».

La fonction réconciliatrice : « favoriser l'insertion ou la réinsertion du condamné ».

Mais il y a des intrus dans cette fonction de la peine : ce sont les intérêts de la victime.

Ainsi les intérêts de la victime ne sont plus cantonnés à l'indemnisation de son préjudice, intérêt privé, mais entrent en compte dans la détermination non seulement de la nature mais aussi du quantum et du régime de la peine.

La place de la victime dans le procès pénal a une longue histoire qu'il n'est pas possible de raconter ici mais qu'on peut rapidement résumer : au commencement était la vengeance privée et puis, dès la République romaine et dans les temps barbares, l'État, ou ce qui en tenait lieu, se réserva le monopole de la poursuite et de la peine n'accordant plus à la victime qu'une compensation financière que ce soit la *compositio* romaine ou le *wergeld* barbare. Ce qu'on appelle aujourd'hui l'action publique a donc pris le dessus et au XIVème siècle c'est le procureur du roi qui est chargé de la poursuite. La victime était dépossédée de sa vengeance mais aussi de son procès, qui n'appartenait qu'au roi et Michel Foucault explique que le roi devient au moment de son sacre une victime symbolique, tel le Christ, mais qui venge le crime.

Après les vicissitudes procédurales révolutionnaires, le Code d'instruction criminelle de 1808 consacre une certaine place à la victime dans le procès pénal dans lequel elle peut s'exprimer pour obtenir réparation de son préjudice, c'est la partie civile, mais la peine est infligée au nom du bien public. Le monopole de la vindicte reste à l'État et la victime est tenue aux marges du procès pénal. Certes sa souffrance causée par le crime en donne la dimension et sa présence assistée d'un avocat au cours du procès – à l'audience seulement, comme la défense – lui fait jouer un rôle de fait non négligeable. En 1842 néanmoins, pour des raisons de rigueur juridique on veut la renvoyer vers un procès civil pour obtenir réparation de son préjudice, mais cela s'avère politiquement impossible et Faustin Hélie, magistrat et grand réformateur, écrit en 1846 « L'action civile a souvent pour mobile principal la punition même de l'infraction, l'application de la peine, car la peine seule venge l'injure ou rassure la victime ». Ainsi la tendance actuelle visant à donner une part essentielle à la victime dans la détermination de la peine n'est pas totalement nouvelle.

Il faut attendre le début du 20ème siècle pour que la place de la victime s'étende, alors pourtant que Durkheim écrit que le châtiment sert à « guérir les blessures faites au sentiment collectif ». Après qu'en 1897 la défense soit enfin entrée dans les cabinets d'instruction, au cours de l'instruction préparatoire, la Cour de cassation permet en 1906 à la partie civile de mettre, par sa plainte, en mouvement l'action publique[1] ; et (supprimer et) en 1921, elle devient une partie à l'instruction avec la possibilité de se faire assister d'un avocat.

Les principes internationaux, conventionnels et également constitutionnels

Sur le plan international, la présence de la partie civile au procès pénal est plutôt une exception. Elle existe en Belgique, et en Italie (où elle ne peut mettre en mouvement l'action publique), mais elle est totalement exclue non seulement dans les pays anglo-saxons ou même en Allemagne, alors que l'Espagne connaît un système tout à fait spécifique d'*actio popularis* qui ouvre la porte de l'action publique à tous les citoyens. Cette cacophonie montre bien que la présence de la victime au procès pénal ne constitue pas, loin de là, un droit universellement reconnu. Sur le plan des principes européens, la Cour européenne des droits de l'homme a une attitude très réservée. Elle s'est penchée sur cette question[2] . Elle constate que la Convention n'offre pas de garantie spécifique aux victimes d'infraction pénale pour exiger un procès pénal.

---

[1] Crim 8 dec., 1906 Laurent Attalin, *D.* 1907. I. 207.

[2] Acquaviva C/France, 21 novembre 1995 ; Moreira de Azevedo C/ Portugal , 23 octobre 1990 ; Perez C/France, 12 février 2004.

Certes, elle y admet son intervention pour peu que l'issue du procès pénal soit déterminante pour la reconnaissance de ses droits qui conservent leur caractère civil. Elle dit :

« La Convention ne garantit ni le droit, revendiqué par la requérante, à la « vengeance privée », ni *l'actio popularis*. Ainsi, le droit de faire poursuivre ou condamner pénalement des tiers ne saurait être admis en soi : il doit impérativement aller de pair avec l'exercice par la victime de son droit d'intenter l'action, par nature civile, offerte par le droit interne, ne serait-ce qu'en vue de l'obtention d'une réparation symbolique ou de la protection d'un droit à caractère civil, à l'instar par exemple du droit de jouir d'une « bonne réputation ».

Sur le plan constitutionnel cette originalité française est tellement ancrée dans notre univers et nos traditions juridiques et judiciaires qu'il pourrait apparaître que nous sommes là devant « un principe fondamental reconnu par les lois de la République » comme dit le préambule de la Constitution.

L'évolution de la politique pénale récente

C'est à partir des années 1980 que la victime va voir considérablement élargir sa place dans la reconnaissance sociale et la satisfaction de ses droits.

Il y a à cela plusieurs raisons mais il faut bien constater qu'essentiellement, elles s'inscrivent dans le cadre d'une réaction forte de l'opinion face à la délinquance, essentiellement violente, les discours sécuritaires qu'elle provoque et les évolutions législatives qui en résultent.

Revoilà le populisme pénal…

Le phénomène de victimisation

Il concerne aussi bien les actes volontaires que les actes involontaires. Robert Cario[1] écrit en tête de son article sur les victimes à l'Encyclopédie pénale Dalloz :

[1] *Encyclopédie Dalloz,* V° Victimes.

« La prise en considération des victimes au sens large a profondément été bouleversée au cours de la seconde moitié du XX° siècle et continuera certainement à alimenter discours et pratiques durant le troisième millénaire ».

Sans doute le progrès scientifique économique et social et paradoxalement la pacification de la société ajoutée à sa laïcisation sont pour beaucoup dans le phénomène. L'exigence de sécurité dans tous les domaines est de plus en plus grande. Devant le malheur, le destin, l'*anankè* grecque, le *fatum* latin ou le *mektoub* arabe n'existent plus et celui qui souffre ne se résigne pas ni ne tend son poing vers un ciel devenu vide. Alors, faute de Dieu, il cherche un responsable et même un coupable, que ce soit un méchant ou un imprudent. La mort devient inacceptable et il n'est qu'à voir la mise en cause croissante et souvent pénale, des médecins qui s'avèrent incapables d'assurer l'immortalité.

L'exigence de sécurité est au centre des exigences sociales contemporaines. Pas seulement pour les faits de violences urbaines, qui provoquent à la fois une rigueur accrue, constante, des peines et une restriction des garanties traditionnelles protectrices de la sûreté individuelle, mais également en raison des risques et des dangers qui résultent de l'activité humaine, voire de phénomènes naturels dont les responsables n'auraient pas su prévenir la venue ou éviter les conséquences.

La télévision a provoqué un repli dans l'intimité du foyer faisant de l'espace public un lieu de danger et faisant apparaître chaque accident, surtout s'il est collectif, comme une menace insupportable. La souffrance de la victime dont le visage douloureux et la parole bouleversante apparaissent sur le petit écran, si proche, suscite une évidente solidarité.

L'aide aux victimes d'infraction et leur indemnisation

De nombreux mécanismes de soutien, d'aide aux victimes ont été mis en place et parallèlement un système d'indemnisation par l'État a été créé.

> La Convention européenne relative au dédommagement des victimes d'infractions violentes du 24 novembre 1983 prévoit que : « Lorsque la réparation ne peut être entièrement assurée par d'autres sources, l'État doit contribuer au dédommagement » ;
>
> La Commission d'indemnisation des victimes d'infractions pénale (CIVI) a été mise en place par la loi du 8 juillet 1983 et celle du 6 juillet 1990.

Paradoxalement cette aide, cette indemnisation des préjudices garantie par l'État qui devait apaiser le courroux des victimes va donner moins de place à la fonction d'indemnisation devant la juridiction répressive et en conséquence c'est d'abord la sanction pénale du coupable qui va devenir le principal objectif de la victime présente devant les juridictions pénales.

L'utilisation des mécanismes de la justice pénale pour les victimes d'infractions involontaires

Ce sont les grandes émotions de l'opinion devant des drames concernant la santé publique (Sang contaminé, hormone de croissance, hépatite B etc.) ou les accidents collectifs (Tunnel du Mont-blanc, Mont Saint Odile, AZF…), qui ont provoqué à la fois des réactions collectives des victimes et une indignation exigeante de répression venant de l'opinion publique. Le besoin de sécurité ne se limite pas à ce qu'on appelle la politique sécuritaire, il exige plus encore que des responsables soient désignés et punis.

Les procédures pénales s'étant multipliées à l'encontre de responsables publics et la crainte de voir ce phénomène s'étendre encore a provoqué le vote de la loi du 10 juillet 2000 sur les délits non intentionnels qui rompt la traditionnelle identité de la faute civile et de la faute pénale, essaie de restreindre le champ pénal mais ne met pas fin à l'utilisation de la voie pénale en raison de l'extraordinaire puissance du système procédural pénal, par nature public, pour conduire les enquêtes, même si finalement celles-ci doivent déboucher sur un non-lieu ; elles permettent de constituer des preuves pour une action civile, voire par l'utilisation de l'article 470-1 qui donne au Tribunal correctionnel le pouvoir de statuer comme une juridiction civile, lorsqu'il constate que les éléments constitutifs de l'infraction pénale ne sont pas réunis mais que la responsabilité civile est susceptible d'être engagée. Les victimes usent évidemment (et parfois abusent) de ce service public de recherche de la preuve qu'est devenue la justice pénale.

Une action publique bis ?

La loi ne cesse d'étendre le droit de certaines associations à intervenir dans le procès pénal voire à provoquer le déclenchement de l'action publique. Ce n'est pas tellement le droit d'intervention des associations de victimes de dommages collectifs d'un accident précis pour renforcer et aider ceux qui en ont été victimes qui pose un problème, mais celui des associations spécialisées qui défendent un intérêt collectif.

À l'origine, il y a eu la place donnée à l'action des syndicats pour défendre les intérêts collectifs de la profession qu'ils représentent, qui fut consacrée par la loi de 1920 (aujourd'hui article L 411-11 du Code du Travail.) dont il faut bien constater qu'il a donné corps et effectivité au droit pénal du travail. Puis il y a eu les associations combattant le racisme (article 48-1 de la loi sur la presse) qui ont forcé souvent un Parquet inattentif à ces infractions à intervenir. Puis ce fut un déferlement dont on trouve l'énumération aux articles 2-1 à 2-21 du code de procédure pénale. Les intérêts protégés sont multiples : violences sexuelles, agressions contre les mineurs, crime contre l'humanité, apologie des crimes de guerre, discriminations sexuelles, incendies de forêt, discriminations au détriment des handicapés, violence routière, mauvais traitements à animaux, défense de la langue française, victimes d'un accident, lutte contre la toxicomanie, dérives sectaires, accidents du travail et maladie professionnelles, injures menaces ou violences aux élus municipaux, locataires et propriétaires d'immeubles collectifs, ou encore protection archéologique.

Or, que demandent ces associations ? Non la réparation d'un préjudice précis de caractère civil mais bien, en confortant ou souvent en provoquant le déclenchement de l'action publique, une sanction pénale. On peut dire certes qu'il s'agit là d'une intervention de ce qu'on appelle « la société civile » dans le processus de stigmatisation et de sanction des infractions qui blessent le sentiment collectif sur un sujet qui est leur raison d'être. On peut aussi s'indigner comme l'ont fait l'avocat général Volff d'« une privatisation rampante de l'action publique »[1] ou le professeur Larguier, dénonçant déjà en 1958 « ces groupements [qui] font peser une lourde menace sur l'action du Ministère public » et sur ce qu'il représente c'est à dire, tout à la fois, l'autorité de l'État et la sécurité de l'individu »[2]. L'expérience, depuis que ces lignes ont été écrites, et l'extension considérable du nombre de ces acteurs nouveaux du procès pénal nous rendent sans doute moins pessimistes. Ces interventions peuvent être d'une grande utilité, notamment dans des domaines où la répression a besoin d'être aiguillonnée ; mais dans certains domaines où la négligence des parquets n'est guère à craindre cela peut paraître contestable car ce qui se manifeste parfois dans ces interventions ce n'est pas forcément l'intérêt public mais une certaine conception passionnée, souvent morale, voire intégriste, qui anime certaines associations face à certaines infractions qu'elles se sont donné mission de combattre. De surcroît il n'existe aucune exclusivité et en certains domaines de nombreuses associations peuvent prétendre à intervenir simultanément, ce qui aboutit à une sorte de surreprésentation de l'accusation dans le procès pénal[3].

En tout cas la structure traditionnelle du procès pénal opposant le ministère public représentant l'intérêt général à l'accusé défendant son intérêt personnel en présence de la victime réclamant réparation de son préjudice, est modifiée.

Présence tout au long du procès pénal

La présence de la victime ne cesse de s'accroître dans la procédure pour la hisser peu à peu au même niveau que la défense.

---

[1] *JCP* 2004. I .146.

[2] *D.*1958 chron. p. 29 et s..

[3] Voir Xavier Pin : « La privatisation du procès pénal ». *Rev.sc.crim.* 2002, p. 245 et s..

On va ainsi vers un procès pénal où il y a deux parties privées et une partie publique, sans oublier la présence que nous venons de voir de groupements défendant des intérêts collectifs.

La loi du 15 juin 2000 avait pour objectif de renforcer la présomption d'innocence mais le législateur ne pouvait améliorer les droits de ceux qui sont soupçonnés sans y ajouter une préoccupation pour les droits des victimes, obsession de l'opinion, des médias et donc aussi de la représentation nationale. L'exposé des motifs de la loi, les rapports des commissions des lois, les interventions des parlementaires sont à ce sujet explicites et on entend sous des formes diverses une plainte en forme de leitmotiv : « On a trop négligé jusque là le droit des victimes ».

Aussi l'article préliminaire du Code de procédure pénale qui définit les principes directeurs de la procédure est-il ainsi rédigé

« La procédure pénale doit être équitable et contradictoire et préserver l'équilibre des droit des parties »... « L'autorité judiciaire veille à l'information et à la garantie des droits des victimes. »

De nombreuses dispositions sont prises pour la prise en charge, l'information tant au stade de l'enquête ou de l'instruction qu'en ce qui concerne le jugement de l'infraction dont elles ont été victimes. Mais ce sont souvent les victimes spectaculaires qui sont le mieux protégées. Constatons ici que c'est dans les procédures de dérivation, médiation pénale, comparution sur reconnaissance préalable de culpabilité ou dans les comparutions immédiates que les droits des victimes, celles de la petite et moyenne délinquance quotidienne, sont le plus faiblement protégés

Plus étrange est le nouveau serment des jurés. Ce serment datait de la Constituante. On y ajoute, pour renforcer l'objectif premier de la loi, l'obligation de se « rappeler que l'accusé est présumé innocent et que le doute doit lui profiter » puis, par une sorte de parallélisme, on ajoute au serment qui impose de ne trahir « ni les intérêts de l'accusé ni ceux de la société qui l'accuse », l'obligation de ne pas trahir non plus « ceux de la victime ». Il y a là une irruption de la victime dans le processus qui va aboutir à la décision de la Cour et du jury qui porte sur la culpabilité mais aussi sur la peine. L'indemnisation de la partie civile reste réservée, en cas de condamnation, à la Cour composée des seuls magistrats. Au moment du serment, quand le procès commence, la victime n'est encore qu'une victime potentielle comme l'accusé n'est qu'un coupable possible. C'est la décision qui la reconnaîtra victime. L'intérêt des victimes ne devrait pas être de voir condamner un innocent et pourtant – c'est ici une vielle expérience qui s'exprime – elles ont bien du mal à admettre la présomption d'innocence de celui dont des magistrats ont constaté à l'issue de l'information préalable, qu'il existait à son encontre des charges suffisantes pour qu'il soit jugé. Même lorsque les charges s'effondrent – comme récemment dans l'affaire d'Outreau – les victimes continuent à réclamer la condamnation des accusés. Comment les jurés vont ils interpréter leur serment puisque les victimes les somment avec conviction de condamner au nom de leur souffrance évidente ? Comment ne pas savoir alors que l'acquittement est en général pour les victimes un drame qui provoque un surcroît de douleur souvent spectaculaire ?

Même si on n'a pas encore reconnu à la partie civile le droit de récuser les jurés et si elle a toujours l'obligation de plaider en premier (pour combien de temps encore ?), elle est peu à peu hissée par la loi au rang de l'accusé Or c'est un faux parallélisme, puisque la présomption d'innocence impose que, en cas de doute possible, et même probable, l'accusé soit acquitté fût-ce au détriment de ce que la partie civile considère le plus souvent comme son intérêt.

La justice pénale n'a plus pour seule fonction d'infliger une peine « strictement et évidemment nécessaire » (évidemment pour la société) comme le dit l'article 8 de la Déclaration des droits de l'homme, de « guérir les blessures faites au sentiment collectif », comme le prévoit aujourd'hui l'article 132-24, il lui faut aussi par la peine répondre à l'attente des victimes.

On voit bien que la signification du procès pénal change. Nous entrons sur le terrain d'une justice « reconstructive » comme le voulait Paul Ricœur, mais pas vraiment dans le sens où il l'entendait : celui d'une justice réconciliatrice qui veut restaurer et soigner cette blessure sociale et particulière qu'a causée l'infraction, en alliant deux objectifs : la restitution à la victime de sa « puissance d'agir » dont elle a été dépossédée, et la réintégration du coupable dans la société. La première n'a pas de signification sans la seconde. Or c'est sur ce point que le nouveau droit pénal fait apparaître la contradiction qui existe entre ces deux objectifs.

L'intervention des victimes dans l'exécution de la peine

C'est sans doute l'évolution législative la plus caractéristique. On la doit essentiellement à la loi Perben II du 9 mars 2004. Elle concerne non plus le prononcé de la peine mais son application.

Outre la présence d'un représentant des associations de victimes dans la composition de la Chambre de l'application des peines de Cour (art 612-3), on peut relever plusieurs apparitions de la victime dans le processus d'application des peines. L'article 707 fixe d'abord comme principe que « L'exécution des peines favorise, dans le respect des intérêts de la société et des droits des victimes, l'insertion ou la réinsertion des condamnés ainsi que la prévention de la récidive ». L'article 712-7 stipule que « S'il en fait la demande, l'avocat de la partie civile peut assister au débat contradictoire devant le tribunal de l'application des peines pour y faire valoir ses observations, avant les réquisitions du ministère public ». L'article 712-16, pour sa part, dit que les juridictions d'application des peines, si elles l'estiment opportun, « peuvent, avant toute décision, informer la victime ou la partie civile, directement ou par l'intermédiaire de son avocat, qu'elle peut présenter ses observations par écrit dans un délai de quinze jours à compter de la notification de cette information ». Quant à l'article 720, il prévoit que préalablement à toute décision entraînant la cessation temporaire ou définitive de l'incarcération d'une personne condamnée à une peine privative de liberté avant la date d'échéance de cette peine, la juridiction de l'application des peines doit prendre « en considération les intérêts de la victime ou de la partie civile » et informer celle-ci des interdictions concernant la personne libérée et des conséquences pour elle de leur non respect.

Ainsi la victime est directement informée de l'exécution de la peine. Le procès pénal n'a pas épuisé ses droits par le prononcé de la peine et par l'allocation de dommages-intérêts.

Ces dispositions réclamées par les associations de victimes, sont contestables car en contradiction avec l'esprit de la législation sur l'application des peines qui n'est pas tournée vers le passé mais uniquement vers l'avenir de celui qui a été condamné. Or la victime, elle, reste forcément tournée vers son passé douloureux. Souvent, elle a réussi à cicatriser des blessures que l'avis de la prochaine libération – de surcroît anticipée – de celui qui en est responsable va raviver. Certes il existe des victimes au cœur généreux qui comprennent, pardonnent, mais la loi est faite pour les citoyens ordinaires. Comment, en règle générale, une victime peut-elle accepter la notion de réinsertion sociale de celui qui l'a fait souffrir ?

Une évolution incontestable du sens du procès pénal

Pourquoi cette apparition des victimes aujourd'hui au devant de la scène ? Quelle est la cause de cette évolution ? Nos pères avaient-ils le cœur sec et la modernité se résout-elle dans cette nouvelle compassion, dans cette pitié collective qui est aussi l'expression d'une mauvaise conscience et qui soutient ce « populisme pénal » dont parle Denis Salas et qui envahit la justice pénale[1].

Critiquer une telle évolution est aujourd'hui audacieux : comment ne pas être totalement et sans réserve avec les victimes ? Leur souffrance nous interpelle bien évidemment. Leur douleur provoque chez chacun non seulement la compassion mais l'indignation et la colère. Et l'exigence de fraternité humaine que proclame l'article 1er de la Déclaration universelle des droits de l'homme nous pousse évidemment à leurs cotés. Mais la justice pénale doit elle céder devant cette dictature de l'émotion qui pèse

[1] Denis Salas : *La Volonté de punir*. Hachette, 2005.

sur elle et peut parfois l'amener à perdre son sang-froid nécessaire et à commettre alors des erreurs ; soit qu'elle emprisonne, voire condamne, des innocents, soit qu'elle prononce des peines trop lourdes, soit qu'elle freine ou refuse la réinsertion des condamnés ?

On nous dit que le procès pénal et la peine permettent aux victimes de « faire leur deuil ». Cette idée ne me paraît pas évidente et l'expérience démontre là aussi que le procès est en général un moment où se ravivent les plaies. La nécessaire personnalisation de la peine impose aux juges une attention particulière à celui qu'ils vont condamner s'ils le reconnaissent coupable. Cette attention portée à celui qui les a fait souffrir, l'apparition de ce visage, de cet être humain qui a droit lui aussi à être traité avec un esprit de fraternité si on veut le condamner justement, est presque toujours douloureuse aux victimes. En règle générale elles exigent l'aveu, mais celui là intervient-il, elles ne le supportent guère, y voient un moyen de défense hypocrite et la « repentance » ne guérit pas leur peine. Car rien ne peut leur rendre ce qu'on leur a pris.

Nul ne conteste que la douleur des victimes et la gravité des souffrances infligées par l'acte criminel doit être prise en compte. Notre droit pénal ne punit pas que la faute mais aussi ses conséquences. Un même coup de poing, donné avec la même intention de faire mal, peut être puni d'une contravention s'il n'a pas eu de conséquences corporelles ou faire encourir quinze ans de réclusion s'il a provoqué la mort. Aussi est-il juste que la douleur des victimes soit entendue, qu'elles puissent dire leur souffrance, qu'elles soient défendues par un avocat mais pour autant, elles ne peuvent se substituer même partiellement au ministère public.

Que les juges tiennent compte de la gravité du préjudice pour fixer la peine n'est pas choquant, mais uniquement parce que cette souffrance infligée à la victime a rendu plus lourde la blessure sociale causée par l'infraction pénale et non parce que ce serait « l'intérêt de la victime ». Que les victimes souhaitent, parce que le désir de vengeance est naturel au cœur de l'homme, que la peine et la souffrance qu'elle porte soit la plus forte possible, c'est là un fait. Mais il ne s'agit pas là d'un « intérêt » que le juge doit prendre en considération. Autrement, c'est bien la nature traditionnelle du procès pénal qui change par une forme de privatisation de l'action publique.

Henri LECLERC
Avocat au barreau de Paris Président d'honneur de la Ligue des droits de l'Homme

LA VICTIME : PROTAGONISTE PROBLÉMATIQUE DU PROCÈS PÉNAL

L'histoire contemporaine de la victime d'infraction pénale est riche en rebondissements. Longtemps présentée comme « la grande oubliée » du procès, elle a bénéficié depuis la réforme du 15 Juin 2000 de faveurs exceptionnelles du législateur. La métamorphose est si saisissante que l'on a pu dire du droit répressif qu'il était devenu « amoureux des victimes »[1].

Cependant, la promotion fulgurante de cet acteur emblématique du litige pénal a connu un revers cinglant depuis l'adoption de la loi du 5 mars 2007 qui limite désormais la recevabilité de constitution de partie civile. Curieusement pourtant, ce coup d'arrêt porté à la réhabilitation continue de l'association de la victime à l'exercice de la poursuite judiciaire n'a pas été fatal ; l'engouement à son égard n'a pas faibli, comme en attestent les projets de réformes annoncés sans cesse par la chancellerie.

Gloire et déboires de la victime, tel pourrait être résumée l'évolution erratique de l'admission de ce protagoniste si spécifique au procès, de l'infraction dont il a souffert. En réalité, la démarche de la victime s'intègre mal au processus judiciaire destiné à réprimer l'auteur d'un trouble social. Sa demande de réparation de l'irréparable paraît inadaptée, insatiable et souvent invasive. C'est certainement cette perception négative qui commande le reflux récent de son intervention au sein du procès ; l'ambiguïté fondamentale de sa quête (II) lui interdisant l'accès à un statut consolidé (I).

I – AMBIGUÏTÉ ENDÉMIQUE DU STATUT DE VICTIME

La reconnaissance de la victime en tant que sujet déterminant du procès est un phénomène qui a connu une évolution sans précédent.

---

[1] Selon la jolie formule de Jocelyne Leblois Happe.

Amorcé dans les années 1980 par l'adoption de la première grande loi d'indemnisation des dommages résultant d'infractions pénales et conforté depuis par une succession continue de textes protecteurs, il constitue incontestablement une caractéristique majeure de notre droit positif.

Mais l'intensité du phénomène a été telle qu'elle a finie par desservir son objectif. On souligne que l'omniprésence d'une victime revendicative parfois surreprésentée dans le prétoire aboutit à altérer profondément la physionomie du procès et dénature son essence même. C'est dire que la victime pâtit finalement de son succès. Elle apparaît pénalisée en définitive par le surcroît d'attention du législateur.

Sujet d'un certain consensus (A), le plaignant est devenu victime d'un autre consensus (B).

A – Un sujet de consensus

La nécessité de prise en considération des intérêts de la victime est aujourd'hui unanimement admise. Le débat n'est plus, et cette thématique constitue désormais une matière molle. C'est dire qu'à l'heure actuelle, la restauration de la place accordée à cet acteur à part entière du litige semble accomplie. En effet, une reconnaissance effective de son rôle durant tout le procès (2) a pu être opérée, depuis la consécration de la légitimité de sa quête de reconnaissance (1).

1 – C'est par la conquête de droits successifs que s'est cristallisé l'avènement de la reconnaissance de la victime : celle d'un dédommagement optimal s'est conjuguée à celle d'une reconnaissance statutaire lui impartissant une existence juridique pendant l'instance.

L'objectif de réparation du préjudice subi constitue un axe majeur du développement des droits des victimes. C'est incontestablement la voie la plus ancienne empruntée par le législateur pour répondre à leurs attentes ; il suffit pour s'en convaincre de rappeler la rapide prolifération de textes destinés à améliorer la réparation *via* la création de fonds de garantie. Les critères stricts posés par la loi du 3 janvier 1977[1] ouvrant le droit à indemnisation ont rapidement été modifiés pour étendre systématiquement la notion de préjudice réparable[2]. Corrélativement, le nombre des victimes protégées a connu une progression remarquable, aboutissant ainsi à la mise en place d'une pléiade de fonds de garantie spécifiques[3].

À l'heure où la réparation du dommage devient souvent une condition de suspension ou d'extinction de l'action publique[4], un pas supplémentaire vient d'être franchi par la loi du 1er juillet 2008[5] qui crée une véritable assistance au recouvrement des dommages et intérêts au profit des parties civiles par la mise en place d'une structure nouvelle (SARVI) [6]. Dans le même esprit, le texte instaure en outre un droit à indemnisation des victimes de destruction volontaire de véhicules incendiés permettant aux personnes non assurées d'obtenir une indemnisation plafonnée.

---

[1] Loi n°77-5, visant l'indemnisation de certaines victimes d'infractions : art 706-3 svt CPP.

[2] Apports successifs, notamment des lois du 2 février 1981 (n°81-82), du 8 juillet 1983 (n° 83-608), du 6 juillet 1990 (n°90-589), du 30 Décembre 2000 (n°2000-1352).

[3] Création du fonds d'indemnisation des victimes du sang contaminé le 1er Décembre 1991, des victimes de l'amiante par la loi n° 2000-1257 du 23 décembre 2000 ou encore création d'un fonds international d'indemnisation pour les dommages dus à la pollution par les hydrocarbures (décret n° 2005-689 du 16 Juin 2005, *JO* 23 juin 2005, p 10478). *Adde*, plus récemment la réparation intégrale des préjudices par la loi n°2010-2 du 5 janvier 2010 relative à la reconnaissance et à l'indemnisation des victimes des essais nucléaires français. À rapprocher des récentes doléances des victimes du « Médiator » demandant que l'État participe à l'indemnisation (*Le Monde* 30 mars 2011).

[4] En application des procédures de classement sous condition (art 41-1-4° CPP) ou de composition pénale (art 41-2, CPP).

[5] Loi n°2008-644 créant de nouveaux droits pour les victimes et améliorant l'exécution des peines. *JO* n° 153 du 2 Juillet 2008, p. 10610.

[6] Le service d'aide au recouvrement des victimes d'infractions est un dispositif permettant aux parties civiles ayant bénéficié de l'octroi de dommages et intérêts de solliciter une aide au recouvrement auprès du fonds de garantie des victimes d'actes de terrorisme et d'autres infractions (FGVAT) par l'allocation de provisions (article 706-15-1 et 2 CPP).

Le pragmatisme du législateur est omniprésent en la matière : l'effectivité du droit à réparation apparaît comme une priorité forte qui commande par exemple l'activation au bénéfice de la partie lésée de la procédure d'injonction de payer[1], ou encore la dissociation de plus en plus nette de l'action civile et de l'action publique au sein de l'instance pénale[2].

Sur un plan plus théorique, on constate que la reconnaissance de la victime en tant que protagoniste incontournable du procès constitue aujourd'hui un acquis.

Si les prémices d'une association étroite au déroulement de la procédure se sont manifestées dès 1993, c'est depuis la loi du 15 Juin 2000 que l'objectif de protection renforcée de la partie lésée a été véritablement affiché. À compter de cette date, on assiste à un renforcement exponentiel de ses prérogatives.

1993 signe l'instauration d'une relation triangulaire novatrice au sein du procès pénal. En effet, la loi du 4 janvier confère à la partie civile un rôle moteur au cours de l'instruction par l'octroi de la faculté de demande d'actes d'investigation (article 82-1, CPP). Conçu pour permettre aux parties d'adopter une attitude active dans la recherche de la vérité, ce droit ouvert ponctuellement à l'origine [3] sera systématisé à l'ensemble des actes d'information par la suite[4].

Ce nouveau pouvoir de collaboration aux recherches diligentées jusqu'alors par le seul magistrat instructeur ouvre une ère nouvelle ; la réforme marque incontestablement un tournant décisif dans l'évolution d'une phase procédurale traditionnellement inquisitoire. Elle reste emblématique d'une promotion

---

[1] Procédure applicable en matière de médiation pénale (article 41-1-5°, CPP).

[2] Faculté prévue explicitement en cas de recours à une composition pénale : article 41-2, CPP.

[3] Étaient limitativement visés « le droit de demander à ce qu'il soit procédé à leur interrogatoire ou à leur audition, à l'audition d'un témoin à une confrontation, à un transport sur les lieux ou à ce qu'il soit ordonné la production par l'une des parties d'une pièce utile à l'information ».

[4] Apport notable de la loi n°2000-516 du 15 juin 2000.

remarquable, confortée ultérieurement, notamment par l'amélioration de l'accès au droit en 1998 ou encore par la généralisation des maisons de justice.

C'est cependant à la loi du 15 Juin 2000 que la victime doit véritablement ses lettres de noblesse.

Conformément au titre de ce texte[1], vingt-neuf articles concernent directement les droits des victimes et modifient ou créent quarante dispositions procédurales à cet effet.

L'accession symbolique aux proclamations solennelles de droits de l'article préliminaire du CPP, ainsi que la reformulation du serment des jurés de Cour d'assises illustrent l'existence d'une promotion éclatante, d'une renaissance longtemps attendue de la partie lésée par l'infraction.

La réforme de 2000 va poser les jalons de l'omniprésence de la victime dans le processus judiciaire : amélioration de l'information tout au long de la procédure, participation accrue à l'instruction, élargissement de l'indemnisation par les commissions d'indemnisation des victimes d'infractions (CIVI), renforcement de la politique publique d'aide aux victimes.

Cette consécration sera parachevée par deux lois ultérieures en 2002 et 2004[2]. Leur apport aboutira à une reconnaissance effective de la victime durant tout le procès.

2 – Résultante d'une profusion de textes déclinant son implication dans la procédure, la présence de la victime sous-tend aujourd'hui l'ensemble des étapes de la réaction sociale, du début de la procédure à l'exécution de la peine.

Jusqu'au prononcé de la peine, l'intérêt témoigné à la partie lésée se révèle par un souci manifeste d'association étroite aux avancées de l'instance, après l'intervention d'explicitations concernant l'étendue de ses droits.

---

[1] Loi sur la présomption d'innocence et le droit des victimes.

[2] Loi n° 2002-307 du 4 mars 2002 modifiant la loi renforçant la protection de la présomption d'innocence et les droits des victimes et loi n° 2004-204 du 9 mars 2004 portant adaptation de la justice aux évolutions de la criminalité.

La mise en place de mesures protectrices en début de procès repose essentiellement sur une information optimisée du plaignant. Celle-ci vise à encadrer au plus près ses démarches dans les méandres de l'appareil judiciaire, en prenant acte de la dualité de ses revendications. C'est ainsi que, de l'enquête au jugement, la partie lésée est avisée de ses possibilités de constitution de partie civile.

Ce statut lui ouvre droit tant à réparation qu'à l'accès à un rôle offensif lors des investigations menées par les différents organes de poursuite. Sans entrer dans les détails d'un inventaire aussi long que fastidieux, signalons la récente obligation de motivation, faite au parquet, des classements sans suite à la victime[1].

Plus en aval, le choix d'une composition pénale ou d'un jugement sur reconnaissance préalable de culpabilité de l'auteur des faits par le ministère public impose également son information. Enfin, si l'affaire nécessite une instruction, la partie civile bénéficie désormais d'un large panel de droits destinés à renforcer le caractère contradictoire de l'expertise[2].

Cependant, l'association constante de la victime au devenir de la procédure la concernant se devait pour être complète se poursuivre dans la phase post-sentencielle.

La consécration du rôle de la victime a été parachevée par son association à l'exécution de la peine. Ultime point d'orgue de la progression continue de sa participation à la réaction sociale, cette idée pourtant ancienne, n'a abouti que récemment en droit positif et se trouve aujourd'hui reprise par divers textes.

Le projet de réforme de code pénal de 1986 prévoyait de prendre en considération, lors du choix de la peine, « les mobiles et le comportement du prévenu après l'infraction, notamment à l'égard de la victime ». Cette version fut finalement abandonnée au profit des seuls critères de circonstances de l'infraction et de

---

[1] Article 40-2, CPP.
[2] Article 167svt, CPP.

personnalité de l'auteur (article 132-24, NCP). Il faudra attendre la proclamation par la loi du 9 mars 2004 de principes directeurs présidant à l'exécution des peines pour voir mentionner explicitement le respect des droits des victimes.

Alignés au rang des intérêts de la société, ils concurrencent désormais l'objectif de réinsertion du délinquant (article 707, al 2 CPP). La même approche sera réalisée en termes quasiment identiques par le législateur, lors de l'adoption tant attendue de la loi pénitentiaire du 24 Novembre 2009[1]. Ce texte franchit en outre une étape décisive en associant désormais l'avocat de la partie lésée aux débats concernant certaines libérations conditionnelles[2], parachevant ainsi l'évolution amorcée par la loi destinée à lutter contre la récidive du 12 décembre 2005[3].

Animée par la même logique, la loi du 1er juillet 2008[4] prévoit également des dispositions visant à améliorer l'exécution des peines en simplifiant notamment la notification des jugements ou encore en pénalisant l'absence du prévenu à l'audience de manière à favoriser une confrontation systématique avec la victime.

Or, à défaut de servir efficacement sa noble cause, un tel emballement législatif anarchique et redondant a engendré un effet pervers inverse à celui escompté ; il suffit pour s'en convaincre de souligner la résistance jurisprudentielle à la mise en œuvre des dispositions qui associent désormais la victime à l'exécution des peines[5].

---

[1] Loi n° 2009-1436- *JO*, 25 nov. 2009, p. 20192.

[2] Article 730, al 4 CPP.

[3] Cette loi permettait à la victime de faire des observations devant le tribunal de l'application des peines et la chambre de l'application des peines saisie d'un appel. Plus globalement, elle consacrait les intérêts de la victime en les conciliant avec les autres fonctions de la peine pour guider le juge dans le choix de la mesure (art 132-24 al 2 CP).

[4] Loi n°2008-644, *JO* 2juillet 2008, p 10610 ; Décret d'application du 30 Déc. 2008 (D. n°2008-1490), *JO* 31 déc. 2008, p 20640.

[5] Crim. 15 Mars 2006, *Rev. pénit.*2007, 204, obs. B.Bouloc ; l'arrêt dénie à la victime la qualité de partie lors des audiences de l'application des peines. Cette analyse contrecarre la faculté légale de demander une

C'est finalement par ce type de réactions que le juge répressif exprime la nécessité de rétablir une mise à distance de ce protagoniste devenu à terme envahissant. Autrement dit, l'excès a stigmatisé la partie lésée en acteur décrié de l'instance.

B – Une victime du consensus

Le renforcement de la place de la victime sous l'effet de l'extension systématique de ses droits inquiète. D'aucuns ont ainsi évoqué l'instauration à son profit d'une véritable « dictature »[1] sur le procès pénal. Cette formule acerbe synthétise admirablement l'exaspération que peut susciter l'instrumentalisation chronique du sujet (2), ainsi que l'irruption massive de ce nouveau protagoniste dans le prétoire.

Signe des temps, la dénonciation d'une présence trop prégnante des victimes à l'instance pénale (1) est suscitée par l'ampleur d'un phénomène perçu désormais comme préoccupant, et ceci en dépit des velléités législatives déployées depuis toujours pour endiguer leur montée en puissance.

1 – La réticence à l'omniprésence des victimes est alimentée par l'inflation chronique de leurs doléances, largement amplifiée par l'activisme des associations ralliées à leur cause. C'est donc bien la proportion du phénomène qui est en cause, même si l'on ne peut oublier l'hostilité de principe à l'égard de l'expression en justice de leurs revendications, par essence catégorielles.

Action accessoire à l'action publique, l'action civile est conçue strictement en droit positif. Le législateur a rigoureusement encadré ses conditions d'exercice, et se montre encore plus circonspect lorsqu'il s'agit d'actions collectives. Il suffit pour s'en convaincre d'évoquer l'hétérogénéité des conditions de

---

modification des obligations particulières ou de la sanction du condamné libéré sous aménagement de peine pour violation de ses obligations en recourant au juge délégué aux victimes (art. D.47-6-6 et D.47-6-7 CPP).

[1] In Daniel Soulez-Larivière et Hubert Dalle (coordonné par) : *Notre justice*, Paris, Robert Laffont, 2002.

recevabilité de la constitution de partie civile des associations habilitées à agir en justice, aux articles 2 et suivants du code de procédure pénale. Bien que la liste légale ne cesse de s'allonger, la disparité des régimes est éminemment symptomatique de l'admission sélective d'exceptions répétées sous la pression des *lobbies*.

La sévérité de la jurisprudence en la matière atteste d'ailleurs du caractère artificiel de l'admission de ces actions fondées non plus sur la lésion d'un intérêt direct et personnel mais sur celle d'un intérêt collectif[1].

On conçoit dès lors la répugnance du droit positif à la consécration d'une véritable action de groupe, qui fait une timide apparition sous une forme édulcorée dans le projet de dépénalisation du droit des affaires[2], après avoir été réactualisée en 2005[3].

Lorsque l'action est exercée à titre individuel, c'est la sur-représentativité des parties lésées lors de la procédure qui apparaît préoccupante, et ceci à un double titre : elle concurrence le monopole classique d'opportunité des poursuites dévolu au ministère public, confisquant ainsi l'exercice de l'action publique à de seules fins réparatrices. Elle altère également le principe de légalité criminelle quant au choix de la sanction.

---

[1] Voir notamment Crim 3 Mai 2006 (*RSC* 2007, 99) rappelant les critères du préjudice « associatif », Crim. 28 nov. 2006, Dr.pén. mars 2007 som. 33) rejetant la recevabilité de l'action intentée par SOS Racisme pour des faits de contestation ou d'apologie de crimes contre l'humanité ; Crim 22 Mai 2007 (*JCP* 2007, IV, 2266) rappelant l'absence d'habilitation légale de la SPA pour intervenir en justice en matière de privations de soins contraventionnelles à animaux ; Crim. 25 sept. 2007 (*JCP* 2007, II, 10205) concluant à l'irrecevabilité de l'action civile du MRAP en l'absence d'accord de la victime décédée.

[2] Propositions de la commission Coulon en date du 20 Février 2008 limitant l'action de groupe au droit de la consommation sur la base de huit critères sélectifs : *AJ pénal* Février 2008 p 77.

[3] La question avait été largement débattue dans les années 1980 puis dix ans plus tard à l'occasion des propositions de refonte du droit de la consommation, puis de la création d'un code en la matière par deux rapports de commissions présidées par le professeur Jean Calais -Auloy.

Le phénomène de privatisation de l'action publique bouleverse la cohérence du mécanisme de défense de l'ordre social dévolu traditionnellement aux seuls magistrats du parquet chargés d'appliquer une politique répressive homogène.

C'est à l'inverse l'hétérogénéité qui caractérise la poursuite sélective de la défense d'intérêts catégoriels relayés de plus en plus fréquemment par des associations disparates habilitées à agir aux côtés du plaignant. Dès lors, « la montée en puissance de groupes identitaires de tous bords[1] » métamorphose l'économie du procès pénal contemporain, réalisant une reprivatisation de celui-ci. Le délinquant se trouve désormais seul face à une partie civile puissante, voire surpuissante dans les affaires médiatisées, confortée en outre dans ses prétentions par les réquisitions du défenseur de l'intérêt général.

De surcroît, l'intérêt porté au délinquant semble éclipsé par l'attention portée à la partie souffrante. Celle-ci lui ravit ainsi la place de sujet central du procès.

Ce déplacement du centre de gravité du litige s'exprime pleinement lors du choix de la sanction ; nous assistons depuis plusieurs années à l'émergence d'une justice « victimaire » qui remet en cause le sens même de la peine[2]. Celle-ci ne représente plus la rétribution de la faute commise par le délinquant, mais bien le préjudice subi par la victime. L'admission récente d'une « sanction réparation »[3] par notre droit répressif illustre parfaitement cet amalgame inquiétant.

Or, l'œuvre de justice ne peut se résumer à l'écoute compassionnelle de la victime, et semble même incompatible avec elle. Pourtant, cette dérive semble loin d'être endiguée. « Le temps

---

[1] Denis Salas in « Présence de la victime dans le procès et sens de la peine », *AJ pénal*, déc. 2004, p 434.

[2] *Ibid.*

[3] Peine issue de la loi n° 2007-297 du 5 mars 2007 prévue en matière correctionnelle (art 131-3, 131-8-1, 131-37, 131-39-1 CP) et en matière contraventionnelle (art 131-12, 131-15-1, 131-40, 131-44-1 CP).

des victimes »[1] a de beaux jours devant lui[2] et paraît bien conforté par l'instrumentalisation chronique dont la partie lésée fait l'objet.

2 – Régulièrement dénoncée, la tendance à l'instrumentalisation de la cause victimaire est un phénomène déjà ancien, et par conséquent bien identifié à l'heure actuelle. On répète à l'envi qu'il s'agit d'une déviation regrettable.

Paradoxalement cependant, on constate que loin d'être combattue, cette fâcheuse évolution se pérennise et s'amplifie même au fil du temps, au point de constituer un véritable danger pour l'avenir des victimes.

Trop souvent galvaudée, leur cause fait l'objet de récupérations les plus diverses. Le sentiment d'empathie à l'égard d'une personne touchée par la perpétration d'une infraction pénale s'impose en général immédiatement. Cette réaction spontanée, résultant probablement de l'imbrication étroite d'un processus d'identification et d'un soupçon de voyeurisme, découle du soulagement de constater que le malheur s'est focalisé sur « l'autre » qui doit pour le moins être épaulé dans son injuste détresse. Partant, la plus détestable des victimes apparaît toujours infiniment plus attachante au quidam que le délinquant aussi occasionnel ou déterminé soit-il.

Dès lors, comment résister à la tentation de l'exploitation de cette cause facile éminemment fédératrice ? L'adhésion au combat de la partie lésée s'impose ; elle s'inscrit dans un élan de solidarité irrépressible. Profiter de l'émoi suscité par un drame individuel pour généraliser la répression, prévoir des circonstances aggravantes nouvelles ou des régimes dérogatoires inédits constitue une tâche extrêmement aisée ; le terreau de la légitimité est tellement fertile... Le législateur et les politiques succombent régulièrement à ce travers démagogique qui dessert inévitablement la personne qu'ils annoncent vouloir mieux protéger.

---

[1] C. Eliacheff et Me D. Soulez Larivière, *Le temps des victimes.* Paris : Albin Michel, 2007.

[2] La journée européenne pour les victimes, organisée le 22 février 2011 à Paris atteste de la vivacité de l'engouement pour la cause victimaire, Min Justice, 21 févr. 2011, *JCP* 2011, p 417.

Cet excès de sollicitude pénalisant désormais la victime aurait dû faiblir sous l'effet des critiques réitérées de la doctrine en la matière. Curieusement, et à l'inverse même de l'évolution souhaitable, se confirme un phénomène d'emballement de la production de lois focalisées sur ses intérêts exclusifs.

Les derniers textes en préparation illustrent parfaitement cette tendance lourde ; ils comportent tous un panel de dispositions dédiées spécifiquement aux parties lésées, alors qu'ils s'attellent à des réformes d'envergure portant sur l'ensemble de la procédure pénale[1] ou du droit de la minorité[2].

Avant même l'annonce de ces adaptations futures, il n'était plus question de douter de l'attachement du législateur à la promotion des droits des victimes, puisque de manière tout à fait inédite un juge a été créé à leur seule intention.

Instauré en 2007[3], ce magistrat entièrement dédié à leur cause n'intervient qu'à leur demande, et se voit assigner la mission de veiller à la prise en compte de leurs droits dans la phase de mise en œuvre et d'exécution de la décision rendue à l'encontre du délinquant. La création d'un juge attaché spécifiquement à une partie au procès a été décriée comme un dévoiement notable de la fonction judiciaire ; outre le risque de concurrence avec le rôle joué par l'avocat, celui d'une atteinte à l'impartialité inhérente à

---

[1] Comité de réflexion sur la justice pénale présidé par Philippe Léger. Au sein des sept propositions de réforme annoncées le 9 mars 2009 figure l'objectif de « garantir et renforcer, tout au long de l'enquête, les droits du mis en cause et ceux de la victime ». À rapprocher des nouvelles dispositions favorisant la constitution de partie civile des associations (art 122-19 à 22 de l'avant projet de réforme, et surtout les articles 122-23 à 45), et l'innovation critiquée d'une « partie citoyenne » ou encore, la proposition d'octroi d'un droit de récusation des jurés d'assises à la victime.

[2] Propositions de la commission Varinard présentées le 3décembre 2008 comportant des dispositions destinées notamment à améliorer l'indemnisation des victimes ; *JCP* 2008, actualités 714, p. 3.

[3] Décret n°2007-1605 du 13 Novembre 2007, instituant le juge délégué aux victimes entré en vigueur le 2 janvier 2008, art D.47-6-1 à 14 CPP.

l'exercice de cette mission incongrue a été souligné par les détracteurs de la réforme. Il faut rappeler que ce praticien chargé d'une fonction d'interface entre l'institution judiciaire et la partie lésée est également président de la commission d'indemnisation des victimes d'infractions[1].

Saisie pour avis sur la question fondamentale du risque de partialité présenté par le cumul des fonctions du « JUDEVI »[2], la Cour de cassation a pour l'instant « botté en touche », et ce juge « gadget » œuvre dans chaque juridiction. En outre, depuis décembre 2008, ont été mis en place à titre expérimental des « bureaux de victimes » dans treize tribunaux. C'est dire que conformément aux préconisations du rapport Lienemann de 1999, l'aide aux victimes est vraiment devenue un « enjeu républicain » effréné[3]

Au delà de la protection exacerbée de la victime en général, se profile un autre phénomène préoccupant qui est celui de l'apparition de régimes surprotecteurs au bénéfice de victimes particulières. Fondamentalement discriminatoire, le mécanisme se manifeste au gré de la médiatisation ponctuelle de telle ou telle cause à la mode. C'est ainsi qu'a été conçue récemment la loi du 9 juillet 2010 relative aux violences faites spécifiquement aux femmes[4]. Dédiée exclusivement à la cause de celles-ci, et subséquemment à celle de leurs enfants, elle instaure désormais la faculté de bénéficier d'une ordonnance de protection délivrée par

---

[1] Cf. la contribution suivante.

[2] Cour de Cassation saisie pour avis 20 juin 2008, 08-00.005 (publié au bulletin) indiquant que « la demande qui concerne la compatibilité des fonctions de juge correctionnel appelé à statuer sur les intérêts civils et de juge délégué aux victimes au regard des dispositions de l'article préliminaire du CPP […] ne relève pas de la procédure pour avis […] ».

[3] Le budget du ministère de la justice consacré à l'aide aux victimes en 2009 s'élève à 11 millions d'euros, soit une progression de 15,8% depuis 2007. Le budget 2011 alloue 357 millions d'euros à l'accompagnement des justiciables et des victimes, ainsi qu'à l'amélioration de l'aide juridictionnelle nécessité par la réforme de la garde à vue, Min. Justice, 29 sept. 2010, discours, *JCP* 2010, p. 1894.

[4] Loi n° 2010-769.

le juge aux affaires familiales, et incrimine les violences psychologiques au sein du couple.

Citons également, pour illustrer notre propos, l'entrée en vigueur, le 1er Juillet dernier, de la convention du Conseil de l'Europe pour la protection des enfants contre l'exploitation et les abus sexuels[1] prévoyant la mise en place d'autorités spécialisées, de mesures de protection et d'assistance aux victimes.

On pourrait multiplier les exemples de ce type d'engouement, aussi vif qu'éphémère, pour une catégorie donnée de victimisation. Or, la fragmentation des régimes alliée à leur prolifération est fondamentalement préjudiciable à la victime.

Celle-ci pâtit aujourd'hui des excès commis en son nom. A force de vouloir aider une victime trop discrète, on a engendré le spectre d'une victime encombrante. Trop focalisé sur la seule perspective d'une recherche de promotion systématique, le débat sur son rôle équitable apparaît tronqué, réducteur, alors que les enjeux concernés sont infiniment plus subtils et complexes. Doit-on rappeler que l'objet de la procédure pénale est de trouver précisément un juste équilibre entre des intérêts par nature contradictoires ?

Incontestablement, le mouvement de balancier est allé trop loin ; après avoir été trop longtemps négligée, la souffrance de la victime fait l'objet d'une exploitation éhontée qui discrédite son image et l'affuble d'une suspicion systématique de vouloir confisquer le procès.

Lorsque l'on tente d'analyser les causes de cette difficulté fondamentale à lui trouver une juste place dans le prétoire, on peut formuler l'hypothèse que cela renvoie à une crise d'identité plus profonde, découlant de l'ambiguïté de sa quête.

---

[1] Loi n° 2010-608 du 7 juin 2010, *JO* 8 Juin 2010, p.10482.

II- AMBIGÜITÉ ENDÉMIQUE DE LA QUÊTE DE LA VICTIME

L'inadéquation chronique des doléances des parties lésées de plus en plus présentes et pressantes au sein du procès pénal a suscité des atermoiements législatifs révélateurs de la difficulté d'intégrer harmonieusement la victime au processus judiciaire. C'est ainsi qu'au gré des réformes, celle-ci se trouve soit délibérément favorisée, soit à l'inverse, radicalement pénalisée dans sa démarche.

Un tel contraste ne semble pouvoir s'expliquer que par la prise en compte des deux versants de sa quête.

Son activisme, désormais perçu comme un danger, est maintenant sanctionné. En effet, une ère de disgrâce des victimes abusives semble avoir débuté depuis l'adoption de la loi du 5 Mars 2007[1] soucieuse de rétablir l'équilibre de notre procédure pénale (A).

À l'opposé, la seule modalité de reconnaissance adéquate de la souffrance subie semble devoir passer par une cristallisation renforcée de la douleur vécue (B). Il est d'ailleurs intéressant de souligner que les dispositions légales adoptées dans cette optique ont été infiniment plus médiatisées que celles concrétisant un recul des droits. Ces dernières réalisent pourtant une évolution remarquable puisqu'elles retirent à la victime l'un de ses attributs décisifs dans l'initiative de la poursuite pénale.

A – Reflux de la recevabilité des demandes de réparation

Brèche inattendue dans la conquête de droits, le mécanisme de limitation de l'accès direct des parties civiles à l'instruction constitue un aspect fondamental de la réforme. Il s'agit d'un recul aussi décisif (2) que surprenant (1).

---

[1] Loi n°2007-291 du 5 mars 2007 tendant à renforcer l'équilibre de la procédure pénale, *JO* du 6 mars, p. 4206 ; Décret du 3 mai 2007, *JO* du 5 mai 2007, p.7963.

1 – En dépit de la minoration pratique de son impact par certains praticiens qui souhaitent une refonte plus radicale de notre procédure[1], il apparaît que le retentissement symbolique de ces dispositions est majeur. Se trouve en effet désormais confisquée à la victime une prérogative fort ancienne dont elle a parfois abusé à des fins peu avouables, saturant ainsi les cabinets d'instruction. L'atteinte portée à la liberté de constitution de partie civile réalise une évolution inattendue, puisqu'elle porte sur une particularité procédurale spécifique à notre pays, qualifiée d'exception quasi-mondiale.

Ce mécanisme inédit a une forte portée symbolique, puisqu'il permet à la victime de déclencher une action répressive accessoire à sa demande de réparation. Élevée au rang d'accusateur public à l'instar du parquet et investie alors de la mission de contrer son éventuelle inertie, la victime se trouve ainsi auréolée d'une puissance potentielle remarquable. Ce pouvoir lui est attribué depuis fort longtemps et s'inscrit dans la lignée des acquis décisifs de la reconnaissance de sa quête.

2 – Dans un souci de raréfaction des constitutions de partie civile, la réforme instaure des mécanismes de filtrage des actions émanant des victimes.

Si deux d'entre eux, exercés en aval de la procédure, tendent à décourager les demandes intempestives, le premier, créé en amont, relègue la requête de la partie lésée au second plan, de manière totalement inédite.

La réforme réaménage le droit de constitution de partie civile *a minima*, rappelant ainsi le caractère exceptionnel de cette faculté.

Depuis le 1er juillet 2007, le nouvel article 85 CPP restreint la recevabilité de l'action civile à deux cas en matière correctionnelle. L'intéressé devra désormais justifier à la suite du dépôt de plainte soit que le procureur a décidé de ne pas

---

[1] Ch. Guéry : « Le juge d'instruction et le voleur de pommes », *D.* 2003, p. 1575. *AJ pénal* mars 2007, p. 111.

poursuivre, soit de l'écoulement d'un délai de trois mois sans réaction du parquet. C'est dire que l'intervention de la victime se trouve cantonnée aux strictes hypothèses d'inertie du ministère public, qu'elle soit affichée ou effective. Le plaignant retrouve dès lors un rôle d'acteur secondaire dans le lancement de l'action publique, ce qui restitue à sa démarche son sens originaire. Ses droits sont préservés par une suspension de l'action publique jusqu'à la réponse du procureur ou, au plus tard, à l'expiration du délai de trois mois.

Ce mécanisme novateur n'est cependant pas applicable en matière de délits de presse, de certains délits électoraux, dans des matières spécifiques (article 85 al 2, CPP), et surtout en matière criminelle. Cette dernière exception permettra le maintien de la constitution de partie civile sous une qualification criminelle des faits, alors qu'ils ne sont en réalité que correctionnels.

Par ailleurs, le recul du droit de constitution de partie civile n'est pas systématique ; que le parquet restreigne le domaine de la poursuite envisagée par la victime, ou encore minore la qualification pénale souhaitée par celle-ci, et le droit de poursuite du simple particulier se trouve réactivé. Il en est de même en cas de mise en œuvre par le ministère public d'alternatives aux poursuites puisque la victime retrouve alors ses anciennes prérogatives, et ce jusqu'à la fin de la prescription de l'action publique.

Ces atténuations à la restriction de principe du droit de constitution de partie civile ne doivent cependant pas occulter l'incidence des deux mécanismes nouveaux crées en aval de la procédure et destinés à décourager les demandes indésirables.

Le premier consiste à prévoir à l'article 86 al 4, CPP que le ministère public peut prendre des réquisitions de « non-lieu » lorsque les faits dénoncés n'ont pas été commis. Cette nouvelle faculté improprement qualifiée selon certains[1], s'exerce lors de la communication de la constitution de partie civile par le juge au parquet. Elle conduit le magistrat instructeur à opter entre une

---

[1] J. Pradel : « Les suites législatives de l'affaire dite d'Outreau ». *JCP* 2007, I, 138.

information ou une ordonnance de non-lieu assortie éventuellement du prononcé de l'amende civile prévue à l'article 177-2, CPP.

Le second mécanisme, quant à lui, est entre les mains du juge d'instruction qui peut imposer, par ordonnance motivée à une partie civile réclamant en cours de procédure une expertise, l'obligation de verser un complément de consignation pour garantir le paiement des frais (article 88-2, CPP). En cas de constitution abusive ou dilatoire, et hormis l'hypothèse du bénéfice de l'aide juridictionnelle, le montant de la consignation peut être mis à sa charge par le magistrat instructeur ou la chambre de l'instruction.

Au-delà du phénomène récent de suspicion renforcée à l'égard de la victime abusive, semble exister depuis toujours une inadéquation fondamentale entre l'expression juridique des revendications de la partie lésée et la réalité de son ineffable souffrance.

B – Cristallisation renforcée de la souffrance

L'intensité et la pérennité de la souffrance d'une victime d'infraction semblent par essence incompatibles avec une réponse pénale, quelle qu'elle soit.

La répression semble bien vaine face au traumatisme définitif engendré par la perte d'un proche, l'existence d'un handicap ou une atteinte indélébile causée à l'estime de soi.

C'est dire qu'en dépit de sa double fonction réparatrice et répressive, l'exercice de l'action civile ne semble pas suffisant pour réparer l'irréparable.

Amplifiées récemment par le renforcement des doléances victimaires, deux dérives attestent de la complexité de cette problématique. Il s'agit d'une part de l'émergence d'un conflit d'intérêts entre la recherche de reconnaissance de la victime et l'objectif toujours réaffirmé de réinsertion du condamné (2).

D'autre part, s'inscrivant dans la lignée du dilemme évoqué précédemment, apparaît la difficulté d'allier le respect de la partie lésée avec le nécessaire oubli de l'infraction au bénéfice du délinquant (1).

1 – Face à la violence de l'effraction causée par la commission d'une infraction pénale souvent lourde de conséquences physiques et/ou psychiques, la victime est parfois tentée de refuser au délinquant tout droit à l'oubli. Cette réaction éminemment humaine est compréhensible, et apparaît somme toute légitime.

Cependant, on sait que ce droit conditionne la resocialisation de l'auteur de l'acte et constitue une garantie de paix sociale. Il reste que renouant avec la logique primitive de la loi du talion, certains dénient le mécanisme du pardon institutionnalisé. Tantôt fondé sur la vivacité de la souffrance engendrée par un fait pourtant ancien, tantôt sur la difficulté de dénoncer un délit subi à un très jeune âge, le jeu de la prescription se trouve contesté. Se dessine dès lors, depuis quelques années, une tendance marquée des victimes à réclamer l'allongement des délais de prescription.

Cette demande nous semble inopportune ; elle présente l'inconvénient de fragmenter à l'infini le régime juridique applicable aux infractions en fonction de critères trop subjectifs, de brouiller la lisibilité de la loi pénale et d'hypothéquer l'efficacité de la justice par la recherche hasardeuse de preuves trop anciennes.

Enfin, et surtout, la tentation de faire droit à cette doléance ne nous paraît pas de nature à apaiser véritablement la douleur, en dépit de sa vertu de reconnaissance symbolique.

Pourtant, la propension du législateur contemporain à multiplier les délais de prescription dérogatoires au droit commun est indéniable[1]. Le phénomène tend à se généraliser, confortant

---

[1] Au terme de l'article 45 de la loi du 9 mars 2004, le délai de prescription des délits de presse en matière de racisme passe de 3 mois à 1an (art 65-3 de la loi de 1881). Quant à l'article 72-II du même texte, il porte la prescription de 10 à 20 ans pour les crimes mentionnés à l'art. 706-47, CPP, de 3 à 10 ans pour les délits mentionnés au même article et de 10 à 20 ans pour les délits des art. 222-30 et 227-26, CP. Quand ces infractions sont commises sur des mineurs, le délai court à compter de leur majorité.

ainsi la recevabilité d'un foisonnement de demandes de réparation de plus en plus tardives. Dès lors, une tentation se fait jour : instaurer une imprescriptibilité de crimes toujours plus nombreux considérés comme odieux à un moment donné.

Ce phénomène dangereux semble devoir être endigué. Un rapport du Sénat consacré à la modernisation du régime des prescriptions[1] préconise d'ailleurs en ce sens de conserver le caractère exceptionnel de l'imprescriptibilité ainsi que d'éviter les réformes partielles et la création de nouveaux régimes dérogatoires en matière pénale. L'avant projet de réforme du code de procédure pénale, sans multiplier les régimes dérogatoires[2], a opté pour un allongement global des délais, assorti d'une unification de leur computation[3]. Souhaitons que cette recherche d'unité soit entérinée par le législateur. Ceci permettrait de restaurer davantage de sécurité juridique, de rationaliser des choix de politique criminelle trop versatiles pour être non seulement crédibles mais également réalistes. Enfin, la fin de la surenchère compassionnelle consentie aux victimes permettrait de renouer avec un réel objectif de réinsertion du condamné.

Cette composante traditionnelle de l'exécution des peines se trouve en fait bien malmenée aujourd'hui, en particulier lorsque la dangerosité potentielle du délinquant incite l'opinion publique à réclamer sa neutralisation définitive.

2 – Le respect d'une réelle déférence à l'égard de la victime peut conduire à interdire toute mesure de resocialisation

---

[1] *17 propositions pour moderniser le régime des prescriptions civiles et pénale*, Rapport Sénat n°338, 2006-2007, *JCP* 2007, n° 27, p.6. La garde des Sceaux a par ailleurs confirmé qu'elle souhaitait réserver aux seuls crimes contre l'humanité le mécanisme d'imprescriptibilité. Cf. Rép. min. n°14923, *JOAN* Q, 18 Mars 2008, p. 2407.

[2] Prévus notamment en matière de crimes contre l'humanité (art 121-12 maintenant la règle d'imprescriptibilité), en matière de terrorisme (art 121-14), de crimes d'eugénisme et de clonage reproductif (art 121-5).

[3] Article 121-6 prévoyant un délai de quinze ans en matière criminelle, et un délai de six ou trois ans suivant que le délit est passible d'une peine excédant ou non trois ans.

au condamné. Apparaissent en effet ici deux objectifs fondamentalement antinomiques. Cette difficile conciliation constitue la mission essentielle et certainement la plus délicate des juges de l'application des peines. À cet égard, indiquons que l'idée d'échevinage systématique concernant les décisions de libérations conditionnelles, lancée récemment par Nicolas Sarkozy[1] paraît inadaptée et dangereuse. On voit mal, en termes d'efficacité, l'intérêt d'une telle réforme. Hormis la volonté de flatter l'opinion publique en investissant le citoyen d'une mission dont un technicien a souvent du mal à s'acquitter, on ne peut comprendre la portée d'une telle radicalisation. Pourtant, la tentation populiste n'est pas inédite. On a pu constater, sous l'effet des exigences de sécurité ravivées ces derniers temps, que les doléances des victimes tendant à la neutralisation définitive des condamnés les plus dangereux a primé sur les enjeux de réinsertion.

C'est ainsi que l'instrumentalisation politique de récents faits divers particulièrement sordides[2] a débouché sur l'idée d'un enfermement après la peine. La rétention de sûreté[3] consiste selon le Code de procédure pénale « dans le placement de l'intéressé en centre socio-médico-judiciaire de sûreté dans lequel lui est proposée, de manière permanente, une prise en charge médicale, sociale et psychologique destinée à permettre la fin de cette mesure ». On ne peut s'empêcher de souligner la singularité d'un mécanisme qui s'assigne comme objectif la cessation de l'état qui

[1] Évoquée notamment dans *Le Monde* du 18 nov. 2010, p. 9, cette idée a été entérinée par un projet de réforme présenté en conseil des ministres le 13 avril 2011 ; deux citoyens assesseurs participeront au Tribunal de l'application des peines en matière de libérations conditionnelles pour les peines supérieures ou égales à cinq ans ou pour relever les peines de sûreté, *Le Monde,* 14 avril 2011, p. 11.

[2] La réforme du 25 février 2008 a été inspirée par les affaires de viol du petit Enis par Francis Evrard et le meurtre de deux infirmières par Romain Dupuy irresponsabilité pour raisons psychiatriques. L'affaire Nelly Crémer a quant à elle engendré la création de peines plancher en matière de récidive (loi du 10 Aout 2007). En 1994 déjà, l'enlèvement de la petite Karine avait débouché sur la création de la perpétuité réelle (loi du 1er fév. 1994 instaurant une peine incompressible).

[3] Réglementée aux articles 706-53-13 à 22, CPP issus de la loi n°2008-174 du 25 févr.2008.

a suscité sa mise en place. La disposition concernait initialement les auteurs de certains crimes [1] condamnés à une peine d'au moins quinze ans de réclusion présentant « une particulière dangerosité et une probabilité très élevée de récidive en raison d'un trouble grave de personnalité »[2]. Se trouvaient également visés par le texte à titre exceptionnel et si le placement sous surveillance électronique apparaissait insuffisant, les criminels déjà emprisonnés à la date de mise en place de la nouvelle mesure, auteurs de plusieurs crimes mentionnés par la loi si la dernière peine de prison est égale ou supérieure à quinze ans.

Prononcée pour une durée d'un an renouvelable, la décision d'enfermement incombe à une juridiction composée de trois magistrats et peut faire l'objet d'un recours devant la juridiction nationale de la rétention de sûreté[3]. En dépit d'une telle garantie, il reste que cette nouvelle modalité de privation de liberté renoue avec les idées développées au XIXe siècle par l'école positiviste préconisant l'élimination de certains délinquants.

C'est sur le seul fondement d'une dangerosité intrinsèque supposée du criminel que celui-ci est stigmatisé. Son éradication s'exerce au nom de la protection du corps social dans son ensemble, et plus symboliquement au nom de victimes précises dont la mémoire se trouve désormais immortalisée par le législateur[4].

Loin d'apparaître comme une manifestation exceptionnelle[5], sporadique, d'un ancestral réflexe de défense sociale, le mécanisme a été conforté depuis, puisque deux ans

---

[1] Application aux auteurs condamnés soit à la suite de plusieurs condamnations pour crime d'assassinat ou de meurtre aggravé, torture ou acte de barbarie aggravé, soit d'une condamnation unique pour ces crimes commis sur des personnes différentes.

[2] Article 706-53-13, CPP.

[3] Article 706-53-15 CPP.

[4] On peut s'inquiéter à la suite de Thierry Levy de ce « culte de la victime » dénoncé dans son ouvrage *Éloge de la barbarie judiciaire* paru aux éditions Odile Jacob en 2004.

[5] En dépit de la lettre des textes, art. 706-53-13 CPP.

seulement après son introduction dans notre droit positif[1], son domaine d'application a déjà été étendu aux auteurs de certaines infractions commises en état de récidive[2].

Cette hégémonie paraît d'autant plus inquiétante que le Conseil constitutionnel a prohibé l'application rétroactive d'une institution tellement menaçante pour les libertés individuelles[3]. Il reste que le diminutif du mécanisme, la surveillance judiciaire, susceptible d'être prononcée par les mêmes instances que la rétention[4] est au contraire considérée comme une simple mesure de sûreté[5]. Une telle analyse autorisant son application à des situations juridiques en cours, on peut s'alarmer des possibilités d'extension de ce contrôle justifié par le seul critère de dangerosité des intéressés[6].

Cette remarquable évolution atteste incontestablement de la victoire de la cause des victimes sur leurs agresseurs potentiels. On peut dés lors se demander si une politique pénale dictée par l'émotion, votée dans l'urgence et appliquée parfois rétroactivement mérite encore son qualificatif ?[7]

C'est sous le même étendard de l'empathie compulsive qu'a été défendue l'idée de juger les délinquants atteints de troubles mentaux. Ici encore, la balance entre la prise en

---

[1] Loi n°2010-242 du 10 mars 2010 destinée à lutter contre la récidive criminelle.

[2] Meurtre, torture, actes de barbarie, viol, enlèvement ou séquestration visés par l'article 1 de la loi n° 2010-242 du 10 mars 2010.

[3] Déc. n° 2008-562 DC du 21 février 2008 ; Voir, C. Ghica-Lemarchand : « La rétention de sûreté, à propos de la décision du Conseil constitutionnel du 21 février 2008 », *RDP* 2008, p.1381.

[4] Art 723-29 et s. CPP.

[5] Voir pour une analyse divergente CE 26 Nov.2010, n°323694, *RDP* Mars 2011, p. 31.

[6] Sur les premières difficultés d'application des textes : « Juridiction nationale de la rétention de sûreté », 1er juillet 2010, n°10JNRS001, *AJ pénal* déc.2010, p. 559, note M. Herzog-Evans, ou déjà, Matsopoulou, *dr. pénal* 2010, Étude 4. Voir pour une analyse critique de la loi, M. Delmas-Marty, *Libertés et sûreté dans un monde dangereux*. Paris, Seuil, 2010.

[7] A. Garapon dénonce pertinemment une « dérive compassionnelle » in « Malaise dans la magistrature », *JCP* 2011, n°8, p. 366 et s.

considération du respect du malade et la souffrance de la victime a penché du côté des intérêts de cette dernière. Se trouve désormais instituée une procédure de déclaration d'irresponsabilité pénale devant les juridictions d'instruction et de jugement, à l'issue d'une audience pouvant être publique, et donnant lieu à inscription au casier judiciaire de l'intéressé[1]. L'hospitalisation d'office susceptible d'être prononcée par les magistrats peut être assortie de mesures de sûreté comme l'interdiction de rencontrer les victimes ou de fréquenter certains lieux, applicable dès la fin de l'internement[2].

Certes, la réintégration du délinquant malade mental dans la sphère judiciaire doit être saluée. Le déni de justice pratiqué depuis si longtemps sous couvert du caractère hybride de ces délinquants inclassables, ne relevant ni vraiment du juge, ni vraiment du médecin, ne pouvait perdurer. La pathologie ne saurait éclipser totalement la réalité de l'acte commis, et partant, la réalité du drame subi par la victime et ses proches. Devait-on pour autant concevoir pareille exhibition de ces délinquants spécifiques exposés désormais à la vindicte populaire ?

Il nous semble qu'au contraire, une telle instrumentalisation de la douleur ne peut que desservir la victime en discréditant sa démarche pourtant tellement légitime et respectable.

Acteur longtemps méconnu du processus judiciaire, la partie lésée s'expose, après une courte période de reconnaissance, à constituer le nouveau bouc émissaire d'un procès dans lequel elle ne trouve pas sa place. Otage médiatique par excellence, elle gagnerait à signifier que les dérives actuelles lui sont préjudiciables. L'institut national d'aide aux victimes commence enfin à dénoncer les dangers de la politique criminelle actuelle. Souhaitons que cette réaction, alliée à toutes celles exprimées par

---

[1] Procédure prévue aux articles 706-119 à 140 CPP par la loi n°2008-174 du 25 février 2008, Décret. N°2008-361 ; Voir Buisson, *Procédures* 2008. Étude 4 ; *RSC* 2008, chron.392 ; Detraz, *RSC* 2008.Doct. 873 ; Pradel, *D.* 2008. chron.1000 ; Rousseau, *Dr. pénal* 2009. Étude 9.

[2] Art 706-136, CPP.

les pénalistes, qu'ils soient théoriciens ou praticiens, aboutisse à engager d'une réflexion digne de ce nom. Cette problématique fondamentale nous concerne tous, et reflète l'état de civilisation de notre société.

Geneviève DORVAUX.
Maître de conférences à l'Université du Sud Toulon-Var.

LE JUGE DÉLÉGUÉ AUX VICTIMES DIT « JUDEVI »

« Je ne veux pas que les délinquants aient plus de droits que les victimes. La victime doit compter plus que le délinquant » ainsi s'exprimait Mme La Garde des sceaux Rachida Dati le 6 juillet 2008 devant le Tribunal de grande instance de Bobigny à propos de la mise en place d'un nouveau magistrat : le JUDEVI. Mais qui est le Judevi ? C'est le juge (JU) délégué (DE) aux victimes (VI) d'infractions pénales. C'est en quelque sorte un magistrat spécialement instauré pour veiller au respect des droits de la victime au cours du procès pénal. Mais le rôle du Judevi ne se limite pas à cette seule prérogative, il tend à déborder sur une mission de conseil. Avec l'introduction du Judevi, on aspire à redonner à la victime sa qualité de partie principale au procès pénal. Pourtant, il n'en a pas toujours été ainsi.

Si, à l'origine, le procès pénal appartenait exclusivement à la victime, à une époque où notre procédure pénale obéissait encore au modèle accusatoire, force est de constater qu'une telle prérogative lui a progressivement échappé lorsque la construction du procès pénal s'est effectuée en fonction du modèle inquisitoire. Le dispositif hybride retenu par le Code d'instruction criminelle (CIC) de 1808 confirme cette tendance. Le modèle inquisitoire gouverne la recherche probatoire, le modèle accusatoire est réservé au débat probatoire. Le procès pénal est donc engagé par un magistrat garant de l'ordre public contre le délinquant transgressant la paix sociale. La victime n'a que peu de place dans ce couple étrange formé par le magistrat et le prévenu.

Pourtant, depuis ces dernières années, les textes adoptés s'efforcent de lui redonner sa place dans le procès pénal pour ne pas dire son identité[1]. Amorcée dans les années 1980, cette impulsion se concrétise par la mise en place de mécanismes d'indemnisation en faveur des victimes d'infractions pénales. Le début des années 2000 redynamise cet élan, la victime se voyant

[1] Cario, Robert : « Victimes d'infraction », in *Répertoire Dalloz.* Pénal. p.26.

octroyer des prérogatives spécifiques au cours du procès pénal[1]. Désormais, l'Autorité judiciaire doit veiller « [...] à l'information et à la garantie des droits des victimes au cours de toute procédure pénale »[2]. Le procès pénal ne se joue plus entre deux acteurs mais entre trois protagonistes. La fin des années 2000, parachève cette évolution avec l'instauration d'un magistrat en charge de la cause des victimes[3]. La fonction du Judevi est donc toute trouvée : pallier les lacunes passées de notre système judiciaire[4].

Pourtant, le droit des victimes est un droit hybride à cheval entre deux disciplines : le droit pénal et le droit civil[5]. Le droit pénal est par définition un droit sanctionnateur. Il permet l'introduction d'une action au nom de la société, dite action publique, ou action pour l'application des peines[6]. En cela, il s'oppose au droit civil qui est un droit réparateur. Il contribue à l'introduction d'une action diligentée par la victime, dite action civile, ou action en réparation du préjudice causé[7]. Si l'une sert l'intérêt général, l'autre satisfait un intérêt particulier.

Ces matières reposant sur des fondements distincts et obéissant à des logiques différentes, comment concevoir la création d'un nouvel acteur du procès pénal prenant fait et cause pour l'une des parties à l'instance ? Comment un magistrat peut-il remplir le rôle de conseil à l'égard de l'une des parties principales au procès ? C'est pourtant sur cette contradiction que se fonde le décret du 13 novembre 2007. Afin de répondre à ces interrogations, il convient d'examiner d'abord la mission inédite dévolue à ce nouveau

---

[1] Didier Boccon-Gibod : « La partie civile : L'accès de la victime au juge pénal », *Justice et cassation*. 2008. p. 26.

[2] Art. préliminaire du CPP.

[3] Décret n° 2007-1605 du 13 novembre 2007 portant création du Judevi.

[4] Sabrina Lavric : « Juge délégué aux victimes : Pour quoi faire ? », *AJ Pénal*. Octobre 2007. Actualités. p. 408.

[5] Anne D'Hauteville: *Le droit des victimes. Libertés et droits fondamentaux*. Sous la direction de Rémy Cabrillac, Marie-Anne Frison-Roche, Thierry Revet, 15ème éd. Paris : Dalloz, 2009. p. 631.

[6] Art. 1er du CPP.

[7] Art. 2nd du CPP.

magistrat (I) avant de porter un regard critique sur la mission controversée impartie à ce dernier (II).

I – UNE MISSION INÉDITE

En procédure pénale, les institutions judiciaires en charge de l'organisation de la réponse pénale sont soit des juridictions d'instruction, soit des juridictions de jugement. En d'autres termes, ces formations sont des organes institutionnels. Sur ce point, la position du Judevi s'inscrit en totale rupture avec les institutions judiciaires existantes. Le gouvernement vient en effet d'instaurer un nouveau magistrat dont le statut se situe complètement en marge des précédents : il est entièrement dévoué à la cause de la victime. L'ambivalence de ses fonctions (A) corrobore la mission d'interface que nos autorités veulent lui faire jouer (B).

A– Une mission ambivalente

Le Judevi a été créé par le décret n° 2007-1605 du 13 novembre 2007 qui introduit un nouveau Titre XIV dans le Livre III du Code de procédure pénale intitulé « Du juge délégué aux victimes, président de la commission d'indemnisation des victimes d'infractions ». Cette démarche concrétise une promesse électorale émise par le candidat Nicolas Sarkozy lors de la campagne présidentielle du printemps 2007, reprise par Mme la Garde des Sceaux Rachida Dati en septembre 2007, lors de la 7ème rencontre avec les associations de victimes. Les dispositions qu'il renferme sont effectives depuis le 2 janvier 2008.

L'ambivalence de la mission confiée à ce nouveau magistrat ressort à deux niveaux.

Sur le plan organique, le Judevi est rattaché à la Commission d'indemnisation des victimes d'infraction (CIVI), en la personne de son Président. En effet, la fonction de Judevi est assumée par le Président de la CIVI.

Sur le plan fonctionnel, le Judevi se voit confier trois catégories de fonctions :

– Des fonctions judiciaires, d'abord, car le Judevi peut être désigné par le Président du Tribunal de grande instance (TGI) pour présider le Tribunal correctionnel statuant sur les seuls intérêts civils[1]. Il siège alors à juge unique.

– Des fonctions d'administration judiciaire, ensuite, en vertu desquelles le Judevi est chargé de défendre les intérêts des victimes tantôt en amont, tantôt en aval du procès pénal, ce qui signifie qu'il intervient en faveur de la victime soit au début du procès pénal, soit à l'issue de celui-ci[2]. Son objectif est donc la prise en compte du préjudice enduré et la reconnaissance de la qualité de victime.

– Des fonctions administratives, enfin, sachant que le Judevi est plus largement chargé de veiller au respect des droits reconnus à la victime par les textes nationaux ou internationaux. De ce point de vue, il s'assure de la mise en œuvre de la politique pénale du gouvernement en faveur des victimes[3]

Après examen de la mission impartie au Judevi, on ne peut que s'étonner qu'il assume à la fois une fonction juridictionnelle et une mission de conseil. En fait, la nouveauté du décret de 2007 se résume à peu de choses. Le rôle aujourd'hui incarné par le Judevi était déjà confié à d'autres auxiliaires de la justice pénale fussent-ils magistrats, Président ou membres de la CIVI, voire avocats. La création du Judevi renferme une valeur symbolique. Il est censé garantir l'accès de la victime à la justice pénale, jouer un rôle d'interface en somme.

B – Une mission d'interface

La mission d'interface confiée au Judevi ressort principalement des fonctions d'administration judiciaire et des

---

[1] Art. 464(4) du CPP.

[2] C. Lienhard : « Le juge délégué aux victimes », *Dalloz*. 2007. n° 44. Entretien. p. 3120.

[3] C. Lacroix : « Publication du décret instituant le juge délégué aux victimes », *Dalloz*. 2007. n°41. Actualité législative. p. 2864.

fonctions administratives qui lui sont confiées, les unes étant complémentaires des autres. Le Judevi va servir d'intermédiaire entre les acteurs du procès pénal et la victime[1]. Son intervention se traduit alors de deux façons.

En amont du procès pénal, le Judevi doit s'efforcer d'améliorer les conditions d'accueil et le potentiel d'écoute réservé aux victimes d'infractions pénales. Il doit faire en sorte que les victimes soient correctement informées des procédures judiciaires à leur disposition, des démarches à effectuer et des interlocuteurs à contacter. En ce sens, il sert en de relais entre la Police judiciaire, les associations d'aide aux victimes, les membres du Barreau et les magistrats.

Par la suite, il peut être saisi par une victime, à condition que l'infraction soit traitée dans le cadre d'une action publique. Peu importe l'issue de la procédure, mode alternatif de règlement du conflit ou jugement de condamnation, ce qui compte c'est le traitement de la plainte de la victime. Son rôle consiste alors à s'informer auprès des magistrats territorialement compétents, du Parquet ou du siège, des suites données à l'affaire. L'essentiel de sa fonction se limite ici à un recueil d'informations.

En aval du procès pénal, il doit également veiller au respect des intérêts de la victime lors de l'exécution des peines. De ce fait, il dispose d'un regard sur les condamnations emportant obligation d'indemnisation des victimes. Si cet impératif n'est pas respecté, il peut saisir le Juge de l'application des peines (JAP) sur demande de la victime[2]. Il sollicite, en son nom, la révocation d'un sursis lorsque la mise à l'épreuve n'est pas respectée, requiert de le compléter par des obligations plus adaptées comme l'interdiction de fréquenter certains endroits ou certaines personnes, voire exige l'indemnisation de la victime[3].

---

[1] Sabrina Lavric : « Juge délégué aux victimes : Pour quoi faire ? », *Op. cit.* p. 408.

[2] « Aide aux victimes : Le décret instituant le Juge délégué aux victimes publié ». *JCP*. 2007. Actualités n°47. p 5.

[3] Jacques Buisson : « Le juge délégué aux victimes d'infractions (JDVI) », *Procédures*. Novembre 2007. n°44.

Cette volonté de garantir à la victime l'exécution de la décision de justice rendue va aujourd'hui plus loin que le droit à l'exécution des décisions de justice. Dans la lignée du droit à la réparation du préjudice causé, il y a lieu de souligner l'existence d'un droit à l'aide au recouvrement des dommages et intérêts[1] comme l'atteste la loi du 1er juillet 2008 créant de nouveaux droits pour les victimes et améliorant l'exécution des peines[2].

Si la mission inédite confiée au Judevi l'incite à jouer un rôle d'interface entre la victime d'une infraction pénale et les acteurs ou auxiliaires du procès pénal, force est de constater l'ambivalence de sa fonction. En permettant à un magistrat de servir les intérêts de l'une des parties principales au procès, le décret du 11 novembre 2007 est perçu comme une provocation voire un discrédit à l'égard du monde judiciaire, plus particulièrement par les membres du barreau. Il illustre la méfiance de nos gouvernants à l'égard du procès répressif en particulier, du système pénal dans son ensemble.

II – UNE MISSION CONTROVERSÉE

L'annonce de la création d'un juge spécialement affecté à la défense d'une partie au procès a suscité un tollé unanime des praticiens du droit[3]. En effet, avocats et magistrats ont manifesté leur vive désapprobation dès la divulgation de cette curieuse innovation susceptible d'empiéter sur leurs missions respectives (A). Or, il se trouve que le rejet conjoint du JUDEVI par le Conseil national du barreau et plusieurs syndicats de magistrats a été corroboré par un échec patent de l'institution (B).

---

[1] C. Lacroix : « Nouveaux droits pour les victimes et exécution des peines », *Dalloz*. 2008. Actualité législative. n°5. p. 281.

[2] Loi n° 2008-644 du 1er juillet 2008. *JO* du 2 juillet 2008. p. 10 610.

[3] Sabrina Lavric : « Juge délégué aux victimes : Pour quoi faire ? », *op. cit.* p. 408.

A – Une mission contestée

Le refus de l'irruption sur la scène judiciaire d'un nouveau magistrat s'est traduit par une opposition catégorique du barreau et par une réticence fondamentale du syndicat de la magistrature. Solidaires dans leur émoi, les juristes ont cependant décliné des critiques variables selon la spécificité de leur office dans la procédure. Si pour les avocats, l'opposition affichée à l'innovation a été axée essentiellement sur la crainte d'un déséquilibre du système judiciaire, c'est le spectre de la partialité qui mobilisait les magistrats.

La condamnation du projet par le Président du conseil national des barreaux a été sans appel. Par sa voix, les 46000 avocats fédérés demandaient au Garde des Sceaux de renoncer à la mise en place d'une surreprésentation inique d'une partie à l'instance. Empiétant manifestement sur leur rôle de conseil et de défense, l'intervention d'un acteur supplémentaire aux côtés de la partie lésée a été perçue comme une menace inquiétante sur la profession d'avocat. La vocation de l'avocature étant par essence constituée par la défense de l'ensemble des causes sans distinction[1], la volonté de privilégier une seule catégorie de plaideurs par le biais d'un magistrat spécialisé a choqué. La concurrence directe de l'office de ce juge inédit a dès lors été ressentie comme une provocation, voire un discrédit.

Il semble que le même sentiment de désaveu soit à l'origine de la vive réaction des magistrats. Perçu comme la traduction d'une défiance fondamentale à l'égard du corps, voué par définition à la garantie de chaque partie au procès[2], le projet a été décrié avec vigueur. Bien que l'argument tendant à contester la création d'un juge dénué de pouvoirs juridictionnels, amené à prendre des mesures d'administration insusceptibles de recours ait été avancé, c'est essentiellement le risque de partialité qui a été dénoncé. Par communiqué en date du 15 Janvier 2008, le syndicat

---

[1] C. Jamin : « Avocats et juge délégué aux victimes : Les méfaits de l'État paternel », *Dalloz*. 2007. n°32. Actualité. p. 2228.
[2] Sabrina Lavric : « Juge délégué aux victimes : Pour quoi faire ? », *op. cit*. p. 408.

de la magistrature indiquait qu'il déférait la légalité du texte[1] créant le JUDEVI au Conseil d'État, motif pris de la création d'une fonction judiciaire par voie réglementaire et de la violation des exigences d'impartialité imposées par l'article 6 CESDH. Le Syndicat demandait à la juridiction la suppression de cette institution envisagée « dans la précipitation et sans réflexion réelle » par le ministère de la justice, accusé de rendre « plus complexe et sinueux le parcours judiciaire de la victime ». Il soulignait le fait que « le juge délégué, par ailleurs président de la commission d'indemnisation des victimes d'infractions pénales, ne satisfaisait pas aux exigences d'impartialité du juge ».

Effectivement, en dépit de l'aval donné par le Conseil d'État[2], la problématique de l'impartialité de ce magistrat aux multiples fonctions s'est rapidement posée en pratique. Deux magistrats, à Bourges et à Mâcon se sont trouvés dans la difficile posture de devoir assumer leurs nouvelles fonctions de juge délégué aux victimes tout en devant siéger comme juge correctionnel[3] statuant sur les intérêts civils. Tous deux ont considéré que cette dualité de fonction était impossible à assumer puisqu'ils se trouvaient dès lors juge et partie, et ne pouvaient par conséquent trancher un litige portant sur les intérêts civils. Après avoir sollicité en vain une réponse du Parquet, les juges ont saisi pour avis la Cour de Cassation.

La question posée par le tribunal correctionnel de Bourges à la haute juridiction était la suivante : « Le tribunal correctionnel statuant sur les intérêts civils – composé du seul juge délégué aux victimes en application de l'article D.47-6-3 du CPP – peut-il, sans méconnaître les dispositions du premier alinéa de l'article préliminaire du code de procédure pénale relatif au caractère équitable de la procédure pénale et à la préservation de l'équilibre des droits des parties, statuer dans un litige opposant d'une part, une victime et d'autre part, un auteur responsable ? ».

[1] Décret n°2007-1605.
[2] CE. 16 Janvier 2008. *Dalloz*. 2008. n°5. p 280.
[3] *Le monde*. 10 Juin 2008.

Le 20 Juin 2008, la Cour de Cassation a jugé que cette demande ne relevait pas de la procédure pour avis[1]. Selon la juridiction, il convient d'examiner au cas par cas « la nature et l'étendue des mesures prises » par le magistrat concerné avant qu'il ne statue sur les intérêts civils. La Cour de Cassation n'a donc pas considéré que les multiples missions imparties au juge portaient en germe un risque systématique de partialité. Cette solution constitue une appréciation *in concreto* de l'impartialité fonctionnelle chère à la jurisprudence européenne. Pourtant, en dépit de cette validation de principe, ce juge « pro-victimes » n'a pas vraiment fait preuve de la pertinence de son office sur le terrain.

B – Une mission contestable

L'ensemble des critiques théoriques adressées au juge délégué aux victimes a été conforté par une évaluation pratique très décevante de l'institution. Ce constat d'échec, loin d'aboutir à la suppression du magistrat spécialisé, a abouti à remodeler son intervention au sein d'un dispositif nouveau d'aide aux victimes.

Une première évaluation de la réforme réalisée par l'Inspection générale des services judiciaires a été rendue publique en décembre 2008. Le bilan a été globalement négatif, puisqu'il concluait à l'insuffisance des mesures d'accompagnement, en particulier l'absence ou l'insuffisance de moyens humains et matériels appropriés[2].

De fait, le fonctionnement de l'institution restait marginal. En 2008, 265 saisines ont été enregistrées pour le premier semestre, avec une tendance à l'augmentation. Mais on a constaté que la moitié des saisines intervenaient en outre « hors compétence » du juge, ce qui a minimisé encore davantage la faiblesse des statistiques obtenues. L'absence d'implication des

---

[1] Avis n°08-00.005. *Dalloz*. 2008. p. 1902. Obs. Lena. *RSCDC*. 2008. p. 633. Obs. V. Giudicelli ; dans le même sens : Avis C. cassation n°08-00.010. 6 octobre 2008.

[2] « Premières évaluations du JUDEVI ». *AJ Pénal*. Décembre. 2008. Actualités. P. 483.

interlocuteurs *a priori* privilégiés du magistrat semble pouvoir expliquer l'échec observé ; à cet égard, le rapport a relevé l'absence de connexion avec le barreau, ainsi que la rareté des contacts réguliers établis par les associations de victimes[1].

Or, il semblerait qu'ici le manque d'information n'ait pas été en cause, puisque quasiment toutes ces associations affirmaient connaître l'existence du nouveau magistrat. La difficulté semblait résider ailleurs, dans une hostilité de principe à l'intégration de ce rouage énigmatique de la chaîne pénale. Apparemment, la précision apportée par la chancellerie au lendemain du tollé soulevé par la réforme[2], indiquant qu'il n'était pas question « d'opposer avocats, magistrats et associations de victimes » n'avait pas convaincu.

Au delà du constat évident d'un tel phénomène de rejet, on a cherché à comprendre les causes de dysfonctionnement ; selon les magistrats, chefs de Cours ou de juridiction, l'inefficacité observée s'expliquerait par l'absence de pouvoirs juridictionnels et d'investigation du juge.

Pour remédier à l'inadéquation constatée, le rapport de l'Inspection générale des services judiciaires a formulé une série de recommandations destinées à faire du JUDEVI « la pierre angulaire » du dispositif d'aide aux victimes. Était proposé notamment l'attribution de compétences lui permettant d'assurer la protection effective de certaines victimes (tel le prononcé de mesures d'éloignement du délinquant), l'accession au statut d'interlocuteur privilégié des associations d'aide aux victimes intervenant dans son ressort ou encore l'octroi de la mission spécifique de veiller aux conditions et délais d'indemnisation des victimes.

Prenant acte de ces préconisations, la Garde des Sceaux annonçait dès le 9 décembre 2008 l'expérimentation auprès d'une

---

[1] Évalués à seulement 21%.

[2] Conférence de presse, Ministère de la Justice. 20 septembre 2007. *JCP*. 2007. n° 39. Actualités n°420. p. 5.

dizaine de tribunaux de « bureaux des victimes »[1] destinés à appuyer le Judevi et à informer les victimes sur l'état d'avancement de la procédure et le déroulement de la détention.

La refonte de la mission du magistrat au sein d'un dispositif global d'aide aux parties lésées paraît ambitieuse, et souligne, si besoin était, l'engouement jamais démenti de la chancellerie pour la défense de la cause victimaire. On aurait pu se contenter de concrétiser les propositions émanant du Conseil national des barreaux lors de son opposition à la création du Judevi. En effet, dépassant l'expression de sa réticence, le barreau avait préconisé des pistes de réforme destinées à améliorer le sort des victimes sans bouleverser totalement l'économie du procès pénal. Étaient notamment suggérés : l'assistance de la victime dès le stade de l'enquête, l'allègement des règles procédurales de fonctionnement de la commission d'indemnisation des victimes d'infractions pénales ou la mise en cause des organismes sociaux, des assureurs et des personnes civilement responsables par le Parquet lui-même. Enfin, était préconisée l'indication par le ministère public, dans les avis adressés aux victimes, des infractions poursuivies et de l'identité précise des prévenus.

La chancellerie a préféré opter pour la création d'un dispositif plus ostensible : la mise en place hautement symbolique d'un bureau des victimes dans chaque TGI, animé par des représentants du monde associatif et des fonctionnaires placés sous l'autorité du Judevi. Selon le communiqué du Ministère de la justice[2], le rôle du bureau consistera en un accompagnement des victimes tout au long de la procédure, et ceci jusqu'à l'exécution de la peine. Sa mission est d'améliorer l'information des intéressés tant sur l'avancement de la procédure que sur le déroulement de la détention. Il est chargé d'assurer une meilleure orientation des victimes vers les services compétents pour l'obtention d'une indemnisation, en particulier vers le service d'aide au recouvrement des victimes d'infractions[3]. Au sein de ce dispositif, le Judevi sera chargé de la bonne coordination de l'ensemble des

[1] Le bilan de ce dispositif expérimental était fixé à fin juin 2009.
[2] Communiqué du 9 Décembre 2008. *JCP*. 2008. Actualités. n°736.
[3] Art. 706-15-1à 706-15-2 du CPP.

acteurs judiciaires ; procureur, juge de l'application des peines, juge d'instruction, juge des enfants ou juge aux affaires familiales.

Le plan national de prévention de la délinquance présenté par le Premier ministre le 2 Octobre 2009[1] conforte ce choix de politique criminelle ; en effet, les bureaux d'aide aux victimes, actuellement expérimentés dans treize TGI, seront étendus aux cinquante TGI comptant le taux de délinquance le plus élevé. En outre, la présence d'intervenants sociaux au sein des commissariats et gendarmeries sera systématisée à tous les départements.[2] Cette orientation est par ailleurs corroborée par la part du budget 2010 de la justice consacrée à l'aide aux victimes[3] , mais tranche avec les inquiétudes générées par l'annonce des propositions de réforme du rapport Léger qui scelleraient un retrait du droit des parties lésées.

Mais peut-on encore s'étonner de telles contradictions en ce domaine de prédilection du populisme pénal ? Souhaitons que cette ère de la victimocratie prenne fin de façon à ce que la victime cesse de constituer l'otage idéal du politique. Cessons d'affubler sa cause de juges gadgets. Prenons soin de lui conserver des moyens juridiques efficaces, et de lui attribuer des moyens financiers effectifs pour lui permettre d'intervenir avec mesure et dignité sur la scène judiciaire.

Geneviève DORVAUX et Valérie BOUCHARD

Maîtres de conférences à l'Université du Sud Toulon-Var

---

[1] Plan applicable dès le 1er janvier 2010.

[2] *AJ Pénal*. Novembre 2009. p 431.

[3] « 319 millions € destinés au financement de l'accès au droit des victimes ». V. Communiqué de M. le Premier Ministre. 9 octobre 2009. *RDP*. Novembre 2009. p. 3. A rapprocher du mécontentement exprimé par les avocats soulignant l'insuffisance des moyens consacrés à l'aide juridictionnelle. V. « Motion du CNB contre le budget de la justice 2010 », Communiqué du 21 octobre 2009. *JCP*. 2009. p. 5.

2. *Prison et Marché*

LA SOCIÉTÉ FRANÇAISE AU PRISME DE SA PRISON

« Alors... quelle société pourrait se passer de nous »

Olivier Morell,

« Le but et la justification des peines et mesures privatives de liberté sont, en définitive, de protéger la société contre le crime. Un tel but ne sera atteint que si la période de privation de liberté est mise à profit pour obtenir dans toute la mesure du possible que le délinquant une fois libéré soit non seulement désireux mais aussi capable de vivre en respectant la loi et de subvenir à ses besoins », voilà ce qu'énonce le Premier Congrès des Nations Unies pour la prévention du crime et le traitement des détenus réuni à Genève en 1955[2].

Ce texte insiste sur le but de la prison en des termes modernes. Mais cette dernière ne fut longtemps que l'antichambre de la sanction, un passage vers le châtiment, une salle d'attente avant le supplice. Ce n'est qu'avec les philosophes des Lumières qu'un nouveau système pénal voit le jour et fonde la prison, en tant que peine principale, avec l'adoption en France du régime de Philadelphie par une ordonnance de 1841 jamais appliquée, qui prône l'encellulement individuel dans la mesure du possible. Par la suite, les galères royales font leur apparition ainsi que la transportation qui prit fin en 1938.

---

[1] Le Taulier *Confessions d'un directeur de prison*, Fayard, 2010.

[2] Texte extrait de l' « Ensemble de règles minima pour le traitement des détenus », adopté à cette occasion.

En 1945 a lieu la réforme « Amor », du nom du directeur général des services pénitentiaires de l'époque, cette réforme intervient après les traumatismes de la guerre, le but de la prison devient l'amendement et le reclassement social du condamné. Néanmoins au début des années 1960 la réforme n'est déjà plus d'actualité et la fonction de gardiennage de la prison prend le dessus.

De 1971 à 1974 la contestation éclate avec des mutineries et des émeutes qui mettent à mal l'institution ; elles permettront d'abord aux détenus de conquérir certains droits (comme la possibilité de se marier ou le port de la barbe), puis elles seront le prélude à trente ans de réforme de 1974 à 2002.

La France compte 194 établissements pénitentiaires, dont 111 maisons d'arrêt, 62 établissements pour peine et 7 établissements pénitentiaires pour mineurs. L'administration pénitentiaire compte 33 000 personnels pénitentiaires, 64 148 détenus sont incarcérés au 1er avril 2011 pour 55000 places environ, soit une hausse de 4% par rapport à avril 2010 ; on relève une augmentation de 7,3% du nombre de prévenus en 2011 par rapport à 2010, la durée moyenne de la peine est de 9mois, l'âge moyen du détenu est de 34 ans, le remplacement de la population carcérale est régulier, il se fait par exemple en région PACA tout les deux ans.

Valéry Giscard d'Estaing déclarait en son temps que « La prison c'est la privation de la liberté d'aller et venir et rien d'autre». Or, on s'aperçoit qu'en pratique la situation n'est pas aussi claire qu'il y paraît, parce que la privation d'une liberté, qualifiée parfois de « liberté condition »[1] entraîne forcément la privation d'autres libertés, ce qui s'explique en grande partie en prison par l'exigence de sécurité.

Le domaine de la prison est vaste, mais la dignité et les conditions d'incarcération, tout comme la pratique de la justice dépendent avant tout de la gestion de nos prisons.

---

[1]Cf. Robert Charvin et Jean-Jacques Sueur: *Droits de l'homme et libertés de la personne.* Litec, nov 2007.

La prison, fonction régalienne majeure, est par définition ou par tradition assurée par le pouvoir souverain, par l'État. Il est naturel de penser que seul l'État est capable de prendre en charge une telle fonction et notamment celle de « gérer » les citoyens incarcérés, le même raisonnement s'applique en matière de sécurité. C'est un élément du contrat social.

Néanmoins, le secteur privé gagne du terrain : la tendance est à la sociétisation voire aux privatisations. Cette tendance a éclaboussé le monde carcéral en France dans les années 1980, sous couvert de justifications idéologiques confuses.

Les nationalisations industrielles de l'après guerre ont laissé place aux privatisations, et aujourd'hui, cette évolution - le tout marché, le désengagement de l'État -tend à gagner tous les secteurs de la société (Université, recherche, santé). Serait-ce au tour des prisons ? Il est frappant de constater que le débat sur ces questions tourne à vide, comme si un nouveau modèle de justice s'imposait aux esprits, de manière subreptice, sous le signe de la performance et de l'efficacité présumée[1].

En tout état de cause, l'intervention de la logique marchande dans le monde pénitentiaire, phénomène indiscutable (I) n'est pas, ne sont pas sans conséquences à terme, sans qu'on puisse toutes les évaluer avec certitude (II).

I - LE MARCHÉ S'EMPARE DES PRISONS

Le marché s'attaque au *Léviathan* de façon précautionneuse, mais il le fait : le désengagement est en cours, sous le signe de l'efficacité et de la résignation à l'inévitable.

A – Cadre légal et formes de la privatisation

En 1987, face à la surpopulation carcérale, Albin Chalandon, garde des Sceaux de Jacques Chirac, décidait de lancer un programme de construction de 13000 nouvelles places de

[1] Cf. A. Garapon : *La raison du moindre État, le néolibéralisme et la justice*, Paris, Odile Jacob, 2010.

détention. Le secteur public étant jugé « trop long et trop cher », l'État fait alors appel à des prestataires privés. La «gestion déléguée» des établissements pénitentiaires est née, véritable révolution dans le monde carcéral français.

Si la surveillance et la direction de ces nouvelles prisons restent du ressort de la puissance publique, tout le reste (maintenance, transport des détenus, nettoyage, cantine, travail et formation des prisonniers...) est sous-traité à des opérateurs privés. Rapidement, quelques entreprises se partagent le secteur, parmi lesquelles Siges (Société d'investissement et de gestion des services) et Gepsa (Gestion établissements pénitenciers services auxiliaires), respectivement filiales de Sodexo et de GDF-Suez. Par la suite, Bouygues deviendra un troisième acteur important.

En 2002, un second marché de vingt sept prisons « cogérées » est ouvert. Et en 2011, il est prévu que 43% des places du parc pénitentiaire français seront en gestion déléguée, soit 26000 places sur 60000.

La privatisation des prisons en France reste partielle mais elle progresse, puisque, outre la loi du 22 juin 1987, la loi d'orientation et de programmation judiciaire de 2002, prévoit un programme de modernisation du parc pénitentiaire (13200 places), pour un budget de 1,4 milliard d'euros. Selon cette loi, le Partenariat public privé permet de déléguer aux entreprises privées tout ce qui ne relève pas des fonctions régaliennes de l'État, à savoir la direction des prisons, la surveillance des détenus, et le greffe. Tout le reste devient privatisable. Y compris la conception et la réalisation de certaines prisons, l'État s'engageant alors à verser un loyer sur une longue durée, selon le coût de fabrication des bâtiments.

Or on constate que cette pratique n'est pas toujours très rentable. Par exemple, en 2008 Eiffage a livré l'établissement pénitentiaire de Nancy-maxéville estimé à 69 millions d'euros. L'État paiera durant trente ans un loyer annuel de 9 millions d'euros, soit 270 millions d'euros à la fin du partenariat, même s'il est vrai que ce loyer couvre outre la construction, la gestion et la maintenance du bâtiment.

Pourtant, le législateur avait pris toutes les précautions utiles, pensait-il, après les prises de positions virulentes intervenues dans les années 1980, quand il était question de privatisation totale sur le modèle américain. Deux exemples expliquent ce procès d'intention et la stratégie du législateur dans ce domaine. On invoque d'abord les EPGD (Établissements pénitentiaires à gestion déléguée), dans lesquels la gestion de certaines fonctions est confiée à des entreprises privées. Il ne sera donc question ni de délégation de service public ou de concession de service public (puisque les frais de premier établissement sont supportés par l'État), ni d'affermage de service public Ces « précautions » étant prises, la « fonction régalienne » n'est pas mise à mal.

Autre exemple : le Partenariat public privé ; c'est un mode de gestion mixte dans lequel une partie de l'organisation est déléguée à des opérateurs privés par les pouvoirs publics. Certains services (restauration, buanderie, nettoyage, supérette) comme la maintenance des équipements et des bâtiments, voire la formation professionnelle des détenus et la gestion des ateliers de travail des prisonniers, peuvent se voir confiés également à des entreprises privées.

Récemment, le partenariat est allé jusqu'à comprendre la construction même des bâtiments. En 2009, la France comptait 38 établissements dits à gestion mixte sur une totalité de 194 établissements pénitentiaires. Quelle sera la position des instances européennes ? Finiront-elles par encourager cette évolution, voire à contraindre les États à opter pour une privatisation totale des prisons ? Cela reviendrait à confier à une entreprise privée le contrôle à 100% de la prison, y compris la surveillance des détenus. Jusqu'ici, seuls les États-Unis, le Royaume-Uni et l'Australie ont expérimenté cette politique.

La « Révision générale des politiques publiques » s'inscrit dans la même logique ; elle a donné lieu à la révision de la carte judiciaire, qui annonce la suppression de cent soixante-dix-huit tribunaux d'instance et vingt-trois tribunaux de grande instance.

Dans le but de faire des économies toujours, l'État a engagé la réhabilitation d'établissements pénitentiaires vétustes, voire la destruction de certains dans le but d'en construire de nouveaux.

Le gouvernement créa en 2004 la MAPPP (Mission d'appui au partenariat public-privé), ainsi que l'Agence publique pour l'immobilier de la justice qui a pour fonction de faire la promotion des partenariats entre le public et le privé, avec deux critères, d'une part le coût, d'autre part la situation d'urgence dite « complexe », selon l'expression consacrée en doctrine. Ces deux critères sont discutables, mais nous n'y insisterons pas.

Depuis 2003, la construction de dix huit établissements a été annoncée, pour un investissement de 900 millions d'euros.

Ces partenariats pourraient à terme se transformer en véritable privatisation, ce qui aurait pour conséquence de bouleverser l'organigramme des établissements pénitentiaires qui compte aujourd'hui, comme on l'a vu, deux grands types d'établissements, les établissements pour peine d'une part et les maisons d'arrêt d'autre part. On constate déjà que les prisons se délocalisent en périphérie et sont de plus en plus grandes par souci d'économiser les deniers publics ; si l'on va dans le sens de ce raisonnement, pourquoi les entreprises privées ne proposeraient-elles pas une nouvelle organisation des différents types d'établissements ? Elles seraient d'autant plus légitimes à le faire que la privatisation serait totale.

B – Les prémices de la privatisation future

L'essor des associations en lien avec l'univers carcéral peut être compris comme une volonté de transparence et de création d'une ouverture sur le monde, afin de sensibiliser la population à cet univers. Néanmoins, on peut y voir autre chose. En effet, même si leur création ne relève pas du gouvernement[1], c'est bien le signe avant-coureur d'un désengagement de la part de

[1] Mis à part le GENEPI (Groupement Étudiant National d'Enseignement aux Personnes Incarcérées) qui fut créé suite aux mutineries de 1974 sous l'impulsion du gouvernement et dirigé jusqu'en 1983 par le directeur de l'administration pénitentiaire.

l'administration pénitentiaire, car ces associations s'occupent entre autres choses, de correspondre avec les détenus, de l'accueil des familles de ces derniers, de leur prodiguer des activités ou du soutien scolaires, d'organiser leur sortie de prison dans le cadre d'une recherche d'hébergement. De plus, elles figurent dans le livret d'accueil que reçoivent les détenus dès leur mise sous écrous. Ainsi le constat s'impose : les associations d'accueil des familles de détenus déchargent l'administration.

Celle-ci en tire les conséquences puisque, par exemple, le centre de détention de Toulon – La Farlède fait appel depuis peu à la société privée Gaia pour gérer aux côtés de l'association « Les amis de l'Horeb » l'accueil des familles de détenus. Cela signifie que d'un côté l'administration reprend le pas, ce qui a causé des désagréments entre les employés de ladite société et les bénévoles de l'association, mais que d'un autre côté cette même administration se décharge d'une tâche encore plus difficile à gérer, à savoir la gestion des parloirs. En effet, les rendez-vous parloirs peuvent désormais être pris par téléphone auprès de cette société, qui crée le planning des parloirs afin que les surveillants pénitentiaires aillent chercher les intéressés en cellule.

D'après une enquête récente menée auprès de la société Gepsa, cette dernière société et ses partenaires « font travailler au total plus de 400 professionnels pour un chiffre d'affaires annuel estimé à 55 millions d'euros en 2010. Environ 650 personnes détenues, formées et encadrées par nos équipes, sont employées au service général. À ce jour, nous occupons quotidiennement environ 740 personnes détenues aux ateliers de production pour un chiffre d'affaires de 2 millions d'euros, sur le premier trimestre 2010. En 2009, Gepsa a accompagné 180 personnes vers un emploi à la sortie, suite à une préconisation du service pénitentiaire d'insertion et de probation. À ce chiffre, s'ajoutent toutes les insertions assumées par les personnes détenues elles-mêmes, et qui ont su mettre à profit leur passage en formation professionnelle [à l'occasion duquel] Gepsa leur a délivré des diplômes reconnus par le ministère du Travail »[1].

Les sociétés privées semblent donc se substituer de façon plutôt positive à l'administration en ce qui concerne l'insertion professionnelle, mais tous les problèmes ne sont pas résolus. Le salaire minimum horaire serait ainsi de 3,27 euros en maison d'arrêt et de 3,54 euros en centre de détention, contre 7,61 euros hors prison.

En 2006, le Conseil économique et social a pointé les carences en la matière de ces prisons privées. Gonzague Rambaud et Nathalie Rohmer affirment que « la plus-value en termes de travail et de formation professionnelle se perçoit difficilement, excepté au détour d'une opération promotionnelle, présentant le parcours exceptionnel d'une petite cohorte de prisonniers, choisie avec minutie. Après vingt ans de privatisation du parc pénitencier, force est de constater que le privé ne fait pas mieux que l'Administration pénitentiaire : l'offre de travail qualifiant, le nombre et la qualité des formations professionnelles font tout autant défaut dans les prisons privées. »[2]

Par ailleurs, le démantèlement des miradors annoncé en octobre 2010, laisse présager des problèmes de personnels, puisque pour fonctionner 24 heures sur 24, un mirador a besoin de sept agents de surveillance ; le démantèlement des trente miradors de quinze maisons d'arrêt situées en centre ville devrait donc permettre d'affecter deux cent dix agents à la surveillance classique. Mais c'est la technologie qui se substituera à ces miradors jugés par la Chancellerie inefficaces. Par ailleurs, cette technologie a un coût, et il serait étonnant que le ministère de la justice ait les moyens de doter tous les établissements pénitentiaires d'un tel dispositif. Le recours au privé permettrait (peut-être) le déploiement de telles dotations d'équipements, alors

[1] Enquête menée par deux journalistes, David Dufresne et Philippe Brault, travaillant sur le web documentaire « Prison Valley », auprès de cette société.
[2] G. Rambaud et N. Rohmer : *Le Travail en prison enquête sur le business carcéral,* Ed. Autrement, coll. Mutations, 2010.

que, pendant le même temps, l'architecture des nouvelles prisons semble annoncer la suppression des miradors dans bon nombre de projets.

La même évolution se profile comme on sait, dans le domaine de l'administration de la justice, autre indice d'une privatisation de cette fonction régalienne.

Nicolas Sarkozy lors du discours de Versailles, le 22 juin 2009, a déclaré que « L'état de nos prisons est une honte pour la République ». Était-ce une façon de reconnaître l'impuissance de l'État à régler ce problème et une façon de légitimer un futur recours au secteur privé ?

C – Privatiser une fonction régalienne : le désengagement de l'État ?

À supposer qu'une privatisation globale puisse voir le jour en France, le problème qui apparaît en premier lieu est celui de la légitimité de sociétés qui feraient des bénéfices sur la « gestion » d'individus ayant été écartés de la société par la justice. Comment vaincre l'obstacle de l'opinion ? L'opinion ou une opinion : scepticisme des familles de détenus. Les contentieux liés aux conditions de la détention se multiplieraient sans aucun doute, mais ils seraient alors du ressort des juridictions civiles et non plus de celui des juridictions administratives.

La corruption pourrait s'inviter dans la gestion des établissements, même si dans le système actuel elle est toujours possible[1]. Chaque établissement pénitentiaire possède son propre règlement intérieur. La loi la loi pénitentiaire du 24 novembre 2009 tend à créer des règlements intérieurs types ; les sociétés privées pourraient en faire de même. S'agissant du transport des détenus, les risques seraient importants. Jusqu'à une date récente, la

---

[1] Un surveillant pénitentiaire fut arrêté en octobre 2010 pour être entré en détention avec onze téléphones portables.

gendarmerie se chargeait de cette tâche, sauf à Paris où c'est l'administration pénitentiaire qui l'assure[1].

Comme la prison est toujours « une zone d'ombre pour la société », une gestion mixte poussée à son paroxysme pourrait isoler encore plus cette société dans la société, et pourrait même susciter une crainte plus grande envers cette institution. La crainte aussi d'y être détenu, d'être victime d'une insécurité certaine une fois à l'intérieur.

Les emplois liés à la détention sont déjà très peu valorisés, puisque l'opinion pense, par exemple, que les médecins ou infirmiers au sein des prisons sont incompétents, qu'ils y sont affectés parce qu'ils sont « mauvais » et trop dangereux pour la société (eux aussi ?) ; le personnel de surveillance est dénigré, vu comme composé de « sans diplômes », alors que dans la plupart des établissements, comme au centre pénitentiaire de Toulon – La Farlède, les trois-quarts des surveillants possèdent une licence, quand le concours est ouvert aux détenteurs du brevet des collèges. Les directeurs de prisons ne sont pas considérés comme des hauts fonctionnaires, leurs enfants subissent les moqueries à l'école, alors que ce n'est pas le cas d'un directeur d'hôpital qui a une place aussi importante pourtant au sein de l'administration.

La privatisation modifierait elle cette représentation de la prison comme un « monde en soi ». Ce ne serait pas le monde à l'envers mais peut-être l'envers du monde : le marché peut avoir cette vertu corrosive de révéler la nature d'une institution, de la mettre à nu ou de dévoiler des contradictions, en les accusant.

Les emplois existants poseraient aussi problème : que deviendraient ces agents publics ? À défaut de pouvoir en faire des salariés de droit privé, seraient-ils affectés auprès d'un autre ministère, ce qui aurait pour effet de bloquer le recrutement dans certains secteurs ?

---

[1] Depuis quelques mois, même en province, le transport de détenus est assuré progressivement par l'administration pénitentiaire.

D'autres problèmes surgiraient de la privatisation : *quid* en cas de grève du personnel de la société ? Ou en cas de faillite de la société en charge de l'établissement pénitentiaire ? La responsabilité civile des agents privés serait engagée s'ils commettaient une faute dans l'exercice de leur fonction, et s'ils étaient victimes, un régime de droit commun régirait ce type de contentieux.

Des dysfonctionnements techniques pourraient aussi se faire jour, comme des problèmes de conception dans des prisons semi-privées[1]. Pour beaucoup, les exigences de rentabilité sont incompatibles avec les besoins de qualité. Récemment, ce sont les plans et les codes confidentiels d'une nouvelle prison qui ont été dérobés. Ils étaient contenus dans quatre ordinateurs portables d'un constructeur réputé. De plus, chaque groupe fait appel à des prestataires différents ce qui pose problème, puisque ces sous-traitants ne sont pas soumis aux cahiers des charges contraignants élaborés par l'administration.

La privatisation permet-elle « d'économiser des coûts » ? C'est ce que disent des promoteurs, mais «peu de recherches indépendantes » soutiennent de tels arguments »[2] Les études peu nombreuses effectuées dans le domaine qui nous intéresse montrent que le recours aux privatisations ou même aux gestions mixtes ne va pas forcément dans le sens voulu ou proclamé, car le coût d'un partenariat ou d'une privatisation totale est aussi grand voire même plus élevé que la gestion directe.

Enfin, la prison est soumise aux contrôles interne et externe. Tout comme les inspecteurs de l'éducation nationale visitent les écoles, les fonctionnaires du ministère de la justice inspectent les établissements pénitentiaires. Ce contrôle ne pouvant suffire dans un lieu clos, le rapport de la Commission sur

---

[1] Comme un système défectueux de serrures à Roanne ou de réseau électrique à la centrale de Mont-de-Marsan, en décembre 2008, qui avait mis hors-circuit éclairage, chauffage, caméras, téléphones et système d'ouverture des portes...

[2] J. Darvis, *Document d'analyse sur la privatisation des prisons*, Association des services de réhabilitation sociale au Québec, Montréal, novembre 2004.

l'amélioration du contrôle extérieur des établissements pénitentiaires, présidée par Guy Canivet, à l'époque (2004) Premier président de la Cour de cassation, précise qu'il est primordial d'instaurer un contrôle extérieur afin d'établir une prison digne de la démocratie. Cela aurait aussi pour vertu d'éviter l' « exclusion pénitentiaire » des personnels. Ce contrôle serait un moyen de lever « tout soupçon d'arbitraire ou d'injustice dans l'exercice de la violence légitime ». De plus, pour les citoyens, tout cela s'inscrit dans une logique de transparence des relations entre les administrés et l'administration.

Le rapport Canivet a joué un rôle certain dans la prise en compte de la nécessité du contrôle extérieur. Le Code de procédure pénale prévoit que le juge de l'application des peines, le juge d'instruction, le président de la chambre d'accusation, le procureur de la République et le procureur général ont le pouvoir et l'obligation de visiter les établissements pénitentiaires, mais cette spécificité est peu prise au sérieux par ces acteurs de la justice. L'amendement Warsmann de 1999 permet aux députés et sénateurs de visiter les lieux d'enfermement (il ne faut pas oublier qu'un électorat est présent derrière les barreaux !). L'inspection du travail ou encore l'inspection générale des affaires sociales effectuent des contrôles mais *a minima.*

Le contrôleur général des lieux de privation de liberté créé récemment (Loi du 30 octobre 2007), exerce une fonction tribunitienne, non négligeable dans le contexte actuel.

Ce type de contrôle est plus élaboré au Royaume-Uni, qui lui, recourt massivement à la privatisation. En effet, en 1952 fut créé le « Board of visitors » qui regroupe 1800 bénévoles chargés de couvrir tous les lieux d'emprisonnement et de discuter avec les détenus. Le « Prison and probation Ombudsman » peut recevoir les plaintes des détenus, enfin « Her majesty's chief inspector for prisons of England and Wales » est l'inspecteur général des lieux de privation de liberté.

Une privatisation remettrait certainement en cause les contrôles interne et extérieur, car même s'ils existent au Royaume-Uni, il y sont très formel.

II – L'INSTITUTION PÉNITENTIAIRE RÉSISTERA-T-ELLE A LA PRIVATISATION ?

Le marché entraînerait inéluctablement des dérives qui pourraient s'étendre à l'organisation de la justice au sens large, c'est-à-dire aux fondements de la démocratie.

A – Les dérives possibles

« Il est de règle, écrivait Victor Hugo, que l'architecture d'un édifice soit adaptée à sa destination de telle façon que cette destination se dénonce d'elle-même au seul aspect de l'édifice »[1]. L'architecture nouvelle des prisons anime beaucoup de milieux ; tout d'abord les services pénitentiaires et la Chancellerie, ensuite les promoteurs, puis les collectivités territoriales et les communes devant accueillir les édifices. Il est à noter que les tribunaux demeurent au cœur des villes, alors que les prisons se délocalisent en périphérie, ce qui rompt avec la symbolique recherchée dans la proximité du prononcé de la peine et de son exécution. Mais cette symbolique remonte au temps où l'on croyait encore à la dissuasion.

C'est ainsi qu'à Toulon où la « prison départementale » Saint Roch, seule naufragée de la destruction de l'œuvre livrée par les bagnards, a laissé place au centre pénitentiaire de Toulon – La Farlède, déjà évoquée plusieurs fois, située à 12 kilomètres désormais du Tribunal de Grande Instance de Toulon.

Quelques illustrations

Cañon City est une ville du Colorado aux États-Unis : le choix politique a été de construire là le plus grand bastion carcéral de tout l'État. À l'origine il devait s'agir du plus grand campus universitaire de l'État ou de la plus grande concentration d'établissements pénitentiaires. L'option mercantile a donc été privilégiée. Cette ville surnommée « Prison Valley » par ses habitants s'est développée autour de la prison, de « l'industrie de la prison ». On dénombre treize établissements pénitentiaires, chacun

---

[1] Dans *Notre-Dame de Paris*

avec sa particularité, établissement pour longues peines, moyennes peines, pour femmes, mixte, de haute sécurité…Il y a même à « Prison Valley » un musée de la prison dont le bâtiment est lui-même une ancienne prison du comté. L'éloignement des familles des détenus est pesant mais permet de développer l'activité des motels et des restaurants principalement. Le fabricant d'uniformes n'a pas de souci à se faire. Les habitants de Cañon City sont très lucides, puisqu'ils savent que si une récession touchait le pays, comme c'est le cas en ce moment, leurs emplois ne seraient pas perdus : il y aura toujours des détenus, la récession ne leur rendra pas leur liberté. Les prisons là-bas sont entièrement gérées par des sociétés privées, de la construction à la maintenance en passant par les fonctions régaliennes comme les transferts, la surveillance ou la direction. L'industrie de la prison ne connaît donc pas la crise.

Les détenus en sont réduits à porter des uniformes dont la couleur varie en fonction du motif de leur incarcération ; c'est ce qui se pratiquait durant le Moyen-âge en France : les condamnés étaient marqués au fer rouge ou étaient exposés sur la voie publique.

« Supermax » (contraction pour Super et Maximum) est le nom donné aux prisons ou unités de prisons de très haute sécurité construites d'abord en Australie puis aux États-Unis, dans le courant des années 1970-1980, sous le coup d'évènements très violents dont on devine la nature. Évolution ou révolution ? Cette prison d'un nouveau genre doit être grande, permettre d'avoir le moins possible de surveillants, posséder beaucoup de technologie et limiter les déplacements à l'intérieur même de l'établissement. Seulement ici la logique est poussée à son paroxysme. Les détenus construisent eux-mêmes les cellules qui ont une structure en métal encastré dans un emplacement en béton armé. Cette cellule dispose d'une borne interactive permettant au détenu de consulter son compte bancaire, de cantiner et même d'effectuer un parloir en vidéoconférence. Il n'y a plus aucun contact entre le détenu et sa famille, ce qui certes limite l'entrée de produits illicites au sein des prisons ou encore les échange de personnes[1]. Mais à quel prix.

Le tableau est globalement assez effrayant, c'est un anti-modèle, non transposable en l'état.

Exemple : les UVF, « Unités de vie familiale » sont des petits appartements dédiés aux condamnées longue peine, ayant eu une bonne conduite, dont la famille n'est pas à proximité et qui ne peuvent bénéficier de permission de sortie. Ces UVF leur permet de rencontrer un ou plusieurs membres de leur famille durant six à soixante douze heures.

Aujourd'hui en France un détenu en maison d'arrêt passe vingt-deux heures sur vingt-quatre dans sa cellule. Avec « Supermax », le détenu ne sortirait que quarante-cinq minutes par jour, pour se doucher, faire du sport ou aller en promenade, sachant que la cour de promenade est couverte et sous air conditionnée.

Reste le bilan, très mitigé.

Retour sur le cas français

Les nouvelles prisons françaises sont dotées de douches au sein des cellules, ce qui limite les viols et incidents en douches collectives et aussi les déplacements. La prévention des suicides passe par des moyens tels que des porte-manteaux souples, des barreaux verticaux, aucun tuyau apparent, des lavabos sans arrête, des draps ininflammables et indéchirables, un bouton interphone d'urgence…

Toutes ces données font débat, mais il n'y a aucun consensus sur les questions les plus élémentaires. Georges Moréas par exemple entend combattre l'idée reçue selon laquelle il y aurait un lien entre surpopulation et suicide. En effet pour l'INED (Institut national d'études démographiques), cela n'a rien à voir : « Contrairement aux idées reçues, la surpopulation carcérale et le suicide n'évoluent pas de façon parallèle. […] Alors que le

[1] Comme cela a pu avoir lieu en France, où un jumeau a pris la place de son frère en détention.

taux d'occupation des établissements pénitentiaires diminue au début des années 1990, le taux de suicide augmente. Et lorsque le taux d'occupation augmente à partir de 2002, celui du suicide a tendance à diminuer [...]. La moitié des suicidés étaient seuls en cellule »[1]. Le docteur Louis Albrand qui devait rendre un rapport sur la prévention du suicide en prison, préconise quant à lui des prisons à « taille humaine », faisant appel à des capitaux privés[2].

Les prisons font certes appel à des capitaux privés, mais elles ne sont pas toutes à taille humaine ! En 2009 on dénombre cent quinze suicidés en détention, soit un tous les trois jours. Depuis janvier 2011, on dénombre quarante trois détenus morts en détention.

Des méthodes américaines peuvent être pratiquées en France, mais à la condition importante que le juge l'autorise et le justifie scrupuleusement. Il faut compter ici avec la jurisprudence très libérale de la Cour Européenne des Droits de l'Homme, le Conseil d'État a pris le relais tardivement mais de manière spectaculaire, allant dans le sens d'un « rehaussement des normes pénitentiaires » selon l'expression d'un de ses membres[3].

Mais le dernier mot appartient au politique.

---

[1] Cf. G. Duthé et al. : « Suicide en prison : la France comparée à ses voisins européens », *Population et Sociétés, Revue de l'I.N.E.D.*, n° 462, décembre 2009.

[2] *La prévention du suicide en milieu carcéral,* rapport remis au Garde des Sceaux en janvier 2009.

[3] M. Guyomar, dans ses conclusions sur C.E. 31 octobre 2008, Section française de l'Observatoire international des prisons ; Cf. aussi sur cette question : J.M. Sauvé : « Le contrôle de l'administration pénitentiaire par le juge administratif français », Intervention devant l'Institut des hautes études judiciaires de l'Université de Lille II, 24 février 2009.

B – Incidences et enjeux de la privatisation sur l'organisation de la justice et des services pénitentiaires

Le « populisme pénal » sévit en France depuis au moins une décennie. Ce qui a pour effet de peser sur l'impartialité des magistrats, d'allonger la durée des peines, de médiatiser les affaires. Tout cela est préjudiciable aux mis en cause et aux condamnés, de plus les erreurs judiciaires semblent multiplier.

La privatisation a des effets néfastes aussi sur la politique pénale, c'est ce que l'on constate aux États-Unis, puisque les établissements gérés par des sociétés privées ont besoin d'un taux de remplissage constant. Une cellule occupée longuement par un même individu est plus « rentable » qu'une cellule occupée pour des condamnations courtes mais qui connaît un « turn-over » continu.

Ainsi des peines plus longues sont prononcées pour des infractions qui ne méritaient pas une telle condamnation ; dans le même ordre d'idées, des contraventions sont passibles de prison ferme, alors qu'auparavant elles ne l'étaient pas. Une politique sécuritaire et répressive se met en place, dont l'unique but est de remplir les prisons. Un système de quotas peut même être instauré. Il est arrivé que pour faire occuper une cellule, les autorités américaines fassent enfermer un mineur qui n'avait rien à faire en détention.

On observe une évolution identique en France, mais l'objectif avoué est surtout de « fluidifier » le fonctionnement de la justice (16000 personnes sont en attente de jugement en 2010, par exemple). Ainsi, un crime sera qualifié de délit pour la simple raison que le tribunal correctionnel se réunit plus souvent que la Cour d'assises, ce qui revient à ne pas offrir la même justice à tous les justiciables. Les peines planchers sont apparues, les arrestations se multiplient ce qui a donné lieu à la réforme de la garde à vue, qui fut opérée par Michèle Alliot-Marie en novembre 2010.

La loi pénitentiaire du 24 novembre 2009 s'inscrit en faux contre ces évolutions. Elle rappelle que l'incarcération ne doit avoir lieu « qu'en dernier recours », ce qui sous entend que les moyens alternatifs à la privation de liberté doivent être privilégiés.

Sans oublier cette définition du rôle de la peine : « Le régime d'exécution de la peine de privation de liberté concilie la protection de la société, la sanction du condamné et les intérêts de la victime avec la nécessité de préparer l'insertion ou la réinsertion de la personne détenue afin de lui permettre de mener une vie responsable et de prévenir la commission de nouvelles infractions» [1].

La privatisation intégrale modifierait le régime de l'incarcération. On verrait progressivement se développer un régime cellulaire dit « Pennsylvanien » ou « Philadelphien » qui permet l'isolement complet du détenu, comme sur le « modèle » de Supermax.

Les « privatisations » qui sont destinées à séduire le ministère de la justice et l'administration pénitentiaire auront peut-être pour effet à rouvrir le débat sur la privatisation totale des prisons. Ou, ce qui est plus probable, ils favoriseront l'action des *lobbies* des grands promoteurs, puisque ces lobbies existent déjà : véritables multinationales, ils constituent un oligopole de fait. D'ores et déjà, Gonzague Rambaud et Nathalie Rohmer écrivent qu' « en confiant à des entreprises privées les clés des prisons qui sortiront de terre dans les prochaines décennies, le ministère de la Justice offre un marché juteux à des multinationales »[2].

Quelques exemples

– Bouygues : a réalisé une demi-douzaine de centres pénitentiaires en France, comme à La Farlède (Var), Chauconin-Neufmontiers (Seine et Marne) et Liancourt (Oise). En 2005, il a signé un contrat de 140 millions d'euros pour les futurs centres pénitentiaires de Mont-de-Marsan (Landes), Bourg-en-Bresse (Rhône-Alpes) et Rennes (Ille-et-Vilaine). En 2008, Bouygues a obtenu le contrat de construction des centres de Nantes (Loire-Atlantique), Annœullin (Nord) et Réaux (Seine-et-Marne)

---

[1] Article 1 de la loi 24 novembre 2009, dite loi pénitentiaire Cf. S. Portelli, « Les alternatives à la prison », *Pouvoirs*-135, 2010, p. 16-17.

[2] G Rambaud et N Rohmer, *Le Travail en prison enquête sur le business carcéral* , *op*. préc.

moyennant le versement d'un loyer sur 27 ans pour une valeur de 40 millions d'euros hors taxes ;

– Eiffage : remporte en 2006 remporte son premier contrat pour quatre établissements pénitentiaires (Roanne, Nancy, Lyon-Corbas et Béziers) ;

– Gepsa : une filiale de Cofely, elle-même filiale de GDF-Suez. Créé en 1990, Gepsa est l'un des principaux partenaires de l'Administration pénitentiaire (*supra*) et intervient dans quinze établissements en gestion mixte ;

– Siges : filiale du groupe Sodexo, implantée dans sept établissements du nord de la France[1].

D'autres grands noms français du bâtiment, comme Spie Batignolles et Dumez (Vinci Construction), ont également investi ce marché en pleine expansion.

Au vu de ces évolutions, nous pouvons nous demander ce que peut devenir l'administration pénitentiaire.

Enfin, cela pose à nouveau la question de la séparation des pouvoirs, même s'il est vrai que la Constitution fait de la justice une « autorité ». Selon la doctrine du « New Public Management » déjà évoquée, les États doivent supporter les mêmes règles de fonctionnement que les entreprises présentes sur le marché et la LOLF impose des objectifs à atteindre aux administrations qui élaborent un projet annuel de performance.

C'est donc dans un climat à la fois obscur et mercantile que se profilent l'avenir de l'institution et celui de l'administration pénitentiaire par voie de conséquence.

---

[1] Son site web précise : Nous nous interdisons d'exercer notre activité dans les pays où certains détenus sont condamnés à la peine capitale. C'est pourquoi Sodexo n'a jamais exercé cette activité aux États-Unis.

C – Des inquiétudes en lien avec la « dynamique » de privatisation

L'économie n'est pas une fin en soi, mais des stratégies et une gestion adéquates conjuguées peuvent être des facteurs d'efficacité. Cela personne ne le nie. Mais quels ont les faits ?

Le coût moyen d'un détenu en France est de cinquante six euros par jour. Ce qui est intéressant pour les multinationales privées, mais représente une charge pour l'État. Le coût d'un individu placé sous surveillance électronique est de onze euros par jour.

Le coût d'un mineur par jour détenu dans un EPM (Établissement pénitentiaire pour mineurs) est de plus de sept cents euros. Il serait peut-être judicieux, d'un point de vue économique, de privatiser de tels établissements, excessivement onéreux, en raison notamment du nombre de personnels nécessaires. Néanmoins, les répercutions politiques et judiciaires ne se feraient pas attendre.

S'agissant de l'aide juridictionnelle, on pourrait voir se développer le même système qu'en Allemagne : l'État allemand dispense l'aide juridictionnelle à condition qu'une commission ait jugé que le bénéficiaire de l'aide a des chances de remporter son procès. Au contraire, les sociétés privées pourraient financer les cas qui auraient le plus de chances d'être perdus. Mais tout cela au prix d'une inégalité de traitement évidente !

À l'inverse, la privatisation remettrait en cause à terme le rôle et la place de l'éducation nationale et celle de la santé. Il faut rappeler que la santé a été retirée du secteur privé par la loi du 18 janvier 1994 : depuis cette date, la responsabilité de la santé des détenus revient au ministère de la santé ; de plus, les femmes accouchant en prison choisissent elles-mêmes le médecin traitant de l'enfant[1].

---

[1] F. Moreau, « La santé dans les prisons françaises », *Pouvoirs*-135, déjà cité.

Les articles 26 et 27 de la Déclaration universelle des droits de l'homme du 10 décembre 1948 mentionnent que tout homme a droit de bénéficier d'un accès à l'éducation et à la culture, tandis que l'article D 436 du Code de procédure pénale dispose que « l'enseignement primaire est assuré dans tous les établissements pénitentiaires»[1]. Il n'est pas question d'un enseignement secondaire ou supérieur, même si l'éducation participe à la réinsertion du détenu. Les étudiants empêchés ne représentent que 2% des détenus scolarisés, mais il est difficile pour eux de poursuivre leurs études car peu de moyens sont mis en œuvre et trop de difficultés entourent la poursuite d'études universitaires. Seuls des cours pour lutter contre l'illettrisme sont assurés, et destinés aux détenus ne parlant pas français.

Si la décision prise récemment par la Suisse de ne plus accueillir dans ses prisons des étrangers s'étend aux pays européens, alors ces cours n'auront plus besoin d'être dispensés, et des économies seront faites, car la proportion d'étrangers dans les prisons française est importante.

Faut-il alors recourir à une solution plus radicale encore, celle qui consiste à supprimer le principe même de l'enfermement ?

Le centre de Casabianda en Corse, qui reçoit des condamnés longue peine pour viol notamment ou pédophilie, est le seul établissement ouvert du pays. Il n'y a ni surveillant, ni caméra, ni barrière. Le principe est de recentrer le détenu sur sa peine et sur l'acte qui l'a placé en détention. Un américain a eu l'idée de développer ce type de centre, son postulat était le suivant : en détention classique, le détenu est plus préoccupé par ses conditions de détention, de ce fait il ne peut pas se concentrer sur son amendement, sur la faute qu'il a commise. L'établissement ouvert le responsabilise, puisque les détenus vivent en autarcie et leurs conditions de détention se rapprochent de la vie en société. Ils possèdent les clefs de leur logement, ils vivent en commun dans

[1] Ce droit est inscrit dans les conventions signées en 2002 entre le ministère de la Justice et l'Éducation Nationale - Source : circulaire du 29 mars 2002 : Orientations de l'enseignement en milieu pénitentiaire.

une maison, cultivent leur plantes, pêchent, préparent leurs repas, entretiennent les biens qui leur sont affectés.

Un secrétaire d'État français à la justice s'est récemment déclaré favorable au développement de tels centres[1]. Mais il ajoutait aussitôt que du point de vue des victimes, cette forme de détention est difficilement compréhensible (encore des traces du populisme pénal).

On est bien loin de la multiplication des établissements ouverts, la prison restera encore longtemps ce qu'elle est : un lieu de réclusion. Un communiqué de presse du groupe de réflexion des intervenants en détention du 20 novembre 2010 donne la description suivante : «Une fois enfermées derrière les murs des prisons, les personnes détenues semblent devenir muettes : on leur envoie des messages mais on ne les entend pas répondre, et quand elles ont la parole, on nous cache leurs visages, leurs voix, leurs besoins, leurs désirs, leurs joies, leurs peines… Il faut des événements graves pour qu'on parle d'elles ! Que se passe-t-il donc en prison ? Comment y vit-on ? Comment se prépare-t-on à en sortir ? Comment se reconstruit-on ? Comment reste-t-on un homme ? Comment peut-on continuer à voir sa famille, ses enfants ? Comment garde-t-on espoir envers et contre tout ? » Aujourd'hui, de nouvelles dispositions législatives donnent la possibilité aux personnes détenues de s'exprimer, de discuter ensemble de leurs conditions de vie et d'en faire part aux autorités pénitentiaires. Ce dialogue permet d'éviter autant que possible des mouvements de protestation et de violence qui tournent mal et qui aggravent les tensions.

Mais seulement dans la mesure du possible.

Chaque année, fin novembre, une « Semaine Nationale - Prison » propose de s'intéresser à un aspect de la vie carcérale. En 2010, le thème en était: « La Prison restera-t-elle la dernière grande muette? À cette occasion, l'accent a été mis « sur la possibilité donnée aux détenus de s'exprimer et de faire entendre leurs besoins, leurs attentes et leurs désirs. » Ce que voudraient

---

[1] Il agit de J.M. Bockel.

développer quelques associations en lien avec l'univers carcéral, c'est la possibilité pour les détenus de s'associer, selon des modalités à définir ; le but de ce regroupement serait de discuter avec l'administration pénitentiaire des conditions de détention et des aspects pratiques de la vie en détention. Cela se fait déjà à l'étranger, comme au Canada, mais la France reste réticente.

Sur la privatisation aussi, ce dialogue pourrait avoir lieu mais plutôt sous la forme d'un questionnaire de satisfaction, comme on peut en trouver dans les cliniques ou les hôtels...

Reste à savoir si la population saura faire front en cas de décision, par le législateur d'un tel bouleversement de la machinerie carcérale et judiciaire. La question se pose, parce que – c'est un point plutôt positif – le sort des détenus n'est plus indifférent, il est pris en compte. L'opinion serait-elle en train de se retourner ?

Mais il n'y a pas que les détenus à apaiser, car deux types de publics fréquentent la prison, les détenus et ses personnels, à l'instar de ce directeur de prison cité au début de notre étude « à raison d'une petite moyenne de dix heures par jour, entre 23 et 65 ans j'aurai passé 6387 jours, soit dix-sept ans, à l'intérieur d'un établissement pénitentiaire. »

Christophe LEONE

Étudiant en Master 1, Droit public et privé à l'Université du Sud Toulon-Var ; Président GENÉPI Toulon (Groupement Étudiant National d'Enseignement aux Personnes Incarcérées)

3. Vers la privatisation des conflits armés ?

LES ENTREPRISES MILITAIRES ET DE SÉCURITÉ PRIVÉES (EMSP) « SAISIES » PAR LE DROIT PÉNAL : DU RELATIF A L'UNIVERSEL ?

Le retour des mercenaires sur le devant de la scène internationale en Libye[1], durant cet hiver, a eu notamment pour effet sur l'opinion publique d'éclipser les EMSP et leurs employés. Mais l'actualité est assurément trompeuse : la réapparition du mercenariat traditionnel est purement conjoncturelle tandis que les sociétés militaires et de sécurité privées, persistant dans le temps et dans l'espace, sont structurelles[2]. S'il n'est pas dans notre intention de nous appesantir sur les critères de distinction entre les mercenaires et les employés des EMSP, il faut pourtant rappeler que les normes internationales relatives au mercenariat, trop restrictives pour les concerner, sont inapplicables aux employés de ces entreprises, d'autant que les sociétés militaires privées ont tissé des liens étroits, de nature contractuelle, avec les États, contrairement aux mercenaires traditionnels[3].

---

[1] *Le Monde*, 26 février 2011 p. 3 et 26 mars 2011 p. 3.

[2] Il existe plus d'une centaine d'EMSP, regroupant près de 200 000 employés avec un volume commercial de 100 milliards de dollars en 2005 (autant en 2010). Chiffres donnés par le *Rapport du Conseil fédéral sur les entreprises de sécurité et les entreprises militaires privées*, Berne, 2005, p. 648.

[3] A. Mahiou : « Le droit international ou la dialectique de la rigueur et de la flexibilité », Cours général de droit international public. *RCADI*, 2008, vol. 337, p. 276-277.

L'actualité vient encore nous rappeler que les violations des droits de l'homme et du droit humanitaire commises par ces entreprises et leurs employés dans les Balkans, en Afghanistan et en Irak, notamment à la prison d'Abou Ghraib[1], ne sont pas sanctionnées. Dès lors, l'étude des EMSP et de leurs employés, du subalterne au supérieur hiérarchique, sous le prisme du droit pénal est empreinte à la fois d'un grand intérêt et d'une certaine originalité, puisqu' aucun travail de recherche n'a, jusqu'à présent, traité cette question dans toute son ampleur[2].

Sur un plan terminologique, il n'y a pas de distinction à faire entre les entreprises de sécurité privée, qui offrent des prestations matérielles ou de services relatives à la protection ou à la surveillance des personnes ou pour de biens, et les entreprises militaires privées proposant des prestations de nature militaire telles que le conseil, la logistique et le combat militaire, parce que, souvent, ces deux catégories d'entreprises accomplissent ces deux types d'activités ; il est donc loisible de se référer à la terminologie du « Document de Montreux sur les Entreprises militaires et de sécurité privées », du 17 septembre 2008[3]. Quant au droit pénal, seconde composante de notre sujet de recherche, il est défini classiquement comme la « branche du droit ayant pour objet [...] la

---

[1] V. le document d'Amnesty International, *Au delà d'Abou Ghraib : la détention et la torture en Irak,* MDE 14/01/2006, consultable sur le site http://www.amensty.org/en/library.

[2] L'étude la plus complète est celle d'E. Lambert Abdelgawad : « Les sociétés militaires privées : un défi supplémentaire pour le droit international pénal », *Revue de science criminelle et de droit pénal comparé,* 2007, n° 1, pp. 156-168, qui, comme son intitulé l'indique, ne prend cependant pas en compte les dimensions internes du droit pénal.

[3] *Document de Montreux sur les entreprises militaires et de sécurité privées* (EMSP), 17 septembre 2008, Préface, 9 : « PMSC's are private business entities that provide military and/or security services, irrespective of how they describe themselves », consultable sur le site http://www.eda.admin.ch. Pour un commentaire, L. Balmond : « Observations sur le Document de Montreux relatif aux obligations juridiques internationales pertinentes et aux bonnes pratiques pour les États concernant les activités des sociétés militaires privées ». *RGDIP*, 2009, n° 1, p. 113 et s..

prévention et la répression des infractions »[1]. Si la dimension interne du droit pénal ne soulève pas de question de sens, en revanche sa dimension internationale pose davantage de difficultés, puisque la définition la plus communément acceptée, – « l'ensemble des règles gouvernant l'incrimination et la répression des infractions qui soit présentent un élément d'extranéité, soit sont d'origine conventionnelle »[2] –, ne fait pas ressortir explicitement l'opposition entre le droit pénal international, entendu comme les règles précitées d'origine interne mais comportant un élément d'extranéité, et le droit international pénal, défini comme les règles exclusivement d'origine internationale. Or, notre étude comprend aussi bien la « saisie » des EMSP par le droit pénal interne, le droit pénal international et par le droit international pénal, même si les règles d'origine internationale, en ce domaine, sont peu nombreuses.

Dans ces conditions, quel est le niveau le plus pertinent, en termes d'effectivité et d'efficacité, de prise en compte par le droit pénal des EMSP et de leurs employés ? S'il est incontestable que les législations étatiques se sont emparées les premières de ce type d'entreprises, le droit pénal étant une prérogative régalienne des États[3], il n'en est pas moins vrai que le droit pénal interne, certes nécessaire, s'avère insuffisant pour régir ces entreprises, puisque les aspects transnationaux de leurs statuts et activités sont importants, tant quantitativement que qualitativement. Ainsi, paraphrasant le professeur Delmas-Marty, dont la pensée imaginative et stimulante a été une source d'inspiration pour l'intitulé et le contenu de cette contribution, nous allons voir à l'œuvre une dynamique, évoquant de loin la dialectique du

---

[1] G. Cornu (dir.) : *Vocabulaire juridique.* PUF, Quadrige, 8ème éd, 2007, p. 673.
[2] J. Salmon (dir.) : *Dictionnaire de droit international public.* Bruxelles, Bruylant, 2001, p. 391.
[3] J-M Carbasse : *Histoire du droit pénal et de la justice criminelle.* Paris, PUF, 1ère éd., 2000, p. 123 et s..

« relatif » et de « l'universel »,[1] dans la prise en compte des EMSP et de leurs employés par le droit pénal.

Deux types de questions doivent en effet être posés, concernant respectivement, en amont et en aval, les activités conduites par ces entreprises et leurs employés. D'abord, quelles sont les normes – au sens de règles de droit[2] –, incriminant les infractions pouvant être commises ; ensuite quelles sont les règles réprimant les éventuelles violations dues aux activités de ces EMSP et des personnes physiques rattachées, pouvant engager leur responsabilité ? La dialectique du droit interne et du droit international, *autrement dit du relatif et de l'universel*, anime la normativité et la responsabilité encadrant les actes imputables aux dites personnes morales et physiques dans le domaine pénal.

Historiquement, il a été nécessaire de compléter les dispositions pénales de droit interne par un dispositif relevant du droit international ; mais, inversement la responsabilité pénale propre à ces catégories de personnes a, quant à elle, forcément un caractère international, puisque les infractions commises et réprimées sont des crimes de guerre, – « toutes violations graves des règles du droit international humanitaire susceptibles d'engager la responsabilité pénale de leur auteur, quelle que soit la nature internationale ou non internationale du conflit »[3] – et des crimes contre l'humanité – « incrimination générique englobant le génocide et divers autres crimes semblablement réprouvés par la conscience universelle en raison de leur ignominie et de leur caractère inhumain [...] qui ont en commun d'être odieux non seulement en eux-mêmes, par leur atrocité [...] mais parce qu'ils sont inspirés par des motifs politiques, philosophiques, raciaux ou religieux et organisés en exécution d'un plan concerté à l'encontre

---

[1] Selon bien sûr le titre du premier volume de son célèbre ouvrage *Les forces imaginantes du droit.* Paris : Seuil, 2004.

[2] Définition donnée par G. Cornu (dir.) : *Vocabulaire juridique. Op.cit.*, p. 618.

[3] Définition in J. Salmon, (dir.) : *Dictionnaire de droit international public. Op.cit.*, p. 288.

d'un groupe de population civile [...] »[1]. Cependant, les difficultés de mise en œuvre de la responsabilité pénale internationale ont pour effet de provoquer un retour vers la responsabilité pénale interne, régie par tout État. Ce qui conduit à formuler un jugement d'ensemble modérément optimiste, tenant compte d'un balancement bien connu entre les intérêts des États et les avancées timides du droit, ou entre un universel « relativisé »[2] (II) et le relatif « universalisé »[3] (I).

I – LES ENTREPRISES MILITAIRES ET DE SÉCURITÉ PRIVÉES « SAISIES » PAR LA NORMATIVITÉ PÉNALE, LE RELATIF « UNIVERSALISE»

Force est de reconnaitre que les législations pénales décidées par les États en la matière s'avèrent lacunaires face à l'ampleur des violations commises par les EMSP et leurs employés dans les domaines des droits de l'homme et du droit humanitaire. Aussi, les insuffisances de la normativité pénale interne (A) justifient-elles la recherche d'une normativité pénale internationale (B).

A – Les insuffisances de la normativité pénale interne

Un déficit d'effectivité et d'efficacité caractérise les normes internes de droit pénal dans la prise en compte des infractions commises par les sociétés militaires privées et de sécurité ainsi que par les personnes qui y sont rattachées. En effet, l'inadaptation aux EMSP et à leurs employés des législations applicables au mercenariat (1) s'accompagne d'une inapplication de la compétence universelle à leur encontre (2).

---

[1] G. Cornu. (dir.) : *Vocabulaire juridique. Op.cit.*, p. 461-462.
[2] *Idem*, p. 406.
[3] Selon la belle formule du professeur Delmas-Marty in *Le relatif et l'universel*, *op.cit.*, p. 403.

1 – L'inadaptation aux EMSP et à leurs employés des législations applicables au mercenariat

La très grande majorité des États n'ont pas adapté leur législation au phénomène des EMSP. La législation française, par exemple, ne prend pas en compte l'activité des EMSP, se contentant de réprimer l'activité du mercenariat[1]. Dans la plus favorable des hypothèses, les législations étrangères des États occidentaux où elles jouent un rôle important, encadrent indirectement, mais sans les interdire, les activités de ces entreprises. Comme le souligne, à juste titre, Florence Parodi, les États-Unis sont « l'un des rares pays à avoir adapté leur législation au phénomène des sociétés militaires et de sécurité privées »[2]. Le *Military Extraterritorial Jurisdiction Act*[3] a étendu la compétence des juridictions américaines aux civils qui travaillent pour le compte des États-Unis à l'étranger, sans qu'aucune condition de nationalité ne soit requise. Cette loi répressive, qui englobe les actes commis par des employés recrutés par des départements autres que celui de la défense, mais en rapport avec une de ses missions[4], permet aux juridictions américaines de prendre en compte des délits ou des crimes tels que ceux commis à la prison d'Abou Ghraib, où des actes de torture avaient été commis à l'encontre de prisonniers par des *contractors* recrutés par la CIA.

---

[1] Th. Garcia : « La loi du 14 avril 2003 relative à la répression de l'activité de mercenaire ». *RGDIP*, 2003, n° 3, p. 677 et s ; Th. Rousseau, B. Le Ray, P. Pacorel : « Les nouveaux mercenaires en France : la fin des tabous ». *AFRI*, 2008, p. 263 et s..

[2] F. Parodi : « Les États face à l'activité des sociétés militaires et de sécurité privées », *RGDIP*, 2010, n° 3, p. 523.

[3] *The Military Extraterritorial Jurisdiction Act*, 22 novembre 2000, 18 USC. *Crimes and Criminal Procedure*, Chapter 212 *Military Extraterritorial Jurisdiction Act*, § 3261.

[4] Un amendement à cette loi, de 2005, prévoit que « […] to the extent such employment relates to supporting the mission of the Department of Defense overseas ».

Mais, dans cette affaire, un non-lieu a été prononcé par le juge pour violation des droits constitutionnels des accusés[1].

Dans une moindre mesure, l'Afrique du Sud a aussi adapté sa législation afin de réprimer l'activité extraterritoriale de ces entreprises et de leurs employés. *The Prohibition of Mercenary Activities and Regulation of Certain Activities in Country of Armed Conflict Act* de 2006 prévoit que les actes assimilés à une activité de mercenaire doivent être considérés comme ayant été commis sur le territoire de cet État, si l'auteur présumé de ces actes est capturé sur le territoire national, quelle que soit sa nationalité. La législation sud-africaine revêt une portée plus large que la législation étasunienne, parce qu'elle concerne non seulement les personnes physiques, mais aussi les personnes morales en prévoyant des sanctions pénales à l'encontre de l'une et l'autre en cas de non respect de cette législation[2]. Cependant, l'efficacité d'une telle législation doit être mise en doute, car elle s'inscrit dans le cadre de la politique étrangère de l'Afrique du Sud, visant uniquement à contrôler les activités faisant l'objet d'une externalisation et les actes commis contre cet État[3].

En Europe, si la répression du mercenariat est en règle générale assurée[4], aucun État n'a, jusqu'à présent, modifié son code pénal pour réprimer les infractions commises par les EMSP et leurs employés. Toutefois, le gouvernement néerlandais, suite à l'avis d'experts, souhaite réviser sa législation, pour lutter contre

[1] V. le *Memorandum opinion* du juge Ricardo M. Urbina, *United States District Court for the District of Columbia*, 31 décembre 2009.

[2] Les peines peuvent aller jusqu'au paiement d'un million de rands et/ou dix ans d'emprisonnement.

[3] F. Parodi : *Les sociétés militaires et de sécurité privées en droit international et droit comparé*. Thèse, Paris I, 2009, p. 49 et s..

[4] Pour un panorama des législations des États européens, v. le *rapport de M. Pelchat fait au nom de la commission des Affaires étrangères, de la défense et des forces armées sur le projet de loi relatif à la répression de l'activité de mercenaire.* Sénat, n° 142, session ordinaire de 2002-2003, p. 11 et s..

cette impunité, quelle que soit la nationalité des employés[1]. Mais pour être réellement efficaces, et réprimer les infractions les plus graves, la technique de la compétence pénale universelle[2] devrait être adoptée par les législations étatiques. Or, en l'état, tel n'est pas le cas.

2 – L'inapplication de la compétence pénale universelle aux EMSP et à leurs employés

Définie comme « l'aptitude reconnue aux tribunaux de tout État à juger des faits commis à l'étranger, quels que soient le lieu de l'infraction et la nationalité de l'auteur ou de la victime »[3], la compétence universelle vise à réprimer les infractions les plus graves en droit international. S'agissant des EMSP et de leurs employés, les éventuels crimes de guerre et contre l'humanité pourraient ainsi être réprimés, même si l'identification de ceux-ci pose problème[4]. Si le mercenariat est considéré comme un « crime » par la Convention de l'OUA sur l'élimination du mercenariat en Afrique de 1977, et si la Convention contre le recrutement, l'utilisation, le financement et l'instruction de mercenaires de 1989 prévoit, en son article 12, une clause d'établissement obligatoire de la compétence universelle alternative en disposant que « l'État partie sur le territoire duquel l'auteur présumé de l'infraction est découvert, s'il n'extrade pas ce dernier, est tenu, sans aucune exception, et que l'infraction dont il s'agit ait été ou non commise sur son territoire, de soumettre l'affaire à ses autorités compétentes pour l'exercice de l'action pénale », aucune législation étatique d'un État occidental ne prévoit un tel système pour lutter contre le mercenariat et *a fortiori*, aucun État n'a adopté de lois prévoyant un mécanisme de

---

[1] V. *Adivsory Council of International Affairs, Employing private military companies. A question of responsibility,* Rapport n° 59, décembre 2007, p. 36.

[2] I. Moulier : *La compétence pénale universelle en droit international.* Thèse, Paris I, 2006.

[3] J. Salmon (dir.) : *op.cit.* p. 212.

[4] Y. Jurovics : « Le crime contre l'humanité, définition et contexte », *Les cahiers de la justice*, 2011, n° 1, p. 45 et s..

compétence universelle pour réprimer les éventuels crimes de guerre et contre l'humanité commis par des sociétés militaires privées et de sécurité ou leurs employés.

Si les obstacles juridiques ne paraissent pas insurmontables – les EMSP et leurs employés ne jouissant plus d'immunités, y compris en Irak et en Afghanistan depuis l'entrée en vigueur des accords *SOFA* (Status of Forces Agreements)[1] –, ce sont indéniablement les obstacles politiques qui sont le plus difficilement franchissables, les États se servant de ces entreprises comme d'un instrument de leur politique extérieure : ils n'ont donc aucun intérêt à légiférer pour réprimer des abus potentiels. Par conséquent, la *Realpolitik* des États ne permet pas l'adoption de lois comprenant la mise en œuvre de la compétence universelle en cas de graves infractions commises par ces entreprises et/ou leurs employés. Cela est d'autant plus regrettable que la vertu dissuasive de ce mécanisme est certaine et qu'aucune convention internationale ne prévoit non plus sa mise en place. À cet égard, la recherche d'une normativité pénale internationale est nécessaire, afin de pallier les carences des normes de droit interne en la matière.

B – La nécessité d'une normativité pénale internationale

La recherche de normes pénales saisissant les EMSP et leurs employés en droit international obéit à un mouvement allant du caractère non contraignant des règles vers une contrainte affermie. En effet, à l'absence de contrainte de l'autorégulation (1), s'ajoute la recherche du caractère obligatoire dans les instruments contractuels (2).

1 – L'absence de contrainte inhérente à l'autorégulation

L'autorégulation peut être définie comme « un grand nombre de pratiques, de règles communes, de codes de conduites et d'accords volontaires que les acteurs économiques, sociaux, les

[1] H. Tigroudja : « Les accords du 17 novembre 2008 établissant le cadre juridique de la présence américaine en Irak et de la coopération entre les deux États », *AFDI*, 2009, en particulier p. 77 et s..

ONG et les groupes organisés définissent eux-mêmes sur une base volontaire, pour régir et organiser leurs activités »[1] ; elle se caractérise par l'absence de toute force obligatoire, notamment lorsqu'elle régit l'activité des EMSP et de leurs employés[2]. Les quelques dispositions consacrées par ce type d'instruments au droit pénal n'échappent pas à cette règle. Le plus célèbre de ces textes internationaux, le *Document de Montreux*, ne contient aucune règle de droit international pénal, se contentant de renvoyer aux États l'obligation d'adopter une législation pénale afin de sanctionner les violations graves du droit international humanitaire et des droits de l'homme (points 5, 11 et 16) ; obligation leur est faite également de poursuivre, extrader ou livrer les personnes suspectées d'avoir commis d'autres crimes de droit international comme la torture ou la prise d'otages[3] (points 6, 12 et 17). Ainsi, non seulement l'autorégulation en tant qu'*instrumentum* n'a pas de caractère contraignant, mais encore dans son contenu, le *negotium*, elle ne comporte pas de dispositions pénales internationales. La même constatation peut être faite s'agissant du « code de conduite international pour les fournisseurs de services de sécurité privée », signé par une soixantaine d'entreprises de sécurité privées[4], le 9 novembre 2010 ; l'originalité de cet instrument consiste uniquement dans le fait qu'il entend fixer des standards éthiques, tout en prévoyant la mise en place d'un mécanisme indépendant de surveillance de ces entreprises.

---

[1] V. COM (2001) 428 final, Gouvernance européenne : un livre blanc.

[2] Th. Garcia : « Règles contractuelles et autorégulation », in *Les entreprises militaires et de sécurité privées dans le monde contemporain*, dir. F. Latty, Colloque de Clermont-Ferrand, 4 et 5 mars 2010, à paraître en 2011 aux éd. Pedone.

[3] Le projet de déclaration du CICR prévoyait l'existence d'une obligation coutumière pour les États d'exercer la juridiction pénale sur les crimes de guerre. Mais des États, tels que la France et le Royaume-Uni, se sont opposés à l'adoption de cette disposition. V. L. Balmond : « Observations sur le Document de Montreux relatif aux obligations juridiques internationales pertinentes et aux bonnes pratiques pour les États concernant les activités des sociétés militaires privées ». *Op.cit.*, p. 121.

[4] Disponible en anglais à l'adresse suivante : http://www.admin.ch.

Si, par définition, l'autorégulation ne permet pas de contrôle, étant fondée sur le bon vouloir des parties, il serait souhaitable que les associations professionnelles d'EMSP et les États supervisent la mise en œuvre des normes établies d'un commun accord, et que des sanctions pénales internationales soient prévues en cas de non respect de ces dispositions. Mais la voie contractuelle paraît plus appropriée, sur le plan de la normativité pénale internationale, pour saisir ces entreprises et leurs employés à raison du caractère obligatoire qui lui est, en principe, attaché.

2 – La recherche du caractère obligatoire dans les instruments contractuels

Deux types d'instruments contractuels sont susceptibles de contenir des normes pénales internationales régissant les entreprises militaires et de sécurité privées : les contrats internationaux et les conventions internationales.

Les premiers présentent un élément d'extranéité comme, par exemple, la différence de nationalité des parties[1]. Il en est ainsi dans les contrats conclus entre les États et les EMSP qui contiennent des dispositions sur le respect des droits de l'homme et du droit humanitaire par ces entreprises dans leurs activités, l'obligation pour l'État désireux de contracter avec les EMSP de vérifier la nature des services, la possession des autorisations ou des licences requises, le respect du droit local et la compétence première des juridictions territoriales[2]. Mais aucune sanction pénale n'est prévue en cas de non respect de ces dispositions : ceci est évidemment regrettable, dans la mesure où en théorie, le contrat, par son caractère contraignant, constitue la meilleure technique pour réprimer tout éventuel abus.

Il n'existe pas, jusqu'à présent, de conventions internationales encadrant les activités des EMSP et de leurs employés ; ces entreprises échappent donc à toute norme pénale conventionnelle. Néanmoins, un projet de convention internationale a été proposé par le *Groupe de travail sur*

---

[1] Définition donnée in J. Salmon (dir.) : *op.cit.*, p. 257.
[2] Pour davantage de développements, Th. Garcia : « Règles contractuelles et autorégulation ». Section 1, Par. 1, B-1.

l'utilisation de mercenaires comme moyen de violer les droits de l'homme et d'empêcher l'exercice du droit des peuples à disposer d'eux-mêmes, le 5 juillet 2010[1]. Ce projet comporte des dispositions très détaillées sur les « principes généraux » régissant les activités de ces entreprises, les obligations des États à leur égard, le contrôle et la supervision internationaux et, pour ce qui nous intéresse directement, dans une quatrième partie, « l'obligation de l'État d'imposer des sanctions pénales, civiles ou administratives aux auteurs d'infraction et d'ouvrir des recours aux victimes ». Si cet article 19-1 n'est pas novateur en ce qu'il renvoie aux États le soin d'établir les infractions pénales réprimées par leur droit interne, affirmant le principe de la compétence pénale interne, l'article 22 l'est davantage en disposant dans son alinéa 2, que « toutes les questions de compétence ou questions juridiques relatives aux enquêtes concernant les infractions commises par le personnel des SMP lorsqu'il fournit ses services sur le territoire d'un autre État partie ou d'un État non partie à la présente Convention, ou les accords d'extradition peuvent être réglementés par un accord international additionnel conclu entre ces États ».

En effet, la normativité pénale internationale, par le biais de l'accord international, est considérée comme une source complémentaire aux législations nationales, en cas de défaillance de celles-ci. En outre, l'article 23, relatif aux obligations de poursuites, envisage, de manière subsidiaire, il est vrai, la coopération pénale entre États en ce domaine. L'article 24 évoque, pour sa part, la possibilité pour les États Parties d'inclure des infractions « donnant lieu à extradition dans tout traité d'extradition qu'ils concluent ultérieurement », ajoutant la coopération judiciaire interétatique à la coopération pénale...

Enfin, l'article 26 dispose que les États Parties « peuvent se transférer les procédures pénales concernant les infractions visées dans la présente Convention », ce qui montre à la fois le rôle important de la coopération pénale et la place privilégiée donnée au droit pénal international. Si ce projet de convention internationale devait être adopté par les États, ce qui apparaît

[1] AG, *Conseil des droits de l'homme*, A/HRC/15/25 du 5 juillet 2010.

hypothétique, au vu de leurs propres intérêts de puissances, il permettrait une grande avancée dans la prise en compte des EMSP et de leurs employés par la normativité pénale internationale, ce qui va dans le bon sens, selon nous. En revanche, en laissant aux législations étatiques le soin de prendre les mesures concernant la responsabilité pénale des personnes morales (art.20) participant aux infractions, ce texte confirme qu'en la matière un long chemin reste à parcourir.

II – LES ENTREPRISES MILITAIRES ET DE SÉCURITÉ PRIVÉES « SAISIES » PAR LA RESPONSABILITÉ PÉNALE, L'UNIVERSEL « RELATIVISE »

La nature internationale des infractions réprimées – crimes de guerre, crimes contre l'humanité – justifie une répression efficace et, par conséquent, la recherche d'une responsabilité pénale internationale. Or, les EMSP et leurs employés jouissent d'une certaine impunité en droit international[1], ce qui explique le repli vers le droit interne. Aussi, le mouvement observé est-il inversé par rapport à la « saisie » de ces entreprises par la normativité pénale, puisque l'on passe de l'universel au relatif. En effet, dans l'encadrement de ces EMSP et de leurs employés, à une responsabilité pénale internationale limitée (A) s'ajoute une responsabilité pénale interne développée (B).

A – Une responsabilité pénale internationale des EMSP limitée

Le contraste est évident, tant *ratione temporis* que *ratione loci*, entre l'exclusion de la responsabilité pénale internationale des EMSP, en tant que personnes morales (1), et l'acceptation de principe de la responsabilité pénale internationale des personnes physiques qui les composent (2).

---

[1] Comme l'a montré, par exemple, l' « affaire *Blackwater* ». Sur ce sujet, Th. Garcia : in *RGDIP*, 2008, n° 1 p. 147 et s ; *RGDIP* 2008, n° 4 p. 877 et s..

1 – L'exclusion des personnes morales de la responsabilité pénale internationale

La tradition historique, comme le souligne Florence Parodi, se caractérise par la « non consécration d'une responsabilité pénale internationale des personnes morales dans la jurisprudence de Nüremberg et d'après-guerre »[1]. Citons les juges du Tribunal militaire international de Nüremberg pour qui les sociétés ne peuvent pas être traduites « […] before the bar of this Tribunal and cannot be subjected to criminal penalties in these proceedings […]»[2]. Cette tradition est toujours la nôtre, le « droit international », selon l'heureuse formule d'Élisabeth Lambert Abdelgawad « ne connaît pas les personnes morales »[3]. Même si la Cour pénale internationale (CPI) n'a qu'une compétence complémentaire à celle des juridictions nationales[4], elle n'est pas compétente pour juger des personnes morales et donc les EMSP, comme c'est d'ailleurs le cas dans la plupart des systèmes judiciaires internationaux. Il faut cependant noter qu'au cours de l'élaboration du Statut de la CPI, la France avait manifesté la volonté que les personnes morales, à l'exclusion des ONG, puissent faire l'objet de poursuites devant cette Cour[5]. À cet égard,

---

[1] F. Parodi : *Les sociétés militaires et de sécurité privées en droit international et droit comparé.* Thèse. *Op.cit.*, p. 329 et s..

[2] United Nations War Commission, *Law reports of trials of war Criminals*, vol. X, *The I.G farben and krupp trials*, Tribunal militaire des États Unis, Londres, Cole and Co. 1949, p. 52.

[3] E. Lambert Abdelgawad : « Les sociétés militaires privées : un défi supplémentaire pour le droit international pénal ». *op.cit.*, p. 164.

[4] Sur ce principe, v. en particulier M. Benzing : The Complementary Regime of the International Criminal Court : International Criminal Justice between State Sovereignty and the Fight against Impunity. *Maw Planck Yearbook of United Nations Law*, vol. 7, 2003, pp. 591-632 ; J. T Holmes : The Principle of Complementarity. *In* Roy. S Lee (ed.), *The International Criminal Court, The Making of the Rome Statute. Issues, Negotiations, Results,* The Hague/London/Boston, Kluwer, 1999, pp. 41 à 78.

[5] I. Moulier : « Les employés et dirigeants des entreprises militaires et de sécurité privées et la justice pénale internationale », in *Les entreprises*

l'article 23 du projet prévoyait que « la Cour [devait être] également compétente à l'égard des personnes morales, à l'exclusion des États, lorsque les organes ou représentants de telles personnes ont commis des crimes au nom de celles-ci »[1]. Mais, à l'époque, l'argument juridique avancé et retenu, pour rejeter l'adoption de cet article, a consisté à dire que « peu d'États disposaient des moyens nécessaires pour engager la responsabilité internationale d'une personne morale et sanctionner la participation de ces entités dans la commission de crimes de droit international »[2]. L'opposition politique des États-Unis à l'engagement de la responsabilité pénale internationale des personnes morales a aussi joué un grand rôle dans le rejet de cet article. Il y a peu de chances pour que la tradition change. *De lege ferenda*, c'est-à-dire dans le futur, l'absence de responsabilité pénale internationale des personnes morales est confirmée par le « projet de convention internationale sur les sociétés militaires et de sécurité privées » qui prévoit, en son article 20 par. 1, que « Chaque État Partie adopte les mesures pouvant être nécessaires, conformément à ses principes juridiques, pour établir la responsabilité des personnes morales [...] ». Ce renvoi au droit interne pour adopter des règles relatives à la responsabilité pénale des EMSP, qui est commun, est toutefois compensé par l'acceptation de principe de la responsabilité pénale internationale des employés et dirigeants de ces entreprises.

2 – L'acceptation de la responsabilité pénale internationale des personnes physiques

Le Tribunal de Nüremberg a reconnu la responsabilité pénale internationale des individus pour des crimes de guerre, écartant, comme nous l'avons déjà dit, celle des personnes morales qui est prise en compte uniquement à travers l'activité des

---

militaires et de sécurité privées dans le monde contemporain, dir. F. Latty, *op.cit.*, à paraître en 2011 aux éd. Pedone.

[1] Conférence diplomatique de plénipotentiaires des Nations Unies sur la création d'une Cour criminelle internationale, A/CONF.183/2/Add.1, 14 avril 1998, article 23, § 5.

[2] Cité par F. Parodi in « Les États face à l'activité des sociétés militaires et de sécurité privées ». *RGDIP*, *op.cit.*, p. 525.

sociétés[1]. Ainsi, l'article 10 du Statut de ce Tribunal dispose que « dans tous les cas où le Tribunal aura proclamé le caractère criminel d'un groupement ou d'une organisation, les autorités compétentes de chaque Signataire auront le droit de traduire tout individu devant les tribunaux nationaux, militaires ou d'occupation en raison de son affiliation à ce groupement ou à cette organisation ». Plus précisément, c'est la position de supérieur hiérarchique des dirigeants d'entreprise qui a été retenue pour apprécier la participation d'un individu à la commission d'un crime[2]. À cet égard, l'article II § 2)f de la loi n° 10 du Conseil de contrôle allié pour l'Allemagne prévoyait que « toute personne, quelle que soit sa nationalité ou la qualité en laquelle elle a agi, est considérée comme ayant commis un des crimes énumérés au paragraphe 1 du présent article, si elle a occupé, en ce qui concerne les crimes visés au paragraphe 1a) [crimes contre la paix], une haute situation politique, civile ou militaire en Allemagne ou dans le pays de l'un de ses alliés cobelligérants ou satellites, ou un poste important dans la vie financière, industrielle ou économique de l'un de ces pays ». Cette position de supérieur hiérarchique a notamment été retenue dans l'affaire *Krupp*,[3] dans laquelle l'Accusation a établi le lien entre la haute position dans la vie économique, industrielle, financière et politique de l'accusé et la coordination entre les activités du groupe Krupp et le programme allemand pour le réarmement. *Mutatis mutandis*, aucune raison ne s'oppose à ce que cette jurisprudence soit étendue aux dirigeants et employés des EMSP.

Il existe d'ailleurs une certaine continuité entre le passé et le présent puisque, comme le démontre remarquablement Isabelle Moulier, la CPI est théoriquement compétente pour engager la responsabilité pénale des dirigeants et employés des EMSP qui ont

---

[1] F. Parodi : *Les sociétés militaires et de sécurité privées en droit international et en droit comparé*. Thèse. *Op.cit.*, p. 329 et s..

[2] *Idem*, p. 332.

[3] Tribunal militaire des Etats-Unis, *The Krupp trial*, case n° 58, in United Nations War Commission, *Law reports of trials of war Criminals*, vol. X, Londres, Cole and Co., 1949, p. 72.

commis des crimes de droit international[1]. Cette compétence joue *ratione personae*[2], le Statut de la CPI prévoyant dans son article 25 que : « 1. La Cour est compétente à l'égard des personnes physiques en vertu du présent Statut. 2. Quiconque commet un crime relevant de la compétence de la Cour est individuellement responsable et peut être puni pour un crime relevant de la compétence de la Cour [...] », ce qui englobe les membres des EMSP. Cette compétence *ratione personae* est nécessaire mais pas suffisante, dans la mesure où la CPI doit être compétente *ratione materiae*, c'est-à-dire pour les « crimes les plus graves qui touchent l'ensemble de la communauté internationale »[3] – crime d'agression[4], crime de génocide[5], crimes de guerre[6], crimes contre l'humanité[7]. Cependant, tant les conditions restrictives de recevabilité d'une affaire devant la Cour[8] que la conclusion d'accords bilatéraux d'immunité[9], rendent hypothétiques la mise en œuvre d'une telle compétence. À cet égard, en pratique, dans le cadre de la CPI, aucun exemple de poursuite intentée vis-à-vis des employés et dirigeants ne peut être donné.

Peut-être, dans le futur, l'éventuelle adoption du projet de convention internationale encadrant les activités des EMSP comblera-t-elle cette lacune, puisque son article 20.3 édicte que « Cette responsabilité (des personnes morales) est sans préjudice de la responsabilité pénale des personnes physiques qui ont commis les infractions ». Mais, en l'état, pour pallier ce manque d'effectivité de la responsabilité pénale internationale des EMSP et de leurs employés *lato sensu*, le développement d'une responsabilité pénale interne tend à accroître l'efficacité dans la

---

[1] I. Moulier : « Les employés et dirigeants des entreprises militaires et de sécurité privées et la justice pénale internationale ». *Op.cit.*, p. 3 et s.
[2] Selon les termes d'I. Moulier, *op.cit.*, p. 3.
[3] Article 5, par. 1, du Statut de Rome.
[4] À compter de 2017, selon l'amendement au Statut de Rome adopté lors de la Conférence de révision, à Kampala, le 11 juin 2010.
[5] Selon l'art. 6 du Statut de la Cour.
[6] En vertu de l'art. 8 du Statut de Rome.
[7] Selon l'art. 7 du Statut de Rome.
[8] I. Moulier, *op.cit.*, p. 20 et s..
[9] I. Moulier, *op.cit*, p. 22 et s..

répression des actes commis par ces personnes morales et physiques.

B – Une responsabilité pénale interne des EMSP développée

Rapporté aux EMSP, le développement de la responsabilité pénale interne touche aussi bien les personnes physiques en pratique (1), qu'en principe les personnes morales (2).

1 – Une responsabilité pénale interne des individus en extension dans la pratique

Florence Parodi l'a judicieusement écrit : l'absence d'engagement de la responsabilité pénale des EMSP, en tant que personnes morales, justifie que la « participation de sociétés à des actes illicites a été le plus souvent abordée sous l'angle de la responsabilité pénale individuelle »[1]. Et de citer l'affaire *Van Anraat*, impliquant un homme d'affaires néerlandais dans la commission de crimes de guerre, affaire dans laquelle le juge hollandais saisi a traité les faits en retenant la responsabilité pénale individuelle de l'homme d'affaires et non celle de la société[2]. Par extension, cette jurisprudence est étendue aux employés et dirigeants des EMSP. Si un certain nombre de juridictions internes (États-Unis, Afrique du sud, Belgique, France, Suisse) se reconnaissent la compétence de poursuivre des faits ou des actes commis par ces individus[3], en pratique il existait, jusqu'à une époque récente, très peu de cas dans lesquels des poursuites pénales aient pu être lancées à l'encontre des employés des EMSP. En fait, il a fallu attendre la levée de l'immunité de juridiction pénale, à l'égard des tribunaux irakiens, pour les actes commis par

---

[1] F. Parodi : « Les États face à l'activité des sociétés militaires et de sécurité privées ». *Op.cit.*, p. 528.

[2] *Public Prosecutor vs. Van Anraat*, LJN AX6406, The Hague District Court, 23 décembre 2005.

[3] Pour un panorama de ces juridictions étatiques, F. Parodi : « Les sociétés militaires et de sécurité privées en droit international et en droit comparé ». *Op.cit.*, p. 202 et s..

les *contractors*, avec l'adoption des accords *SOFA* (déjà cités) conclus entre les États-Unis et l'Irak[1], pour que les juridictions internes lancent de telles poursuites. Si, le 31 décembre 2009, un juge fédéral américain avait mis fin aux poursuites pénales lancées contre cinq personnes appartenant à la société *Blackwater*, pour le décès de civils à Bagdad en septembre 2007[2], en revanche, le 7 janvier 2010, le Département de la justice des États-Unis a intenté de telles poursuites à l'encontre d'anciens employés de Blackwater en Afghanistan, pour avoir tué, en mai 2009, deux Afghans et blessé un troisième à Kaboul[3].

2 – Une responsabilité pénale interne des EMSP étendue en principe

Si la responsabilité internationale de l'État de rattachement d'une EMSP est en théorie envisageable, en vertu du projet d'articles sur la responsabilité internationale des États pour fait illicite adopté en 2001[4], par contre, la responsabilité pénale des États ne l'est pas, en raison du lien trop distendu entre d'éventuelles infractions pénales commises par ces entreprises et leur imputation à un quelconque État de rattachement. Le seul type de responsabilité pénale interne possible concerne donc directement ces entreprises militaires et de sécurité privées. Or, les faits attestent d'une extension de la responsabilité pénale de ces personnes morales[5]. Ainsi, aux États-Unis, l'*Alien Tort Claims Act* permet de sanctionner les sociétés qui ont commis de graves

[1] Pour un commentaire, H. Tigroudja : « Les accords du 17 novembre 2008 établissant le cadre juridique de la présence américaine en Irak et de la coopération entre les deux États ». *Op. cit.*, en particulier p. 77 et s..
[2] Th. Garcia : Sociétés militaires privées en Irak : l' « affaire Blackwater». *RGDIP*, *op.cit.*, p. 147 et s..
[3] E. Pomes : *RGDIP*, CFI, 2010, n° 2, pp. 392-393. En outre, cette affaire pose le problème de la qualification des employés des EMSP, civils ou civils participant directement aux hostilités.
[4] N. Haupais : « Les enjeux juridiques de la «privatisation de la guerre », *AFDI*, 2009, p. 101 et s..
[5] En ce sens, F. Parodi : « Les États face à l'activité des sociétés militaires et de sécurité privées ». *Op.cit.*, p. 525 et s..

infractions[1] ; les EMSP entrent implicitement dans cette catégorie. Si, aux États-Unis, plusieurs exemples d'engagement de la responsabilité pénale de ces personnes morales pour violation des droits de l'homme peuvent être donnés[2], en revanche, pour l'instant, aucun ne concerne effectivement les EMSP, ce qui témoigne de la timidité des juridictions américaines en ce domaine. Alors que dans plusieurs législations un lien est exigé entre la personne morale mise en cause et l'État, en cas de violation des droits de la personne humaine[3], d'autres législations étatiques n'imposent pas un lien entre ces deux entités, ce qui étend le domaine d'application de la responsabilité pénale interne des EMSP[4]. Cette potentialité est accrue par l'article 20 par. 2 du projet de convention internationale sur les EMSP qui dispose que « Sous réserve des principes juridiques de l'État partie, la responsabilité des personnes morales peut être pénale, civile ou administrative ou les trois simultanément ».

En définitive, et en l'état, nous sommes au milieu du gué : une universalisation, à la fois effective et efficace, n'est possible, envisageable qu'à la condition de l'affirmation d'une « communauté de valeurs » [5] qui soit partagée à la fois par les États et les individus. La matière s'y prête-t-elle ?

Thierry GARCIA

Maître de Conférences à l'Université de Nice Sophia-Antipolis

---

[1] I. Moulier : « Observations sur l'Alien Tort Claims Act et ses implications internationales », *AFDI*, 2003, pp. 129-164.

[2] O. de Schutter : « Les affaires Total et Unocal : complicité et extraterritorialité en matière d'imposition aux entreprises d'obligations en matière de droits de l'homme », *AFDI*, 2006, pp. 55-101.

[3] Comme en Nouvelle-Zélande, au Royaume-Uni et au Canada. V. F. Parodi : « Les États face à l'activité des sociétés militaires et de sécurité privées ». *Op.cit.*, p. 526 et s...

[4] A l'instar des législations belge, suisse, française, australienne, indienne ou africaine du sud. *Idem*, p. 527 et s..

[5] M. Delmas-Marty : *Les forces imaginantes du droit – Vers une communauté de valeurs ?* vol.4. Paris : Seuil, 2011.

Troisième partie

Ouvertures

DES ÉTAPES DE LA CONSTRUCTION DE LA SOCIOLOGIE CRIMINELLE FRANÇAISE

En France, la sociologie criminelle est une branche de la criminologie, et une spécialité pour les sociologues, souvent appelée sociologie du crime. Elle a pour objet scientifique le crime, un phénomène social dont elle analyse les facteurs. Si le domaine de la sociologie criminelle est extrêmement vaste, celui de la sociologie criminelle française, toutes proportions gardées, est également riche et diversifié.

La sociologie criminelle est une science appliquée, une science « molle », et son objet, sans qu'il soit comparable à celui d'une science « dure », peut, *a priori*, prétendre à l'universalité. Aussi, le fait de limiter notre étude à la sociologie criminelle française peut-il surprendre. On sait que présenter une histoire nationale est un exercice délicat, qui impose des ajustements plus ou moins réussis, parce que l'histoire nationale est également nourrie d'événements ou de courants de pensée qui lui sont étrangers.

Précisément, nous ne proposerons pas une histoire de la sociologie criminelle française, mais un repérage des principales étapes de sa construction. Or il se trouve que le fondateur de la sociologie, Émile Durkheim, est français, et qu'il a nettement indiqué la direction de la sociologie criminelle. Exposer les étapes franchies par ceux qui lui ont succédé, en nous limitant à la dimension nationale, c'est prendre en référence commune la langue, la culture, l'histoire, et les institutions. Mais ce n'est pas pour autant renoncer à mentionner quelques apports d'origine étrangère.

Naturellement, les questions naissent avec le temps, certaines erreurs s'accumulent et se transmettent, des innovations apparaissent, et les recherches peuvent se heurter à des obstacles, qui conduisent parfois à des phases d'éclipse plus ou moins marquées.

La ligne chronologique s'impose néanmoins pour présenter les étapes de la construction de la sociologie criminelle :

l'émergence (I) précède toujours le développement (II) ; il reste alors à mesurer la place occupée par la sociologie criminelle qui a pris corps (III).

I – L'ÉMERGENCE DE LA SOCIOLOGIE CRIMINELLE FRANÇAISE

Classiquement, les fondements (A) précèdent la création (B).

A – Les fondements de la sociologie criminelle française

1 – Le temps des précurseurs

La tradition commande de présenter, en toute première référence, l'école appelée par la doctrine « École franco-belge du milieu social », qui réunit le Français André-Michel Guerry (1802-1866) et le Belge Lambert Adolphe Quételet (1796-1874).

Cette première moitié du XIXème siècle voit apparaître un outil fondamental dont ces auteurs ont le juste réflexe scientifique de s'emparer : les premières statistiques criminelles françaises donnent lieu à une publication à partir de 1827, c'est le Compte général de l'administration de la justice criminelle. Il s'agit d'une base permanente qui ouvre l'analyse de la criminalité en partant de chiffres collectés sur l'ensemble du territoire national. En 1833, Guerry fait paraître un *Essai sur la statistique morale de la France*, et, en 1835, Quételet publie à Paris son ouvrage capital *Sur l'homme et le développement de ses facultés, ou Essai de physique sociale*, ouvrage qu'il reprendra pour en donner une refonte plus complète en 1869, sous le titre *Physique sociale ou Essai sur le développement des facultés de l'homme.* Leurs travaux, fondés sur l'outil statistique, les conduisent à plusieurs constats: ils relèvent la constance du crime [1] d'une année sur l'autre (s'il existe des

[1] Cf. notamment, M. Cusson : *La criminologie*. 4ème édition, 2005, coll. les fondamentaux, sciences humaines, éd. Hachette, p 34-35, l'auteur précise l'observation : « Les effets étant proportionnels aux causes, si la société ne se modifie pas pendant une année, on doit s'attendre à ce que la

variables, elles sont suffisamment faibles pour être d'ajustement), ils s'intéressent aux causes de la criminalité (l'instruction, la pauvreté ou la prospérité, l'âge, le sexe...), retiennent que les chiffres vont à l'encontre du lien souvent présupposé entre pauvreté et criminalité, et qu'en matière d'instruction, il faut tenir le plus grand compte de l'instruction morale [1].

Ces pionniers ouvrent une double perspective singulièrement prometteuse. La première consiste à mesurer et à quantifier le phénomène criminel comme un phénomène social parmi d'autres, ainsi qu'on agirait s'il s'agissait de sciences naturelles. Un pas très important est franchi: le phénomène criminel doit avoir également ses propres lois. La seconde invite à tirer profit des constats relevés, à les traduire par des interventions légales, à donner également une place primordiale à l'aspect préventif.

L'œuvre de Quételet est plus marquante que celle de Guerry. Quételet retient et développe ce qu'il nomme le penchant au crime, la probabilité plus ou moins grande de commettre un crime, pour des hommes placés dans les mêmes circonstances, et il donne une courbe du penchant au crime aux différents âges de la vie. Cette courbe est proche de celle que l'on retient aujourd'hui[2]. Il conduit des études à grande échelle, des travaux auxquels on reconnaît une grande portée, notamment d'ordre méthodologique. Son œuvre le place au tout premier plan de la statistique criminelle ; elle lui permet de disposer d'une posture influente, scientifique et politique.

Mais, parmi les objections ou les réserves formulées à l' encontre de ces deux auteurs, il en est une qui est particulièrement justifiée : en partant des faits tels qu'ils sont légalement qualifiés, ils se réfèrent à la norme pénale ; cependant, ils s'en éloignent à un

---

criminalité de cette année-là soit semblable à celle de l'année précédente ».

[1] Cf. notamment, J. Van Kerckvoorde : « Statistique criminelle et statistique morale au XIXème siècle », p. 257 (Guerry) et p. 261, in *Histoire de la criminologie française*, sous la dir. de L. Mucchielli, 1994, éd L'Harmattan.

[2] M. Cusson, *op. cit.*, p. 34.

autre point de vue, et esquissent une référence à une moyenne ou à un juste milieu, en prenant appui sur des considérations morales. Il ne s'agit plus alors d'une norme objective. Effectivement, ce n'est pas sans raison qu'ils sont qualifiés de « statisticiens moraux »[1].

Cependant, ils apportent, et principalement Quételet, une véritable et indéniable contribution à l'analyse criminelle ; ils concourent à la naissance scientifique de la criminologie par l'étude quantitative appliquée, en soulignant l'importance de l'observation.

Remarquons tout de même, que l'idée de concevoir les faits de l'homme comme des faits scientifiquement quantifiables, est déjà présente à la fin du XVIIIème (notamment chez Condorcet). Auguste Comte (1798-1857) relèvera également l'importance de l'observation, plus précisément celle de l'objectivation des faits, pour fonder la compréhension scientifique. Comte choisira la méthode historique, et c'est à lui qu'on attribue le terme « sociologie ». Sa conception est cependant plutôt celle d'un philosophe, où prime un système théorique antérieurement construit, l'exploitation des faits ne venant qu'à l'appui de celui-ci[2].

2 – L'œuvre de Durkheim

Émile Durkheim (1858-1917) est bien le véritable fondateur de la sociologie. S'il n'a publié que quatre ouvrages parmi lesquels on peut citer pour notre propos les *Règles de la méthode sociologique* (1895), et *Le suicide* (1897), son œuvre est abondante du fait de ses nombreux articles, ses notes de lecture, et ses cours qui sont aujourd'hui publiés sous forme d'ouvrages ou de recueils. La sociologie française devient une discipline de

[1] Pour une étude exhaustive des travaux de Guerry et Quételet, v. J. Van Kerckvoorde, article précité, p. 253 et s..
[2] Cl. Giraud : *Histoire de la sociologie*. 3ème éd., 2004, coll. Que sais-je?, éd. Puf, p. 30.

recherche et d'enseignements nouveaux[1]. Il met en place un volet scientifique et un volet institutionnel, et les associe étroitement.

Dans les *Règles de la méthode sociologique*, véritable travail de fondation, Durkheim attribue une place au social. Celui-ci existe pleinement, quelle que soit la conscience que l'on en ait: c'est un fait. Et, en tant que tel, le « fait social » exerce son propre pouvoir extérieur de contrainte, et s'impose à la volonté individuelle. Puisqu'il s'agit d'un fait, il doit être traité « comme une chose ». Il faut alors l'observer, le définir, sans y mêler les idées ou la confusion des représentations ou des sentiments. La méthode sociologique devient objective, « mécaniste », dans sa recherche de la causalité, et tout phénomène social peut être analysé comme l'est un phénomène physique, par une étude empirique, partant des réalités observables et vérifiables.

Comme tout comportement est socialisé, c'est à dire façonné par la société, la criminalité qui se manifeste dans toute société l'est également : le phénomène criminel est un phénomène social parmi d'autres, le crime un fait social « normal » qui existe dans toute société. Les causes du crime doivent donc être recherchées dans le milieu social lui-même, parce que le crime ne procède pas de causes exceptionnelles.

Cependant, bien que Durkheim s'intéresse au crime, au crime et non au criminel, et se tienne très informé des travaux de criminologie de l'époque, il ne produit aucun travail scientifique dans ce domaine[2]. Pour autant, il est considéré comme un des pères fondateurs de la sociologie criminelle en raison de la place qu'il accorde au crime dans ses démonstrations, et précisément, quand il expose les *Règles de la méthode*[3].

---

[1] J-M. Berthelot : *La construction de la sociologie*. 6ème éd., 2006, coll. Que sais-je ?, éd. Puf, p. 33 et s..

[2] L. Mucchielli : in *Histoire..., op. cit.* : « Naissance et déclin de la sociologie criminelle (1880-1940) », p. 297.

[3] Ph. Robert : in *Histoire..., op. cit.* : Le sociologue et le crime dans la deuxième moitié du XXème siècle, pp. 429 à 447, spécialement p. 430, et note 4: « Comme il ne me semble pas que cet aspect de son œuvre ait encore retenu de manière exhaustive l'attention des spécialistes, j'ai commencé, dans certains enseignements et quelques publications

Avec *Le suicide,* ouvrage dont le thème n'est pas exempt de provocation, tant le suicide est communément rattaché à la part la plus intime de l'être et apparemment affranchi de tout lien social, il conduit une analyse causale, et expose notamment le rôle de l'anomie [1] (du grec *a - nomos*, sans loi) dans l'explication du comportement déviant. Parmi les quatre catégories de suicides qu'il retient, il qualifie de suicide « anomique » celui qui résulte d'un affaiblissement du rôle des normes sociales, et indique le lien entre un manque d'intégration sociale et la déviance.

Cette explication, exposée à propos du suicide, sera plus tard développée au sujet du crime, de manière générale, par le sociologue nord-américain Robert King Merton [2] (1910-2003). Cet auteur reprendra le concept d'anomie pour développer sa « théorie de la tension », qui le conduit à distinguer deux types de normes : les premières correspondent aux buts socialement valorisés (l'aisance financière ou la richesse dans les sociétés occidentales, par exemple), les secondes normes sont les moyens légaux permettant d'atteindre ces buts (le travail, l'esprit d'entreprise). C'est l'écart ou le décalage entre ces deux normes qui crée l'anomie, ou l'affaiblissement de la norme, lorsque les buts socialement valorisés ne peuvent être atteints, par une partie de la population, en respectant les moyens légalement autorisés.

En France, à proprement parler, il n'y a donc pas de sociologie criminelle dans les travaux de Durkheim[3].

---

parcellaires [...], de revisiter ce plan de l'œuvre durkheimienne. Mon intérêt dans cette entreprise n'est cependant pas celui du durkheimologue que je ne suis pas. Je relis Durkheim comme un sociologue du crime qui en ressent l'utilité pour y trouver des matériaux adéquats pour sa propre entreprise paradigmatique ».

[1] V. notamment R. Gassin : *Criminologie.* 6ème éd., 2007, coll. Précis Dalloz, éd. Dalloz, p. 166 n° 210.

[2] V. notamment, S. Leman-Langlois : *La sociocriminologie.* 2007, éd. Les presses de l'Université de Montréal, p. 73 et s.

[3] Mais la référence en criminologie à l'œuvre de Durkheim est constante; v. notamment, L. Négrier-Dormont : *Criminologie.* 1992, éd. Litec ; l'auteur observe que « Émile Durkheim a marqué profondément la

B – La création de la sociologie criminelle française

1 - Les faux départs et les idées fécondes

Dans les années 1890, si la sociologie française apparaît, dans la *Revue philosophique*, fondée en 1876 par Théodore Ribot (1839-1916), si les titres des publications attestent de l'émergence d'un nouveau champ disciplinaire, les auteurs ne se sont pas encore émancipés du champ de la philosophie, et l'approche sociologique conserve un caractère spéculatif[1].

Plus précisément, René Worms (1896-1926) déploie plusieurs activités institutionnelles en sociologie[2], notamment la création en 1893 de la *Revue internationale de sociologie*, dont il confie à Raoul Guérin de la Grasserie (1839-1914) la partie consacrée à la sociologie criminelle, mais aucune de ces initiatives ne confère une véritable teneur au champ criminel [3].

Nous devons également faire mention de « l'École de Lyon », appelée également « École française du milieu social », représentée par Alexandre Lacassagne (1843-1924), médecin-légiste, et principalement ses étudiants : Albert Bournet, Henry Coutagne et Etienne Martin. Selon Lacassagne, en fonction de la constitution cérébrale du sujet, le milieu social, qualifié de « bouillon de culture de la criminalité », peut conduire au crime.

---

réflexion criminologique » et développe ses apports pp. 68 à 70 n° 49 à 53.

[1] J-M. Berthelot: *op. cit.*, p. 32.

[2] J-M. Berthelot : *op. cit.*, p. 38 note 2: « René Worms est le fondateur ou l'initiateur de la *Revue internationale de sociologie* (1893), de l'Institut international de sociologie (1894), de la *Bibliothèque sociologique internationale* (1894) et de la Société de sociologie de Paris (1895) ».

[3] L. Mucchielli : in *Histoire...*, *op. cit.* : « Naissance et déclin de la sociologie criminelle (1880-1940) », article précité, p. 296 : Guérin de la Grasserie « fit paraître au tournant du siècle une série d'articles et enfin un livre intitulé *Des bases sociologiques en criminologie*. Mais ledit livre est l'œuvre d'un praticien visant d'abord à fonder les droits de la victime. Il ne fait même pas allusion à l'existence des travaux de Joly, Tarde et Durkheim et s'en remet uniquement à Lombroso pour expliquer l'acte criminel (Grasserie 1901: 3-4 et 243-245) ».

Cependant, les facteurs sociaux ne font pas l'objet d'une étude spécifique, propre à justifier l'appellation de cette école[1], et le rôle du milieu social sur la personnalité du délinquant n'est pas expliqué[2]. De surcroît, les travaux de ces auteurs, dans lesquels dominent les études anthropologiques, témoignent d'un ralliement indéniable au déterminisme héréditaire de Cesare Lombroso (1835-1909 ; *L'homme délinquant*, 1876), bien qu'ils s'en défendent. Sur ce point, il faut préciser qu'Enrico Ferri (1856-1929 ; *Sociologie criminelle*, 1881), qui se distingue de Lacassagne en développant une explication multifactorielle de la criminalité ouverte aux facteurs sociaux, accepte également le déterminisme morphologique de Lombroso. Enfin, l'École de Lyon élude [3] singulièrement la question de la délinquance juvénile, question centrale au tournant du siècle et si porteuse d'explication sociale, sinon « sociologique».

Cette explication du rôle du milieu social peut légitiment être attendue, et à plus d'un titre, de Gabriel Tarde (1843-1904), magistrat et sociologue. D'abord, parce qu'il est codirecteur à côté

---

[1] L. Mucchielli, in *Histoire..., op. cit.* : Hérédité et « Milieu social », le faux antagonisme franco-italien, la place de l'École de Lacassagne dans l'histoire de la criminologie, p. 203. L'auteur conduit une vaste démonstration, vive et soutenue, au terme de laquelle il conclut que ni Lacassagne ni ses élèves n'ont constitué une école française du milieu social, et, a fortiori, encore moins une école de sociologie française. Et, « Loin d'incarner une quelconque avancée scientifique, Lacassagne semble plutôt, in fine, avoir été dépassé par la science de son temps ». (p. 211). Voir cependant, M. Kaluszynski, « Identités professionnelles, identités politiques : médecins et juristes face au crime au tournant du XIXème et du XXème siècles », in *Histoire..., op. cit.*, p 216 et s., et spécialement pp. 216-217.

[2] R. Gassin : *op. cit.,* p. 164 n° 208.

[3] L. Mucchielli, Hérédité et « Milieu social », article précité, p. 196, et spécialement p. 209 : « Alors que ce problème était longuement traité depuis les années 1890, alors que Joly, Raux, Grosmolard et Albanel avaient mis en évidence avec moult statistiques et surtout dans les colonnes mêmes de la revue de Lacassagne, le rôle de la dissolution des liens familiaux dans l'explication de la criminalité juvénile, ce dernier n'y fait pas la moindre allusion ».

de Lacassagne, des *Archives d'anthropologie criminelle* à partir de 1893, ensuite parce que son ouvrage *Les lois de l'imitation* (1890) connaît un succès dépassant les frontières et en fait un sociologue de tout premier plan, enfin, parce qu'il a travaillé en criminologie (*La criminalité comparée*, 1886) ; en 1894, il est nommé directeur du service de la statistique judiciaire au ministère de la justice.

Il œuvre de manière décisive en critiquant les travaux de l'école positiviste italienne, qu'il s'agisse des travaux de Lombroso (bien qu'il ne nie pas le facteur anthropologique et les prédispositions organiques de nature à conduire au crime), ou de ceux de Ferri, auquel il reproche, notamment, ne pas accorder à l'éducation sa réelle importance. Il faut ajouter que Lombroso et Ferri partagent une surprenante singularité méthodologique, puisqu'ils sont l'un comme l'autre en possession de leurs conclusions avant de mener leurs recherches[1].

Tarde, de son côté, avance ses concepts. Dans son ouvrage, *La criminalité comparée*, il voit dans l'environnement un facteur criminogène essentiel; dans *Les lois de l'imitation*, il soutient que c'est l'exemple qui déterminerait les actes importants de la vie sociale, l'imitation pouvant procéder de la proximité, de la hiérarchie ou de la mode. Cependant, comme il estime que l'homme conserve sa faculté de choisir, il ajoute à l'imitation, l'opposition et l'innovation. Son œuvre se fonde sur une nécessaire interactivité entre les êtres, car il retient qu'il est de l'essence de l'homme d'être un « être social ». Ce sont donc ces liens interactifs qui sont à la base des rapports sociaux.

Est-ce encore de la sociologie, ou plutôt de « l'interpsychologie »[2] puisqu'il s'agit d'intersubjectivité?

---

[1] M. Cusson : *op. cit.,* p. 35 et s. pp. 40-41, et p. 42: « Ils se disaient positivistes mais faisaient-ils de la science ? En tous les cas, très tôt dans leur carrière, ils savaient à quoi s'en tenir. Leurs recherches empiriques ne sont intervenues qu'ensuite et elles n'ont réfuté aucune de leurs idées importantes ».

[2] R. Gassin : *op. cit.* : L'école de l'interpsychologie, p. 165 n° 209 ; M. Cusson : *op. cit.,* pp. 54-55, voit en Tarde un précurseur des culturalistes qui « croient qu'il arrive aux groupes sociaux d'être positivement

D'ailleurs, bien plus tard, une grande partie de ces idées seront reprises, à sa manière, par le psychanalyste Jacques Lacan (1901-1981), qui considère que l'intersubjectivité repose sur les liens crées par le langage ; en criminologie, ces concepts seront développés aux États-Unis par l'École de Chicago[1], rattachée à l'étude de la subjectivité[2]. La subjectivité en question permet de prendre en compte ce que l'auteur de l'acte pense de la situation : elle révèle sa propre interprétation des faits, et ce qu'il identifie comme étant son besoin personnel prioritaire, parmi les besoins ou désirs universels.

Des critiques décisives et des idées fécondes marquent l'œuvre de Tarde. Cependant, ses propres travaux indiquent davantage la direction de la sociologie criminelle qu'une pratique[3] réelle et significative.

2 – Joly, une véritable approche sociologique et une vocation réformatrice

Cette direction de la sociologie criminelle est confirmée avec Henry Joly (1839-1925). Joly est un catholique sensible aux questions sociales, et soucieux de proposer des travaux et conclusions de nature à conduire à une œuvre réformatrice. Après une carrière philosophique, il commence une carrière « sociologique », l'une et l'autre étant marquées par un

---

criminogènes en diffusant l'exemple du crime ou en transmettant des normes sous-culturelles ».

[1] F. Paramelle : « Les grands courants de l'anthropologie criminelle (à travers l'exemple de Gabriel Tarde) », in *Pratiques de la criminologie*. Sous la dir. de S. Tzitzit, G. lopez, G. Bernard. 2010, coll. Panorama du droit, éd Studyrama, pp. 33 à 43: l'auteur développe la fécondité des concepts de Tarde en criminologie, concepts qui, selon l'auteur, « ont donné naissance au courant interactionniste qui continue à les exploiter aujourd'hui ». p. 43.

[2] S. Leman-Langlois : *op. cit.*, p. 123 et s., spécialement pp. 125-128.

[3] L. Mucchielli, in *Histoire...*, *op. cit.* : « Naissance et déclin de la sociologie criminelle », article précité, p. 292 et s., et p. 296 : « Son œuvre solitaire, malgré sa renommée, appartient encore à cette phase de tâtonnements théoriques de la sociologie criminelle ».

attachement ferme et constant à la religion catholique et à ses préceptes. En sociologie, il porte son attention sur l'étude de la criminalité (*Le crime*, 1888 ; *La France criminelle,* 1889 ; *Le combat contre le crime,* 1892).

D'emblée, il faut relever son approche sociologique dans la mesure où le crime est pour lui un fait social, et le criminel un homme quelconque. Il écarte clairement la vision lombrosienne du criminel-né, qu'elle soit héréditaire ou congénitale. Comme il juge inconcevable de se limiter à scruter la conscience, il étudie les conditions industrielles, religieuses ou politiques, et les déplacements géographiques. Sur ce dernier point, il établit une cartographie, ou une géographie statistique du crime[1], en prenant en compte les déplacements au sein des départements. Il calcule une moyenne nationale des déplacements (sur une base de 100000 citoyens), et peut ainsi indiquer les départements qui connaissent une plus grande mobilité de leur population.

Si Joly reconnaît que la criminalité ne peut résulter d'un seul facteur, il considère que certains ont une importance plus grande que les autres. Précisément, le déplacement induit pour lui un déclassement, de nature à conduire à la criminalité: il retient donc la mobilité géographique comme une cause fondamentale de la criminalité.

À la fin du XIXème siècle, les transformations très rapides de la société française liées à l'industrialisation et à l'urbanisation tissent une toile de fond composée d'exode rural, de grèves

---

[1] Pour la géographie de la criminalité v. R. Gassin : *op. cit.*, p. 379 n° 447, « Les Variations géographiques de la criminalité en France » ; v. également, G. Camillieri et Chr. Lazerges : *Atlas de la criminalité en France*. 1992, coll. Dynamique du territoire, éd. Reclus et la Documentation française. La cartographie propre au phénomène criminel vient d'être utilisée en Grande-Bretagne par le ministère de l'Intérieur: il s'agit de donner accès à « des cartes de la criminalité » indiquant le nombre et le type de délits commis, rue par rue sur un mois, les infractions étant divisées en six groupes (cambriolages, vols à l'arrachée, vols de véhicule, crimes avec violence, actes de délinquance et « autres crimes » – trafic de drogue, viols) ; un site permet facilement d'en prendre connaissance: www.police.uk, *le Point*, n° du 10.2.2011, p. 14.

ouvrières, de divorces, de corruption parlementaire, d'alcoolisme. Qu'il y ait un « malaise » social est indéniable. Cependant, établir un lien entre le maintien de l'ancrage territorial et l'équilibre personnel, révèle une vision particulière de l'identité individuelle et collective. C'est le thème du déracinement[1], qui, faisant perdre à l'individu sa place naturelle au sein d'un groupe, fragilise et perturbe, expose à la délinquance. Faut-il pour autant en déduire que le déplacement géographique est un facteur criminogène ?

Les sociologues contemporains comprennent plus largement la notion de mobilité. C'est un changement de situation qui intervient à l'intérieur de divers systèmes : la mobilité peut être professionnelle, sociale, géographique… Et, de fait, conduire une démonstration pertinente, pour une population donnée, impose le plus souvent de se référer à plusieurs types de mobilités. Ainsi, par exemple, les travaux de Joly auraient dû au moins relever si le déplacement géographique est associé à une mobilité professionnelle dite descendante ou montante.

Quant à la criminalité juvénile, Joly y voit un rapport avec la décomposition de la famille, et, ainsi que Durkheim, estime que la dissolution de la famille résulte d'une cause plus profonde venant d'une crise des valeurs sociales[2].

Joly apparaît manifestement attentif aux faits sociaux de l'époque, il œuvre plusieurs années pour établir ses démonstrations, non sans difficultés. Enfin, ses travaux sont traversés par ses convictions idéologiques, on l'a dit, et, contrairement à Durkheim, il ne se reconnaît pas dans une approche explicative affranchie de référence morale ou religieuse[3].

---

[1] En 1897 Barrès fait paraître *Les déracinés*, la même année où Durkheim fait paraître *Le suicide* ; les suicides sont en augmentation et traduisent le « malaise social ».

[2] L. Mucchielli *:* in *Histoire…*, *op. cit.* : « Naissance et déclin de la sociologie criminelle », article précité, pp. 306-307.

[3] V. pour une étude détaillée, Ph. Vielt, in *Histoire... op.cit.* : La géographie sociale du crime et la pratique réformatrice d'Henri Joly, p. 269 et s. ; l'auteur expose l'angle qu'il choisit pour son article p 271: Il ne s'agit pas « de mesurer la validité du travail scientifique mené par Joly.

3 – Richard, une théorie du changement social et une explication historique

En 1898 Durkheim fonde *l'Année sociologique*, et la rubrique *sociologie criminelle,* présente dans le programme de recherche réalisé de 1898 à 1913, est principalement prise en charge par Gaston Richard (1860-1945), qui y effectue un travail particulièrement exhaustif[1]. Richard réalise une double contribution, une œuvre critique et une œuvre personnelle. Par la première, il conforte avec constance les travaux qui discréditent le lombrosisme, et donne une place évidente aux facteurs sociaux ; il vieille à diffuser le concept de milieu criminogène, en s'intéressant particulièrement aux travaux conduits sur les milieux criminogènes locaux, avec un souci permanent des applications pratiques. Par la seconde, il étudie les causes profondes de la criminalité, sous l'angle de la macrosociologie. Il marque tout son intérêt pour la statistique morale de Quételet, dont il souhaite parfaire la méthode, et voit dans la statistique un procédé d'investigation comme de vérification. À cette première base, il ajoute d'autres apports propres à construire une véritable analyse, notamment la méthode comparative, et spécialement la confrontation avec les faits historiques.

Il développe une explication de la criminalité européenne. Si la criminalité est souvent comprise comme un effet de l'industrialisation trop rapide de la fin du XIXème siècle, il contredit ce déterminisme économique en mettant plutôt en avant une explication sociale. De façon dominante, Richard insiste sur l'état de la société qui détermine le phénomène criminel. Si la société connaît une phase de développement sans heurt, elle « régule » en quelque sorte sa criminalité. Si elle est en état de

---

On cherchera plutôt à saisir comment l'appréhension de la mobilité porte ici la marque d'effets idéologiques [...] ». Et, note 1: « En effet un problème social n'est pas seulement le résultat de conditions objectives, mais il est aussi le résultat d'un travail d'élaboration mentale ».

[1] L. Mucchielli, in *Histoire...*, *op.cit.* : « Naissance et déclin de la sociologie criminelle (1880-1940) », article précité, p 298 : « En dix ans, près de 160 ouvrages, brochures et articles ont fait l'objet de ses critiques souvent substantielles ».

crise, la criminalité est en hausse, surtout si la crise affecte l'ordre religieux et politique. Le volume de la criminalité découle de l'importance de la crise, il augmente quand la crise sociale est profonde, baisse quand la crise s'atténue. « On voit ainsi comment une théorie du changement social se substitue au schéma évolutionniste linéaire »[1]. Lorsque les structures sociales sont bouleversées, la moralité comme la solidarité le sont également, et, à l'inverse, une « conscience morale » homogène favorise la solidarité sociale. Dés lors, l'enfance criminelle doit être liée à la dissolution des liens familiaux. En réponse, Richard propose différentes initiatives, certaines relevant de la prévention, telles l'hygiène, l'éducation ; il conseille les entraides entre églises et associations, et, quant à la répression, il recommande d'éviter la prison à l'enfant, en précisant que la prison est l'exemple parfait du milieu criminogène.

L'œuvre de Richard[2] est une œuvre de sociologie criminelle comme celle de Joly. Chacune comporte des études appliquées comme des positions théoriques, chacune a analysé les facteurs sociaux dans une approche collective, chacune s'est confrontée au problème fondamental de l'enfance criminelle. Si la pensée de Joly est caractérisée par le spiritualisme, Richard délaisse la sociologie criminelle en 1907 et ce sont alors les questions religieuses qui retiennent son attention.

Par la suite, et dès 1910, le champ ouvert de la sociologie criminelle est déserté, l'école française s'épuise, et commence une longue éclipse de plusieurs décennies. Il va de soi que le contexte national et international n'y est pas étranger. Les crises sociales, les conflits internationaux qui découvrent ce dont l'homme est

---

[1] L. Mucchielli : in *Histoire...*, *op. cit.* : « Naissance et déclin de la sociologie criminelle (1880-1940) », article précité, p. 302, et l'auteur ajoute entre parenthèses: « le fait vaut d'ailleurs globalement pour l'école Durkheimienne ».

[2] Sur l'ensemble de l'étude de l'œuvre de Richard, pour de nombreux apports, précisions et développements, L. Mucchielli : in *Histoire...*, *op. cit.* : « Naissance et déclin de la sociologie française (1880-1940) », article précité, pp. 430-431.

capable contre lui-même et contre les autres, provoquent un profond désarroi. Parallèlement, les conceptions psychologiques, morales et métaphysiques, s'essoufflent à rattraper la science et la technique qui les remettent sans cesse en question. Albert Einstein, avec la *Théorie de la relativité* (1903), ébranle également beaucoup de certitudes en philosophie, en remettant notamment en cause la conception kantienne des cadres *a priori* de l'espace et du temps. Or ces cadres, ou références spatiotemporelles, constituent des références logiques ou méthodologiques dans de nombreuses disciplines, et, notamment, on l'a vu, en sociologie criminelle.

La sociologie criminelle vient à peine de prendre corps. Elle est fragile : elle réunit très peu de chercheurs, et ne dispose pas encore d'une maîtrise suffisante de son objet. Et cela suffit, dans ce contexte, à expliquer une longue phase d'éclipse.

Il faut attendre quelques années après la seconde guerre mondiale, pour que la sociologie criminelle française retrouve ses bases et se renouvelle.

II - LE DÉVELOPPEMENT DE LA SOCIOLOGIE CRIMINELLE FRANÇAISE

Alors que la sociologie criminelle déploie ses thèmes et se développe dans un cadre institutionnel renouvelé (A), elle poursuit une constante réflexion méthodologique et empirique (B).

A – Le déploiement institutionnel et thématique

1 – La reprise de l'œuvre de Durkheim, l'étude du crime et de ses facteurs sociaux

Pendant l'entre-deux-guerres, les travaux anglo-saxons dominent (notamment ceux de Sellin et Sutherland). Tarde et Lacassagne connaissent une influence Outre-Atlantique et mais pas en Europe. La sociologie du crime devient nord-américaine, car ce désintérêt touche également les pays continentaux voisins.

En France, l'éveil se manifestera assez tardivement, à l'approche de la décennie 1960[1]. Mais c'est d'abord la sociologie française elle-même qui a besoin d'être revitalisée. Elle va l'être sous le patronage de deux durkheimiens professeurs à la Faculté de droit de Paris, Gabriel Le Bras et Henri Lévy-Bruhl. En 1946, ils font partie des fondateurs et des dirigeants du Centre d'Études Sociologiques[2].

Henry Lévy-Bruhl, qui est précocement entré au Comité de direction de *l'Année sociologique* (1924), commence par investir le champ de la sociologie juridique. Puis, il prend en charge la rubrique *droit criminel* (volume 1848-49) ; cette rubrique prendra des dénominations différentes : « criminologie», puis « sociologie criminelle » dans les années 1970. Ces changements de dénomination témoignent du flottement et des ajustements successifs du champ disciplinaire. Lévy-Bruhl constitue en outre un groupe d'études en sociologie criminelle. Il « a en quelque sorte réalisé la transition entre la sociologie durkheimienne proprement dite et les recherches de sociologie criminelle (notamment celles de son élève André Davidovitch) qui redémarreront dans les années 1955-1960 »[3]. Et il est éclairant de relever qu'il considère, comme Durkheim, que la sociologie criminelle a pour objet central le crime et non le criminel.

C'est le crime en tant que comportement social qui intéresse le sociologue, alors que le criminel demande une approche individuelle, relevant de la psychiatrie. La division du travail est posée, et elle est féconde, à condition de ne pas cloisonner les savoirs : il importe de mettre en rapport les

---

[1] Ph. Robert : article précité, pp. 430-431.

[2] L. Mucchielli et J.- Chr. Marcel : « La sociologie du crime en France depuis 1945 », in *Crime et sécurité: l'état des savoirs*. Sous la dir. de L. Mucchielli et Ph. Robert, 2002, éd La Découverte, pp. 53-63, texte également mis en ligne. L'auteur précise que Gabriel Le Bras a la chaire d'histoire du droit canonique à la Faculté de droit de Paris à partir de 1931, et que Henry Lévy-Bruhl y est professeur de droit romain à partir de 1930, pp. 54-55.

[3] L. Mucchielli : in *Histoire..., op. cit.* : « Naissance et déclin de la sociologie criminelle (1880-1940) », article précité, p. 308.

connaissances de part et d'autre pour avoir une compréhension générale du phénomène criminel. « Il semble ainsi que la sociologie criminelle abandonne définitivement la question des causes individuelles de l'acte criminel pour étudier, en somme, la construction sociale du crime »[1].

Davidovitch, élève de Lévy-Bruhl, adopte la même conception. Cela transparaît dans ses thèmes de recherche et sa référence aux cadres juridiques. Pendant environ deux décennies, des années 1960 au milieu des années 1980, il a la direction, au sein du Centre d'Études Sociologiques, d'une unité de recherche en sociologie criminelle. S'il prend comme outil de base les comptes de la justice, il poursuit également un travail critique d'ordre méthodologique. Et il s'efforce, lui aussi, de démontrer le caractère déterminant des facteurs sociaux, avec ou sans crise.

À ses travaux sur les statistiques judiciaires, il faut ajouter ceux qui portent sur l'activité des parquets, la répartition de la criminalité en milieu urbain, et quelques autres contentieux plus sectoriels. Ainsi, l'œuvre de Davidovitch présente les trois types de recherches en criminologie [2]: les travaux empiriques, les travaux théoriques et les travaux méthodologiques[3].

---

[1] L. Mucchielli, note précédente, l'auteur ajoute : « Même s'il en avait une conception pour le moins imprécise, c'est bien ainsi que Durkheim entendait que l'on œuvre en sociologie criminelle ».

[2] R. Gassin : *op. cit.,* p. 265, n° 328.

[3] Ph. Robert : in *Histoire...*, *op. cit.* : article précité, p 431, relève qu'il « a sauvé cette tradition des statistiques criminelles. Son association avec Raymond Boudon a permis de l'enrichir par l'injection d'une nouvelle méthodologie statistique. Ce rajeunissement d'un savoir-faire national pèsera [...] d'un grand poids sur l'évolution ultérieure. D'une façon générale, André Davidovitch a su, avec modestie, générosité et ouverture d'esprit, préserver les ponts entre les investissements d'antan et ceux à venir ». De son côté, L. Mucchielli, La sociologie du crime en France depuis 1945, article précité, précise, quant au travail critique de méthodologue de Davidovitch : « Son activité en ce dernier domaine fut à la fois pionnière et constante, mais néanmoins assez solitaire et peu reconnue », pp. 56-57.

2 – La mise en place d'un cadre institutionnel et l'étude des processus pénaux

Parallèlement, les années soixante connaissent un « véritable essor institutionnel », car le ministère de la Justice crée trois institutions pour la recherche en criminologie: le Centre de formation et de recherche de l'éducation surveillée en 1958 (le CFR-ES deviendra le CRIV ou Centre de recherche interdisciplinaire de Vaucresson), le Centre national d'études et de recherches pénitentiaires en 1964 (le CNERP qui disparaît au début des années 1980), et le Service d'études pénales et criminologiques en 1968 (le SEPC qui deviendra le CESDIP, dont il sera question plus loin). Il s'agit là d'institutions à vocation générale en criminologie, et on peut également remarquer quelques rares unités de recherche, notamment au sein de l'Université ou du CNRS[1].

Le Centre de Vaucresson a pour objet la délinquance juvénile, et il a naturellement plusieurs axes de recherche; celui portant sur l'analyse des phénomènes sociaux de la délinquance juvénile (principalement l'étude des bandes, et, en délinquance, celle des crimes, des usages de drogue ou des vols de voiture) est le plus fructueux, du point de vue de la sociologie criminelle. Ce Centre, qui a sa propre revue annuelle depuis 1963, *les Annales de Vaucresson*, occupera la place dominante de la décennie suivante.

Philippe Robert (magistrat, sociologue et professeur à l'Université de Bordeaux), dirige le SEPC, dont l'initiative lui est reconnue. Ce dernier centre a la gestion du Compte général de l'administration de la justice, c'est-à-dire la statistique judiciaire. Philippe Robert est également secrétaire général du Comité de

---

[1] L. Mucchielli et J.- Chr. Marcel : La sociologie du crime en France depuis 1945, article précité, relève trois petites unités de recherche en sociologie criminelle: l'une à l'Université de Toulouse en 1959 dirigée par R. Huron et L. M. Raymondis, l'autre à la Faculté de droit de Paris, le Laboratoire de sociologie criminelle et juridique, en 1964, dirigé par J. Carbonnier et G. Levasseur; enfin, celle déjà présentée d'A. Davidovitch au sein du centre d'études sociologiques (années soixante), pp. 56-57.

coordination des recherches criminologiques, instauré en 1968 (pour disparaître en 1983).

Si le SEPC répond par ses recherches aux demandes de la Justice criminelle (par exemple : les prévisions d'évolution de la criminalité), il prend également « une position critique » en criminologie[1]. Philippe Robert s'intéresse au processus qui conduit de la délinquance occasionnelle à la délinquance régulière, il y voit la marque d'une stigmatisation de la réaction sociale, qui, partant d'un premier acte déviant, qualifie et classifie l'auteur (référence à la théorie dite de l'étiquetage).

Les mécanismes sociaux de rejet conduisent à l'analyse du système pénal[2]. La traversée des années 1970 voit l'intérêt sociologique se concentrer sur l'étude systémique des processus pénaux. Les influences anglo-saxonnes y sont présentes. Se trouve introduite la sociologie de la réaction sociale, puis, plus largement, les travaux se portent sur les nombreux dispositifs institutionnels de contrôle social. La sociologie des représentations appliquée au phénomène criminel (représentation du crime, du criminel, comme de la loi ou de la justice pénales au sein de la société, des justiciables, de la presse ou des acteurs des institutions pénales), contribue à ouvrir largement le champ de la discipline[3]. En outre, en 1977, est créée la revue francophone internationale *Déviance et société*, à la direction de laquelle participe le SEPC.

---

[1] Sur l'ensemble de la question, v. L. Mucchielli et J.- Chr. Marcel : La sociologie du crime en France depuis 1945, article précité, les expressions mentionnées entre guillemets étant celles de l'auteur, pp. 58-59.

[2] V. également L. Mucchielli, note précédente.

[3] Ph. Robert : in *Histoire...*, *op. cit.* : article précité, spécialement pp. 431 à 435 ; quant à la sociologie des représentations appliquée au phénomène criminel, l'auteur observe, p 435, qu'elle « fera école hors de France, notamment au Canada, en Belgique et aux Pays-Bas. Toutefois, les protagonistes de ces recherches - qui trouvaient plus ou moins leur analogue dans des chantiers voisins concernant d'autres dispositifs de contrôle social - peinaient à articuler vraiment l'examen des processus et celui des représentations dont ils étaient l'objet (cf. cependant Robert et Faugeron, 1980) ».

Enfin, le CNERP étudie de façon dominante la population carcérale, la question de la récidive étant centrale dans ces travaux, mais non exclusive (par exemple : étude des permissions de sortie, des suicides).

3 – L'emprise du cadre institutionnel et la place des problématiques du débat public

Dans la décennie 1980, le Centre de Vaucresson laisse la place dominante [1] au SEPC qui, devenant en 1983 le Centre de recherches sociologiques sur le droit et les institutions pénales, ou CESDIP, publie depuis 1988 un bulletin d'information – *Questions pénales* – faisant état des résultats d'une partie de ses recherches. En 1989, le ministère de l'Intérieur crée l'Institut des hautes études de la sécurité intérieure qui devient, en 2004, l'Institut national des hautes études de sécurité (INHES), puis, en 2009, l'Institut national des hautes études de la sécurité et de la justice (INHESJ). C'est un établissement public à caractère administratif placé sous la tutelle du ministère de l'Intérieur. En 2004, au sein de l'INHES, est également mis en place l'Observatoire national de la délinquance (OND) ; c'est un des deux départements de l'Institut, avec celui chargé de la formation, des études et de la recherche[2].

D'emblée, les missions fixées à l'OND [3]ne manquent pas d'attirer l'attention: effectivement, la première de ces missions consiste à « recueillir les données statistiques relatives à la délinquance auprès de tous les départements ministériels et organismes publics ou privés ayant à connaître directement ou indirectement de faits ou de situations d'atteintes aux personnes ou aux biens ». Il doit ensuite «exploiter les données recueillies en procédant notamment aux analyses globales ou spécifiques de la

---

[1] L. Mucchielli et J.- Chr. Marcel : La sociologie du crime en France depuis 1945, article précité, pp. 60-61: « [...] le CESDIP apparaît au milieu des années quatre-vingt comme le principal centre français de recherches en sociologie criminelle. Il faudra attendre le milieu des années quatre-vingt-dix pour voir ce domaine apparaître en bonne place dans d'autres laboratoires du CNRS (comme le GRASS à Paris) ».

[2] Décret du 27.7.2004 *J.O.* 29.7.2004.

[3] Article 4 du décret.

délinquance », et notamment communiquer ses conclusions aux ministres intéressés. En 2009, en même temps qu'est créée l'INHESJ, l'Observatoire national de la délinquance et des réponses pénales (ONDRP)[1] remplace l'OND.

Le nombre de missions confiées à l'ONDRP augmente sensiblement[2], et si on retrouve les missions précédentes, notamment celle consistant à recueillir les données relatives à la délinquance et à la criminalité « auprès de tous les départements ministériels et organismes publics ou privés », y est ajoutée celle de « centraliser les données relatives au prononcé, à la mise en exécution et à l'application des mesures et des sanctions pénales: données juridiques, données statistiques et analyses des questions soulevées dans le cadre des disciplines concernées (...) »[3]. Autrement dit, l'ONDRP a vocation à aspirer, littéralement, l'ensemble des données disponibles, y compris celles des organismes indépendants. Il se voit donc conférer une situation de monopole dénoncée par plusieurs magistrats et universitaires[4].

La référence au monopole n'est cependant pas nouvelle. Elle a déjà été faite à l'égard du CESDIP et du CRIV, centres de recherche rattachés au ministère de la Justice[5]. Cependant, avec la

[1] Décret du 28.10.2004 *J.O.* 30.10.2009.

[2] Article 8 du décret: si l'OND avait 7 missions, l'ONDRP en a 11.

[3] Deuxième mission de l'ONDRP, article 8.

[4] I. Mandraud, « Les chercheurs dénoncent la « mise sous tutelle » de la statistique pénale », *Le Monde*, 10.11.2009; la journaliste reprend les propos tenus par Ph. Robert, aux termes desquels, il serait « abusif » que l'Observatoire, qui nourrit déjà la réflexion du ministère de l'Intérieur, « devienne une sorte de verrou pour ne laisser voir que le commentaire qu'il veut bien donner ».

[5] R. Gassin : *op. cit.*, pp. 258-259 n° 321, observe que le CESDIP et le CRIV (Centre de Vaucresson) sont deux laboratoires ministériels, et « se trouvent investis d'un véritable monopole officiel (...) », et poursuit : « La situation atteint son maximum d'inconvénients lorsqu'un double label Ministère-CNRS vient entretenir l'équivoque sur l'indépendance du laboratoire ministériel, en même temps qu'elle lui permet de drainer des moyens CNRS qui devraient être orientés vers des unités de recherche indépendantes ».

création de l'Observatoire de la délinquance, on change de dimension : il est permis désormais de parler d'emprise.

Des thèmes de recherche en sociologie criminelle apparaissent, d'autres demeurent au cours du dernier quart du XXème siècle et de la première décennie du XXIème siècle : l'étude des processus pénaux n'est plus qu'une partie d'un ensemble, auquel s'ajoute celle des administrations ou institutions qui se trouvent en amont ou en aval du pénal. Dans ce cadre élargi, sont également analysés les processus de renvoi pouvant exister entre la police et le parquet, ou entre les administrations et d'autres institutions[1]. La question de la délinquance juvénile est réinvestie [2] (travaux sur la jeunesse des milieux populaires, qui conduisent également aux quartiers populaires et aux « émeutes urbaines »), et le sera particulièrement dans la seconde moitié des années 1990, sous l'impulsion du ministère de la Ville. Ces recherches sur la délinquance juvénile demeurent d'actualité[3]. De même, les recherches sur la police et sur les drogues constituent deux axes développés sous incitation ministérielle[4]. La sociologie du crime se recentre également sur la criminalisation, et conduit à l'étude de la production des normes pénales. Les études apparaissent nettement diversifiées dans leurs domaines : elles regroupent notamment, au tournant du siècle, les thèmes de l'insécurité et de la prévention de

---

[1] Ph. Robert : in *Histoire...*, *op. cit.* : article précité pp. 438 à 440; l'auteur mentionne également: « [...] l'analyse des différentes capacités à *instrumentaliser* le crime devient une préoccupation centrale des sociologues [...] ».

[2] Il s'agit à l'évidence d'un des thèmes récurrents de la criminologie, et pas seulement de la sociologie criminelle.

[3] Pour la question du réinvestissement de la recherche sur la délinquance juvénile, v. L. Mucchielli et J.- Ch. Martel : « La sociologie du crime en France depuis 1945 », article précité, p. 61; Ph. Robert, « Approches contemporaines en criminologie ». Conférence du 22.2.2008, p. 14, École nationale de la magistrature, www.Ph.Robert.fr, (ou GERN, www.gern-cnrs.com).

[4] R. Gassin : *op. cit.* , p. 268 n°329 : « En tout état de cause, les thèmes de recherche criminologique se trouvent aujourd'hui de plus en plus déterminés par la commande des administrations publiques ».

la délinquance, la sécurité publique et la sécurité privée (la première étant davantage traitée que la seconde), la prison et le milieu ouvert, également le thème de la justice.

Les problématiques du débat public y trouvent une place des plus significatives[1]. Certains contentieux provoquent des travaux du fait d'un phénomène de masse (par exemple : la circulation routière), d'une augmentation des interpellations relevées ou des infractions commises (par exemple : les stupéfiants)[2].

Ainsi, la recherche criminologique, et de manière générale la recherche en sciences humaines, « est affectée par des tendances privilégiées, voire des modes, au divers moments de son histoire »[3]. Enfin, la recherche française est actuellement engagée dans un projet comparatif européen[4].

De son côté, la méthodologie a aussi particulièrement évolué.

B – La réflexion méthodologique et empirique

1 – L'apport d'ordre méthodologique

Si l'étude de la criminalité en tant que phénomène social repose sur les travaux de Guerry et Quételet, les statistiques perdent le crédit qu'ils leur accordaient. D'abord, le postulat de la constance du volume du crime a été totalement démenti par les faits[5]. Ensuite, les statistiques criminelles, judiciaires ou policières,

---

[1] Sur les questions actuelles étudiées en criminologie, v. L. Mucchielli, article précité supra, et Ph. Robert, conférence précitée (2008).
[2] Ph. Robert : in *Histoire...*, *op. cit.* : article précité, pp. 438-439.
[3] R. Gassin : *op. cit.*, p. 267 n° 329; l'auteur observe également la place de la « commande publique » actuelle « auprès des centres de recherche autres que les laboratoires de recherche officiels des ministères [...] », et ajoute: « C'est oublier que la recherche n'est pas un produit ou service qui peut obéir au principe de *la libre concurrence* ». p. 272 n° 332.
[4] Le GERN, ou Groupe européen sur les normativités apparu au milieu des années 1980 a été fondé par Ph. Robert ; il est actuellement dirigé par R. Lévy.
[5] R. Gassin : *op. cit.*, p. 376 n° 441.

n'ont jamais représenté que ce qui était connu et/ou traité par ces institutions. Tous les ouvrages de droit pénal général mentionnent cet écart, entre la criminalité apparente (police) ou légale (justice) et la criminalité réelle. Et, sur ce point encore, Quételet qui considérait que cet écart était à peu près invariable, est contredit par la quasi unanimité des criminologues[1]. Le Compte général de l'administration de la justice criminelle, qui parut annuellement de 1826 à 1976, fut particulièrement exploité; il donna lieu à des synthèses très appréciables, d'autant qu'il était riche d'informations : il indiquait notamment des statistiques par sexe, par âge, ou par référence à la condition socioprofessionnelle.

Il est remplacé par deux documents, l'*Annuaire statistique de la justice* (1978), et *Les chiffres-clefs de la justice* (1990), mais l'un comme l'autre sont nettement plus succincts[2]. En outre, du fait de « multiples changements mal maîtrisés » les statistiques judiciaires perdent « leur ancienne hégémonie », alors que celles provenant de la police ou de l'administration pénitentiaire[3] ne permettent pas des analyses aussi approfondies[4]. Enfin, les statistiques deviennent un objet d'enjeu politique.

De nouvelles techniques d'évaluation de la criminalité sont utilisées, et posent la délicate question de savoir s'il s'agit de substituts ou de compléments[5].

C'est ainsi que se développent les analyses de cohorte (le terme étant emprunté à la démographie). La cohorte, pour le criminologue, est un groupe de personnes qui, au cours d'une

---

[1] R. Gassin : *op. cit.,* p.127 n° 156.

[2] J. Pradel : *Droit pénal général.* 17ème éd., *2008-2009*, éd. Cujas, pp. 28-29 n° 14 et 15.

[3] Le Rapport annuel de l'Administration pénitentiaire donne des chiffres sur l'application des peines en milieu ouvert et en milieu fermé.

[4] Ph. Robert : in *Histoire...*, *op. cit.* : article précité p. 438; l'auteur précise, au sujet des statistiques de la justice, en note 28 : « Les grandes statistiques d'antan deviennent, au moins pour le moment impossibles. Et les statistiques judiciaires sont désormais surtout utilisées par les sociologues dans une perspective rétrospective [...] ».

[5] R. Gassin : *op. cit.,* p. 126 n° 153, et p. 131 n° 162.

période prise en référence, présentent un élément commun, par exemple une condamnation, une libération ou une récidive. L'étude peut être faite par rapport à d'autres études de cohorte, ou par rapport à la population générale. Cette méthode demande des études assez fastidieuses, dossier après dossier, mais si l'objet est naturellement circonscrit, les résultats ne sont pas dépourvus d'intérêt, intérêt sectoriel ou intérêt linéaire, pour « reconstituer des filières dans le processus pénal »[1].

Quant aux enquêtes, il convient de distinguer deux catégories : si on s'adresse aux délinquants, il s'agit d'enquêtes d'autoconfession ; si on s'adresse aux victimes, ce sont des enquêtes de victimation, également appelées enquêtes de victimisation. Ces deux types d'enquêtes sont nées aux États-Unis. Les enquêtes d'autoconfession, encore appelées autoportraits ou de délinquance rapportée, consistent à interroger un groupe de la population afin de connaître, par voie d'aveu, les faits de délinquance commis par ses membres, indépendamment des suites, s'il y en a eu. Ces enquêtes ont été assez exploitées dans les pays anglophones et, sans être inconnues en France, elles y sont cependant restées marginales[2]. En revanche, les enquêtes de victimation sont devenues fréquentes[3]. Elles consistent à interroger

---

[1] Ph. Robert : in *Histoire...*, *op. cit.* : article précité, p. 438 : « Le protocole est plus lourd puisqu'il faut générer des données à partir de lourds dépouillements de dossiers: il écarte des grands chantiers extensifs et oblige à des monographies [...] ».

[2] R. Gassin : *op. cit.*, pp. 132 à 134 n° 164 ; Ph Robert, conférence précitée, p. 14 : « un domaine délaissé en France », mais l'auteur précise que l'enquête autoreportée connaît « un usage systématique à propos de l'usage de drogues [...] et à propos des violences scolaires [...] ».

[3] Parmi les trois unités de recherche en sociologie criminelle qui apparaissent dans les années soixante (v. *supra*), L. Mucchielli et J.- Chr. Marcel, La sociologie du crime en France depuis 1945, article précité, mentionnent le Centre d'études des méthodes objectives en sciences humaines (CEMO) de l'Université de Toulouse créé en 1959 dont la spécialité porte sur la méthode d'enquêtes quantitatives en sciences humaines : « à partir des années soixante, sous l'impulsion de Raymondis, ce centre s'est intéressé de près aux méthodes employées en criminologie ».

un groupe afin de connaître les « infractions »[1] dont les membres ont été victimes, elles reposent sur des témoignages.

Les enquêtes de victimation sont pratiquées en vue de connaître le volume réel du crime, la structure de la criminalité, son évolution dans le temps, ses variations géographiques[2]. Elles donnent lieu à un rapport annuel de l'Observatoire national de la délinquance et des réponses pénales (ONDRP, anciennement OND) ; ce rapport est publié au terme de chaque année, pour présenter les résultats des enquêtes de victimation de l'année précédente. Ces enquêtes sont utilisées depuis de nombreuses années, notamment par le CESDIP[3], et s'y ajoute la construction de sérialisations nationales[4]. Elles peuvent également être comparées aux résultats des statistiques policières. Et cette comparaison, entre les données des enquêtes et les données des statistiques officielles, pourrait, selon certaines études, indiquer une « assez bonne concordance »[5]. Effectivement, les chiffres relevant des statistiques officielles et les données ressortant des enquêtes, apparaissent plutôt, depuis le début des années 1990, comme des indications non contradictoires qui confirment certains aspects de la criminalité, spécialement ses évolutions tendancielles[6]. Les statistiques reprennent une part de la valeur qu'elles avaient perdue.

---

[1] Le terme d'infraction est ici employé sans qu'il y ait pour autant la véritable qualification pénale.
[2] R. Gassin : *op. cit.*, pp. 134 à 136 n° 165.
[3] R. Gassin : *op. cit.,* p. 372 n° 437-2.
[4] Ph. Robert, conférence précitée, p 15.
[5] R. Gassin : *op. cit.,* p.136 n° 165, citant en note 3 les travaux de M. Kilias et ceux de Ph. Robert.
[6] R. Gassin : *op. cit.,* p. 611 n° 755: « [...], il s'est produit progressivement un changement important dans le contenu du discours dominant. Aujourd'hui, la plupart des criminologues considèrent que, si imparfaites soient-elles, les statistiques policières de la criminalité constituent un instrument réel de la criminalité apparente, à condition d'utiliser des séries suffisamment longues pour neutraliser les aléas et les malfaçons dans leur établissement ».

Ainsi, les différentes méthodes que nous venons de présenter permettent de cerner, avec une précision sans cesse affinée, le phénomène social de la délinquance[1]. Elles permettent d'apporter des réponses à l'une des questions substantielles de la criminologie : « la criminalité se mesure-t-elle ? [2]. Cependant, la sociologie criminelle est une science humaine, et, par nature, une science appliquée : il serait spécieux de comparer les réponses qu'elle est en mesure d'indiquer avec celles d'une science exacte.

2 – Le respect du cadre empirique

La sociologie criminelle est une science empirique. On l'a vu, elle se fonde sur l'observation des faits. La forme de raisonnement qu'elle utilise se nomme l'induction, par opposition aux sciences normatives qui procèdent par raisonnement déductif. Après l'observation, viennent l'hypothèse, puis la vérification. Or, sur ce point, la sociologie criminelle est confrontée à des difficultés récurrentes ; l'une d'elles tient au fait que les résultats observés l'ont été dans des circonstances et un contexte précis, une période et un lieu[3]. Il en résulte que ces résultats, et les explications qui ont été avancées, ne sont pas des abstractions. Si on oublie leur champ expérimental, on oublie leurs propres conditions de validité. Aussi, la tentation de la généralisation de constats ajustés pour un contexte donné et observé, est-elle particulièrement préjudiciable : les résultats de l'observation perdent leur propre rapport de pertinence. Et toute généralisation induite qui s'affranchit du contexte de référence, discrédite les nombreux travaux qui prennent appui sur elle.

---

[1] Il existe encore d'autres techniques pour mesurer le crime, des méthodes indirectes, par exemple les études sur le coût du crime, ou encore celle qui relève la délinquance en partant des statistiques des sociétés d'assurance.

[2] G. Pica : *La criminologie.* 8éme éd., 2009, coll. Que sais-je ? Puf, p. 50.

[3] L'observation elle-même est récurrente: v. par exemple, G. Picca : *op. cit.,* p. 55: l'auteur, se référant à Durkheim, rappelle que « [...] le crime ne trouve pas ses sources dans des causes exceptionnelles, mais dans la culture de la société dans laquelle il est constaté. C'est, par suite, toujours relativement à une culture déterminée dans le temps ou l'espace, que doit être analysé le phénomène criminel ».

De fait, une recherche bien conduite doit respecter plusieurs points, qu'on peut présenter en distinguant deux plans, un plan interne et un plan externe. En premier lieu, au plan interne, il faut veiller tout d'abord à la représentativité des contextes et à la représentativité des échantillons. Et, dans ce cadre, les publications doivent réunir plusieurs conditions, pour constituer un véritable apport: avoir un caractère probant, c'est-à-dire valoir preuve convaincante, présenter un caractère novateur tenant au fait de repenser certains problèmes ou certaines interventions, et un caractère prometteur, c'est-à-dire qui entrouvre d'autres perspectives. Reste qu'en second lieu, une recherche doit également être indicative de sa propre « transportabilité » [1] au plan externe. C'est là une question, et non des moindres, qui se présente en palier, afin que la vigilance de chacun contribue à parfaire la construction collective de la sociologie criminelle.

Enfin, il convient de préciser la place et la nature des connaissances théoriques. Si on simplifie, on peut relever qu'elles précèdent naturellement les recherches empiriques : il s'agit de connaître les définitions, les concepts, de maîtriser la littérature scientifique propre au thème de recherche. Si on élargit l'apport théorique, ce sont des travaux qui portent sur les concepts. Cela peut être un travail de spécification conceptuelle, dans lequel il s'agit d'ouvrir ou de restreindre la portée d'un concept préexistant ; ou un travail d'intégration conceptuelle qui vise à proposer des concepts nouveaux, soit en procédant par rapprochement de concepts existants, soit en créant un concept neuf. Reste qu'en toute hypothèse, les connaissances théoriques en sociologie criminelle n'ont jamais un caractère purement spéculatif, car les liens avec les données de l'observation sont toujours présents.

---

[1] Terme employé par D. Lafortune, conférence intitulée Les interventions criminologiques à l'aune des « données probantes », XIIème colloque de l'Association internationale des criminologues de langue française, Université de Fribourg (Suisse), 12-14 mai 2010 ; le conférencier présenta notamment les caractères d'une « bonne » pratique en criminologie, caractères qui ont été repris et exposés *supra*.

Au terme des étapes que nous venons d'exposer, la sociologie criminelle est désormais construite. Cependant, rappelons-le, elle est une branche de la criminologie, et une spécialité de la sociologie. Cette position particulière impose de préciser les liens qu'elle entretient avec d'autres disciplines ou avec d'autres spécialités. Il faut donc, pour prendre l'exacte mesure de sa construction, préciser) dans un dernier temps de la démarche, la place qu'elle occupe au sein de disciplines ou de spécialités, auxquelles elle se rattache, ou qui lui sont proches.

III – LA PLACE DE LA SOCIOLOGIE CRIMINELLE FRANÇAISE

Tout en occupant un champ disciplinaire qui lui est propre (A), la sociologie criminelle française se réfère à la norme pénale (B).

A – Le champ disciplinaire de la sociologie criminelle

1 – La sociologie criminelle et la sociologie pénale

Le champ disciplinaire de la sociologie criminelle conduit à la distinguer de la sociologie pénale.

En 1964, Georges Levasseur et Jean Carbonnier organisent le Laboratoire de sociologie criminelle. Cependant, la sociologie criminelle ne s'y reconnaît pas[1]. On voit se développer

---

[1] L. Mucchielliet et J.- Chr. Marcel : « La sociologie du crime en France depuis 1945 », article précité, p. 4. : « Cette petite unité n'a pas joué un grand rôle dans la recherche en sociologie criminelle. Cependant, elle a abordé plusieurs terrains parmi lesquels l'image de la justice dans l'opinion publique, la probation dans le système pénal, la conduite en état d'ivresse, l'application du sursis partiel, la délinquance des étrangers, les effets de la collégialité et du juge unique, les relations entre l'urbanisation et la délinquance ». Également, p. 3: « Mais Carbonnier se fait une idée précise de la sociologie juridique, qu'il considère certes comme associée à une posture intellectuelle qui appréhende le fait juridique comme une chose « de l'extérieur », mais de manière à aider le législateur (Cf. étude F. Soubiran-Paillet citée *infra*). Il annexe en quelque sorte la sociologie juridique au droit ».

une sociologie du droit pénal et de la justice pénale, ou sociologie pénale, également appelée « sociologie de la réaction sociale », qui a un objet différent de celui de la criminologie ou de la sociologie criminelle. Cette dernière a vocation à expliquer les facteurs sociaux du phénomène criminel: elle expose les faits observés et caractéristiques, et y apporte des théories explicatives. La sociologie pénale quant à elle, demeure centrée sur le droit pénal, c'est à dire sur sa pratique et son action. Elle est une sociologie juridique appliquée au droit pénal, à la peine ou au procès pénal. Elle étudie le phénomène de la prévention et de la répression, alors que la sociologie criminelle étudie le phénomène criminel.

Carbonnier relève cette dualité d'épithètes, et demeure dubitatif ; cette opposition ne le convainc pas : « ici la peine, là-bas le crime – ou, en développant les termes, ici la société répressive, là-bas le délinquant avant la répression. Cependant, les deux phénomènes sont-ils dissociables ? »[1].

Il est vrai que la distinction n'élude pas les apports respectifs qui peuvent être partagés[2]. D'ailleurs, la tradition de la sociologie criminelle fut reprise par des juristes dans les années cinquante[3], et les spécialistes de la sociologie criminelle, ou sociologues du crime, peuvent effectuer des travaux de sociologie pénale[4]. En outre, on constate que la distinction entre ces deux types de sociologie est inégalement maîtrisée, et entretient des confusions.

Reste qu'entre les juristes, plus précisément les pénalistes, et les sociologues du crime, les habitudes de dialogue,

---

[1] « Sociologie du droit pénal », in *Dictionnaire des sciences criminelles*. Sous la dir. de G. Lopez et S. Tzitzis. 2004, éd. Dalloz, p. 877.

[2] Sur « la distinction de la criminologie et de la sociologie pénale », v. R. Gassin : *op. cit.,* pp. 23 à 26, n° 29 à 31.

[3] Cf. *supra*, nos développements sur la reprise de l'œuvre de Durkheim, l'étude du crime et des facteurs sociaux.

[4] R. Gassin : *op. cit.,* prend l'exemple de l'ouvrage de Ph. Robert, *La sociologie du crime*, et expose son explication avant de conclure: « On a donc affaire à un ouvrage de sociologie pénale et non de sociologie criminelle », n°30.

et *a fortiori* de confrontation, n'ont pas été prises[1]. Philippe Robert[2] a essayé de comprendre pourquoi des liens privilégiés n'ont pas été noués avec les juristes. Il évoque la place trop prédominante des juristes dans la société française, mais ajoute que cette cause n'est pas à elle seule déterminante, ou ne l'est plus.

En revanche, les sociologues du crime ont d'autres interlocuteurs, qui sont des interlocuteurs habituels. Si nous avons déjà évoqué la proximité avec les historiens, qui se traduit notamment par la prise en compte des faits historiques, d'autres liens privilégiés sont créés avec les sociologues du politique.

2 – La sociologie criminelle et la sociologie politique

En 1975, la publication de *Surveiller et punir* de Michel Foucault marque la sociologie et les disciplines qui contribuent à l'étude du crime. Mais si l'œuvre connaît une grande influence en criminologie dans certains pays anglo-saxons, en France, elle noue ou renoue la proximité entre les sociologues du crime et les historiens[3], proximité qui se révèle fructueuse. Un peu plus tardivement, déjà à la fin des années quatre-vingt, et spécialement dans les années quatre-vingt-dix, la production scientifique en sociologie augmente beaucoup, elle s'enrichit et se diversifie.

Or, dans cette grande diversité des contributions nouvelles, se remarque celle de la sociologie politique qui investit

---

[1] Cf. par exemple: F. Soubiran-Paillet: Juristes et sociologues français d'après-guerre: une rencontre sans lendemain, *Génèses*, 2000/4, n° 41, pp. 125-142.; Ph. Robert relève, pour les décades 1960-1970-1980: « l'incapacité des instituts des facultés de droit à produire une œuvre empirique significative », conférence précitée p.14.

[2] In *Histoire..,, op. cit.* : Les sociologues et le crime dans la deuxième moitié du XXème siècle, article précité, pp. 440-441.

[3] Ph. Robert : *Histoire..., op. cit.* : Les sociologues et le crime dans la seconde moitié du XXème siècle, article précité, pp. 434 à 436; entre les sociologues du crime et les historiens, « Il semble bien que l'interface ait été patiemment et systématiquement construit en France [...]. En tous cas, cette construction d'habitudes de confrontation et de dialogue portera ses fruits la décennie suivante à travers une série d'entreprises communes » (c'est à dire dans la décennie suivant la parution de *Surveiller et punir* en 1975).

particulièrement le champ du phénomène criminel ou ses rives frontalières. D'importantes et nombreuses questions sont abordées: des études sont menées sur les professions, la magistrature, la police ; d'autres portent sur certaines formes de délinquance, le terrorisme, les manifestations ; enfin, les travaux sur les politiques de sécurité, le sentiment d'insécurité, son traitement médiatique, se multiplient [1].

Les liens créés avec la sociologie du politique apparaissent particulièrement porteurs. Naturellement, l'échange est déjà facilité du fait qu'il a lieu entre sociologues. Mais c'est une observation d'une autre nature qui paraît réellement prometteuse. En effet, Philippe Robert observe que la sociologie criminelle occupe en France une place plus ténue que dans les pays anglo-saxons. Il suggère, parmi plusieurs motifs possibles, celui de « la traditionnelle – et très durkheimienne – timidité de la sociologie française devant l'examen des phénomènes étatiques et de leur spécificité »[2]. Même si cet auteur, par son propos, vise la sociologie elle-même, la timidité qu'il évoque ne devrait pas être de même nature pour les sociologues du politique : leur objet scientifique les confronte directement aux phénomènes institutionnels ou étatiques.

Bien sûr, cela ne signifie pas que les échanges avec les sociologues du politique pallient totalement l'absence de dialogue avec les juristes. Le crime est une « catégorie normative-étatique » qui relève du droit. Cependant, les sociologues du crime contemporains s'accordent sur le fait qu'on ne peut définir la criminalité que par référence aux cadres juridiques.

Ainsi, la référence normative du droit pénal, associée aux travaux de sociologie politique, devrait permettre d'asseoir et de développer la place de la sociologie criminelle.

---

[1] L. Mucchielli et J. -Chr. Marcel : « La sociologie du crime en France depuis 1945 », article précité, pp. 8-9; Ph. Robert : in *Histoire..., op. cit.* : Les sociologues et le crime et le crime dans la seconde moitié du XXème siècle, article précité, p. 437.

[2] *Histoire..., op. cit.* : « Les sociologues et le crime dans la deuxième moitié du XXème siècle », article précité, pp. 440-441.

B – La référence normative du droit pénal

1 – La norme pénale et les sociologues du crime

La réflexion scientifique de la sociologie criminelle conduit à insister sur le fait que le comportement social qu'elle étudie est un comportement incriminé. C'est l'action du droit, ce que le juriste appelle au début du processus pénal la qualification des infractions, qui constitue en une même unité une classe de phénomènes sociaux. L'incontournable référence à la qualification pénale est comprise par les sociologues, et confirmée par leur adhésion[1]. D'ailleurs, Laurent Mucchielli ne manque pas d'élargir la référence pénale : « C'est fondamentalement le *système* pénal qui constitue et traite le crime qu'il faut analyser par la méthode statistique [...] »[2].

Mais cette adhésion ne fait pas de la sociologie criminelle une science appliquée, qui aurait vocation à être annexée par le droit. Elle ne crée aucune forme de tutelle. Si le sociologue du crime intègre la norme pénale, il demeure, comme tout spécialiste scientifique, pleinement libre de délimiter son objet d'étude. D'ailleurs, un ralliement borné aux règles pénales pourrait enfermer la pensée dans un juridisme qui cantonnerait l'analyse à celle des normes.

---

[1] Ph. Robert : conférence précitée, p. 6 : « Les meilleurs sociologues du crime ont compris le caractère incontournable de la référence à l'action du droit, mais ils sont rarement parvenus à en tirer les conséquences logiques » ; l'auteur observe également : « Les difficultés qu'on redoute avec le droit, on ne s'en débarrasserait pas en se référant à une autre sorte de norme ». L. Mucchielli, fait également sienne la référence normative à la règle pénale : v. notamment, in *Histoire..., op. cit.* : « Naissance et déclin de la sociologie criminelle (1880-1940) », article précité, p 308 ; également, La sociologie du crime en France depuis 1945, article précité, p. 56, où l'auteur précise, à propos des travaux de Davidovitch, qu'il œuvre « fort de l'idée selon laquelle on ne peut définir la criminalité que par référence aux cadres juridiques de la société [...] ».

[2] In *Histoire..., op.cit.* : « Naissance et déclin de la sociologie criminelle (1880-1940) », article précité, p. 308.

Aussi, la portée de la référence juridique doit-elle être précisée : le droit qualifie le crime par ses différentes infractions mais il ne le définit pas ; c'est le droit qui par sa pratique constitue le crime et en fait une réalité sociale par son action[1]. Dès lors, la sociologie criminelle reprend sa place : l'action du droit peut et doit être analysée, sans oublier que ce n'est pas la seule action sociale présente dans le phénomène criminel, puisque le crime procède comme tout fait social d'un ensemble de facteurs sociaux.

2 – La référence criminologique et les pénalistes

De leur côté, les spécialistes de droit pénal ne se réfèrent pas fréquemment à la sociologie criminelle, ni à la criminologie. Pourtant, ils sont confrontés depuis de nombreuses années à une inflation pénale, traduite par l'accroissement de la délinquance et la démesure législative et réglementaire, qui essouffle singulièrement les fonctions traditionnelles du droit pénal[2].

Parallèlement, le projet de création d'une section de criminologie au Conseil national des Universités rencontre de vives oppositions, des pénalistes et des sociologues du crime, opposition à laquelle nous nous associons sans réserve. Les pénalistes exposent leur « point de vue »[3] dans un texte qui réunit cinquante-quatre signataires, et, parmi leurs arguments, trois points méritent l'attention [4].

Le premier point fait valoir que « […] ce sont les sciences criminelles en général et la criminologie en particulier qui sont au service du droit pénal et non l'inverse ». L'observation n'est pas sans rappeler la référence faite par la sociologie criminelle aux cadres juridiques : les cadres juridiques sont alors au service de la sociologie du crime. Chaque discipline doit

[1] Sur l'ensemble de la question relative à la référence à l'action du droit v. Ph. Robert : conférence précitée, spécialement pp. 4 à 7.

[2] Fr. Desportes et Fr. Le Gunehec : *Droit pénal général*. 16ème éd., 2009, coll. Corpus droit privé, éd. Economica, p. 33 et s. n° 69 et s.

[3] *Rec. Dalloz* 2011, p.457.

[4] Les trois points que nous reprenons sont regroupés dans le deuxième point intitulé: « ce projet n'a ensuite pas de sens ».

naturellement pouvoir prendre dans une autre les «éléments » utiles à ses propres développements. Le deuxième point confirme que la maîtrise de la criminologie revient aux criminologues : « […] nous ne pouvons enseigner la criminologie que selon une méthode purement didactique, c'est-à-dire seulement « introduire » à la criminologie avec un esprit d'ouverture, d'humilité et d'indépendance ». Enfin, le troisième point relève que « la criminologie […] ne se conçoit que dans l'interdisciplinarité ». Ce dernier argument que développent les pénalistes, est également repris par un sociologue du crime.

Laurent Mucchielli, qui s'oppose également à ce projet de création d'une section de criminologie, démontre que la criminologie est composée de savoirs particulièrement distincts. Il prend l'exemple du « modèle québécois », et distingue deux branches de la criminologie : la sociocriminologie (qui correspond à la sociologie du crime et de la réaction sociale), et la psychocriminologie [1](qui expose ce que sous-tend, au plan psychique, la délinquance). Puis il conclut : « Ce sont en réalité deux univers intellectuels différents, qui ne se rencontrent pas, qui ne se citent pas dans leurs publications scientifiques. Ce sont des savoirs qui ne sont pas cumulatifs, ce sont des savoirs *juxtaposés* et non *intégrés* »[2].

Ce constat est particulièrement fondé pour les deux branches de la criminologie qu'il présente. En revanche, l'objet de la sociologie du crime et celui du droit pénal, portent, dans une proportion naturellement inégale, sur le *système* pénal. Cette proximité scientifique devrait permettre de faciliter l'échange.

---

[1] V. D. Casoni et L. Brunet, *La psychocriminologie, Apports psychanalaytiques et applications cliniques*. 2002, éd. Les presses de l'Université de Montréal.

[2] « De la criminologie comme science appliquée et des discours mythiques sur la « multidisciplinarité » et « l'exception française » », *Champ pénal/pénal field, nouvelle revue internationale de criminologie*, n° 17, (en ligne).Voir également, « Une « nouvelle criminologie » française ? Pourquoi et pour qui ? », in *Revue de science criminelle et de droit pénal comparé*, 2008, p.795 et s.

De manière plus générale, afin d'apprécier les travaux présentés en criminologie, les pénalistes suggèrent « de prévoir des réunions de 'sections mixtes' du CNU pour examiner les thèses se trouvant à la croisée de plusieurs disciplines ».[1] C'est peu dire que les réunions de ces « sections mixtes » seraient de bon augure, car si plusieurs disciplines ont en partage l'objet du crime, chacune conserve son propre vocabulaire, ses méthodes et ses logiques. Entre ces disciplines, subsiste une difficulté préalable à surmonter, qui correspond, le plus souvent, à un travail de traduction, *lato sensu*. Ainsi, notamment, entre la sociologie du crime et le droit pénal, la gamme lexicale comme les réflexes méthodologiques ne sont pas identiques.

Cependant, les nombreux champs de connaissance ouverts par la criminologie permettent déjà de mesurer autrement le phénomène criminel. Ils peuvent également permettre, et une partie de la doctrine pénale en témoigne[2], de mesurer autrement les données et les choix propres à toute politique criminelle.

Denis SAUVAN

Maître de conférences de droit privé et sciences criminelles (HDR), Université de la Polynésie Française, Membre de l'Association internationale des criminologues de langue française (AICLF)

---

[1] *Rec. Dalloz* 2011, p. 457.

[2] V. par exemple : « Les politiques sécuritaires à la lumière de la doctrine pénale du XXème au XXIème siècle », étude collective introduite par M. Delmas-Marty, in *Revue de science criminelle et de droit pénal comparé*, 2010, n°1, p. 3 et s..

LA PHILOSOPHIE EXTRA-PENALE DU DROIT PÉNAL CONTEMPORAIN

– **Philosophie pénale et droit pénal.** – Il faudrait sans doute s'entendre, d'abord, sur le sens à donner à la philosophie pénale. En tant que réflexion abstraite et générale sur la peine ou le droit de punir, cette discipline semble aussi ancienne que la philosophie elle-même. Les idées de culpabilité et de faute, de responsabilité et de sanction, servent à définir l'homme et sa liberté depuis l'Antiquité. Entendue aussi largement, la philosophie pénale échappe nécessairement au juriste ; elle ne peut lui être utile. Elle recherche la Justice dans des sphères sans rapport avec les contingences de la positivité. Les rapports du droit pénal à la philosophie n'apparaissent pas différents des rapports des autres branches du droit à cette autre manière de penser.

Oublions donc ce premier angle d'approche pour constater qu'il existe, au sein de la philosophie du droit, une philosophie du droit pénal que l'on qualifie aussi de philosophie pénale et dont la confrontation au droit pénal peut s'avérer plus riche d'enseignements. Il s'agit d'abandonner une réflexion d'ordre purement moral pour aborder une discipline qui, tout en restant philosophique, n'ignore pas les spécificités de la justice répressive. Cette philosophie là est celle du pénaliste, lorsqu'il philosophe. Elle a eu son âge d'or : entre 1780 et 1880, un siècle au cours duquel se sont affrontées trois conceptions de la peine, expiatrice d'abord, dissuasive ensuite, réformatrice enfin. La première avait dominé l'Ancien Droit : la souffrance semblait alors nécessaire à l'auteur de l'infraction pour racheter son péché. La deuxième conception domina la première moitié du XIXe siècle : la peine devait essentiellement dissuader l'auteur d'une infraction de récidiver et le public de l'imiter. La troisième conception tenta de s'imposer dans la seconde moitié du XIXe siècle : la peine aurait dû avoir pour but de réformer les coupables, sous réserve de certains incorrigibles pour lesquels une mesure de neutralisation s'imposait.

Qu'en est-il resté ? Il n'est pas sûr que ces approches philosophiques de la peine aient exercé beaucoup d'influence sur le droit positif. En pratique, les trois fonctions attribuées à la peine semblent à ce point liées qu'elles ont toujours eu leur place en droit positif, l'une l'emportant tout au plus sur les autres aux trois époques considérées : les supplices de l'Ancien Régime devaient édifier la population autant qu'aider les condamnés à s'amender ; les peines du droit pénal classique devaient intimider les tiers autant qu'affecter le coupable et assurer sa réformation dans une logique déjà tournée vers l'avenir ; enfin, les mesures préconisées par les positivistes, même si elles ne s'avouaient pas comme telles, impliquaient elles aussi des restrictions de liberté propres à dissuader plus d'un esprit rationnel qui aurait été tenté par le crime et qui pouvait légitimement s'inquiéter de l'évaluation faite de sa dangerosité. Ces trois conceptions de la peine ont imprégné le droit pénal français.

– **Philosophie pénale ou criminologie.** – Mais depuis ? La philosophie pénale n'a pas disparu. Cependant, elle ne s'est guère renouvelée. Depuis le début du XXe siècle, plusieurs doctrines éclectiques se sont succédées, qui associent les théories précédentes dans des combinaisons originales sans jamais les dépasser. Chacun semble admettre qu'il n'y a pas de peine sans souffrance mais que la souffrance ne saurait être une fin en soi. Nécessairement, la peine doit s'inscrire dans une démarche préventive et/ou rééducatrice. Pour autant, l'indifférence du droit positif à l'égard des théories antérieures -entre lesquelles il n'a jamais clairement choisi- décourage les grands esprits d'approfondir la question. Ce désintérêt semble d'autant plus paradoxal que l'évolution de la sanction pénale, qui correspond à un adoucissement permanent, remet en cause ses fonctions traditionnelles : de moins en moins afflictive, la peine impressionne peu et réinsère mal. Cette difficulté à raisonner sur la peine au XXIe siècle pourrait faire craindre un échec de toute réflexion abstraite sur le sujet. En réalité, le problème de la peine est abordé autrement. La réflexion ne s'inscrit plus dans un registre philosophique mais sociologique. Ce n'est pas en se demandant ce que la peine devrait être mais ce qu'elle paraît être que la criminologie tente d'en dégager la signification. Cette nouvelle discipline, aux contours et méthodes floues, a rencontré un tel succès qu'elle semble monopoliser désormais le discours sur le droit pénal. Apparaît ainsi la typologie de différents modèles, libéraux et autoritaires, avec d'infinies nuances et des explications d'autant moins satisfaisantes qu'elles interviennent toujours, et par la force des choses, *a posteriori*. Apparaît aussi une réflexion centrée sur la personne « *réelle* » : les criminologues ont la prétention d'expliquer le crime, de donner les raisons du passage à l'acte, de suggérer des réponses mieux adaptées à la délinquance, etc. Loin de toute métaphysique, se désintéressant le plus souvent de l'idée abstraite de liberté, ils participent à la prise de conscience contemporaine, très matérialiste, de l'individu dans son corps, sujet d'une dignité qui s'attache d'avantage à l'espèce à laquelle il appartient qu'à ses actes et à la façon dont il se comporte[1].

Plus que jamais, manque une philosophie pénale et, avec elle, un débat, un dialogue sur ce qu'il convient d'attendre de la peine. Tout aurait donc été dit ? Les trois doctrines précitées auraient défini l'univers indépassable de la sanction pénale ?

– Philosophie pénale des droits fondamentaux. – En réalité, toute philosophie n'a pas déserté le droit pénal mais elle aborde désormais le problème autrement. La démission des pénalistes sur ce terrain permet à d'autres d'imposer leurs vues. C'est à travers le prisme des droits fondamentaux que la question est désormais envisagée[2].

Or, ce changement de perspective produit un certain nombre de conséquences. Ainsi, la peine ne semble plus au cœur des préoccupations. La réflexion est centrée sur l'individu au cœur du système répressif. Jamais la personne poursuivie n'a été autant

---

[1] V., pour une critique de l'approche criminologique, E. Dreyer : *Droit pénal général*. Litec, coll. « manuel », n°159.

[2] Catégorie qui recoupe celle des droits de l'homme sans coïncider nécessairement avec elle. Il s'agit essentiellement de droits subjectifs auxquels le droit positif reconnaît la plus haute importance (une consécration constitutionnelle et/ou internationale leur permet de tenir en échec d'éventuelles restrictions législatives et *a fortiori* réglementaires) compte tenu de leur objet : protéger la dignité de la personne humaine (V., E. Dreyer : « Du caractère fondamental de certains droits », *RRJ-Droit prospectif*, PU Aix-Marseille, 2006, p. 551).

prise en compte dans sa singularité. En effet, l'acte importe désormais beaucoup moins que celui qui l'accomplit. A travers le droit pénal, la société n'est plus censée réagir à l'infraction commise mais au comportement de son auteur. Les réflexions ont désormais une portée plus large. Elles commandent de s'interroger sur la valeur reconnue à chacun (I). L'idée de dignité de la personne humaine accède ainsi à la positivité. Mais ce souci de la personne humaine conduit également à prendre en compte l'autre protagoniste du procès pénal : la victime, réelle ou potentielle, parfois future. En effet, au regard du respect des droits fondamentaux, la personne de la victime n'est pas moins digne d'intérêt que la personne du coupable (II). Alors que la réflexion s'approfondit, elle se dédouble donc et ses deux branches se télescopent au risque de se contredire. Pour répondre au danger résultant du risque d'infractions, des contraintes nouvelles sont introduites dans le système répressif. Un principe de précaution est appliqué ici aussi, qui exprime une profonde intolérance et menace la liberté individuelle. Les fondements de la responsabilité pénale s'en trouvent affectés.

Ces deux mouvements pourraient sembler contradictoires si l'on n'admettait qu'ils sont liés par une même philosophie humanitariste. C'est une même conception de l'homme à protéger qui les anime, une conception où l'individu se définit moins par son intelligence et sa volonté (sa conscience et sa capacité d'agir sur le monde) que par son appartenance à l'espèce humaine (ce qui conduit certains à revendiquer une protection pour l'embryon au nom d'une prétendue dignité humaine qui préexisterait au statut de personne[1]). C'est une conception qui prétend protéger l'être humain concrètement, qu'il soit coupable ou victime, relativisant même cette distinction et renvoyant tout le monde aux bons soins d'une psychiatrie qui est censée résoudre l'ensemble des problèmes de notre temps. Cette philosophie des droits de l'homme envisagés comme des droits fondamentaux, si elle paraît cohérente en elle-même, risque de faire imploser le système pénal auquel elle reste en grande partie étrangère.

---

[1] V., E. Dreyer : « La dignité opposée à la personne », *D.* 2008, p. 2730.

I – LE SOUCI DE LA PERSONNE DU COUPABLE

L'École de la *Défense sociale nouvelle* est souvent présentée dans le prolongement des écoles de défense sociale qui l'ont précédée. L'ambiguïté du nom qu'elle s'est choisi, comme de beaucoup de ses préconisations, peut expliquer ce rapprochement qui ne saurait donc, par principe, être récusé. Mais, peut-être, une telle approche est-elle réductrice du réel contenu de son enseignement. Avec un peu de recul, il faut se demander si son message ne doit pas davantage être envisagé comme l'élément d'un tout qui le dépasse et qui, à de nombreux égards, lui a survécu. En ce sens, la *DSN* ne serait qu'une manifestation, parmi d'autres, d'un humanitarisme qui s'est efforcé d'intégrer les droits fondamentaux au cœur du système juridique. La question n'est pas de savoir si toutes ses préconisations étaient conformes à de tels droits ; l'on peut même sérieusement en douter. La question est de savoir s'il n'y avait pas, à sa base, cette évidente préoccupation. Or, il n'y a aucune raison de mettre en doute les déclarations d'Ancel sur ce point[1]. Peu importe que, dans la réalisation de l'objectif ainsi fixé, certains tâtonnements aient pu faire douter de la légitimité d'une telle démarche. Peu importe que, devant les difficultés rencontrées, l'inefficacité des moyens mis en œuvre ait finalement privé cette doctrine de crédibilité. Elle a opéré une rupture importante par rapport aux doctrines antérieures. Avec elle, la personne est devenue centrale, l'objectif du système répressif n'a plus été de garantir l'ordre public mais de protéger des individus fragiles qui peuvent le menacer : le respect de l'ordre public fut envisagé comme une conséquence du bonheur à chacun et non l'inverse. La personne est apparue comme un véritable sujet de droits dans un système pénal qui l'avait jusqu'alors niée comme telle[2]. Il ne lui est plus seulement demandé de rendre des comptes ; elle peut désormais en exiger…

---

[1] Rappelons que, pour lui, il s'agissait de « promouvoir un droit pénal de protection » (M. Ancel : *La défense sociale nouvelle*. Cujas, 2ème éd. 1966, p. 334). Cette protection était due à l'auteur de l'infraction pour qu'il retrouve sa place dans la société.

[2] « La Société, en tant que corps social, mais créée pour l'homme à son usage, a envers celui-ci des obligations dont la première est de lui offrir

Au-delà des enseignements de la *DSN*, ce mouvement n'a cessé de se développer. On peut l'illustrer de deux façons. Il importe de souligner d'abord que le prononcé d'une sanction pénale ne se conçoit plus sans une évaluation concrète du coupable (A) ; il importe d'ajouter ensuite que des droits effectifs sont désormais reconnus à l'individu dont la responsabilité pénale est recherchée (B). L'existence de cet individu est envisagée pour elle-même et non plus comme sujet nécessairement passif d'une poursuite engagée par le ministère public.

A – Une évaluation concrète

L'individualisation de la peine n'est pas une préoccupation nouvelle. La lecture de l'ouvrage de Saleilles sur ce thème, dont la première édition parut en 1898, suffit pour montrer que l'idée est en débat depuis plus d'un siècle[1]. Mais elle n'a, pendant longtemps, pas trouvé de traduction dans l'ordre juridique. Certes, entre le maximum et le minimum de la peine prévus par le législateur, voire en dessous de ce minimum, grâce aux circonstances atténuantes, le juge pouvait prendre en compte la personnalité de chaque individu. Néanmoins, il est fort douteux qu'il le fît réellement. C'étaient davantage les circonstances de l'acte que la personne de son auteur qui conduisaient le juge à faire varier la sanction. Il lui manquait des outils d'évaluation adéquats. Lui manquait aussi la conviction que la personne poursuivie était un être singulier plutôt que l'éternel gibier de potence issu des classifications sommaires des premiers temps de la criminologie.

En lutte contre les fictions, la *Défense sociale nouvelle* va rompre avec cette approche trop abstraite d'une délinquance

---

toutes les possibilités normales d'épanouissement. La communauté doit concourir à faire de chacun de ses membres un citoyen utile, et doit s'y efforcer même en cas de chute ou d'erreur réparable. L'individu a donc normalement droit à ce traitement de resocialisation, qui consacre un des aspects de la solidarité sociale » (M. Ancel : *La défense sociale nouvelle.* Cujas, 2ème éd. 1966, p. 304).

[1] R. Saleilles : *L'individualisation de la peine.* Alcan, 1927, 3ème éd., 288p.

uniforme. Elle est, par exemple, à l'origine de l'enquête de personnalité, à l'origine des peines de substitution, dites aujourd'hui peines alternatives, d'une démultiplication des peines complémentaires, d'une première disjonction entre la délibération sur l'infraction et la délibération sur la peine (mécanisme d'ajournement pouvant conduire à une dispense de peine), d'une diversification des formes de sursis, etc. Sans doute ne faut-il pas être naïf : toutes ces institutions n'ont pas forcément été consacrées pour de bonnes raisons. Il est assez paradoxal de constater en effet qu'elles ont survécu, et parfois même se sont perfectionnées, malgré la mort d'une doctrine suspectée d'angélisme[1]. Mais le fait que de tels mécanismes aient été maintenus pour de mauvaises raisons ne permet pas d'en contester le principe et la signification. Le succès posthume de la *DSN* tient paradoxalement au souci de renforcer l'arsenal répressif sans généraliser l'emprisonnement dont le coût s'avère de plus en plus difficile à supporter[2]. La démarche sécuritaire actuelle veut une réponse à chaque infraction mais cela ne passe pas nécessairement par la privation de liberté et, lorsqu'une privation de liberté est ordonnée, cela n'implique pas nécessairement qu'elle soit mise à exécution. L'article 132-24, al. 3 du Code pénal l'indique très bien dans sa dernière rédaction : « en matière correctionnelle, en dehors des condamnations en récidive légale prononcées en application de l'article 132-19-1, une peine d'emprisonnement sans sursis ne peut être prononcée qu'en dernier recours si la gravité de l'infraction et la personnalité de son auteur rendent cette peine nécessaire et si toute autre sanction est manifestement inadéquate ; dans ce cas, la peine d'emprisonnement doit, si la personnalité et la situation du condamné le permettent, et

[1] Au-delà du fait qu'elle a remis en cause le principe d'égalité dans la sanction des auteurs d'infractions identiques (V., M. Danti-Juan : « Existe-t-il encore une égalité en droit pénal ? », in *Mélanges Pradel*. Cujas, 2006, p. 93).

[2] Voir J.-P. Jean : « Le système de justice pénale évalué à l'aune de ses résultats », in *Un droit pénal postmoderne ?* Puf : coll. « Droit et justice », 2009, p. 247 et « De l'efficacité en droit pénal », in *Mélanges Pradel*. Cujas, 2006, p. 135.

sauf impossibilité matérielle, faire l'objet d'une des mesures d'aménagement prévues aux articles 132-25 à 132-28 »[1].

Pour parvenir à ce résultat, l'autorité de poursuites doit se montrer particulièrement perspicace dans ses choix procéduraux. Le pouvoir d'appréciation des tribunaux correctionnels est en partie encadré. Désormais, la peine d'emprisonnement sans sursis doit être spécialement motivée, ce qui contraint le juge à un effort particulier d'explication : il ne suffit plus de rappeler la gravité de l'infraction et la subsistance d'un trouble à l'ordre public[2]. Il faut rechercher dans la personnalité même du coupable les éléments qui rendent la privation de liberté nécessaire compte tenu des autres sanctions possibles, ou des autres modalités d'exécution envisageables ! Cet approfondissement de la réflexion pouvant conduire au prononcé d'une peine d'emprisonnement ferme s'impose également à l'égard des peines d'interdiction du territoire français (C. pén., art. 131-30-1) et de suivi socio-judiciaire (C. pén., art. 131-36-1), dont le prononcé doit lui-aussi être motivé, sachant que l'injonction de soins et le placement sous surveillance électronique mobile encourus dans ce cadre supposent une expertise préalable pour éclairer le juge au moment de son choix (C. pén., art. 131-36-4 et 131-36-10). La dangerosité de l'individu n'est plus déduite de la seule gravitée de son acte, de ses antécédents ou de la classe sociale à laquelle il appartient. Elle est -prétendument- scientifiquement prouvée ! La prise en compte de la personne paraît encore sous un autre aspect. Son consentement est de plus en plus souvent sollicité[3]. Les alternatives aux poursuites,

---

[1] V., pour une adhésion sans réserve à ce nouveau subjectivisme pénal, I. Dréan-Rivette : *La personnalisation de la peine dans le code pénal.* L'Harmattan, coll. « Sc. crim. », 2005, 270 p.

[2] V., Cass. crim., 20 oct. 2010 : pourvoi n°10-81.800, à paraitre au *Bulletin* ; *Gaz.Pal.*, janv. 2011, obs. E. Dreyer.

[3] Sans parler des valeurs que le droit pénal protège et qui semblent de plus en plus disponibles (V., M. van de Kerchove : « Éclatement et recomposition du droit pénal », *RSC* 2000, p. 6. – V., aussi, critiquant cette évolution, V., Ph. Conte : « Remarques sur la conception contemporaine de l'ordre public pénal », in *Mélanges Béguin.* Litec, 2004, p. 147).

qui se sont tant multipliées pour limiter le nombre de classements sans aucune suite, supposent le consentement de l'auteur des faits : reconnaissant ceux-ci, il doit accepter de se soumettre aux mesures proposées par le procureur de la République (CPP, art. 41-1 et 41-2)[1]. Il en va *a fortiori* de même dans le cadre d'une procédure telle que la comparution sur reconnaissance préalable de culpabilité (CPP, art. 495-7 et s.). Le système répressif y gagne en vitesse et en efficacité. L'individu qui « joue le jeu » espère, lui, échapper ainsi à la plus grande sévérité dont les formations de jugement font preuve lorsqu'elles sont amenées à statuer. Il est tout de même remarquable que le choix de la procédure lui soit offert en cette matière d'ordre public où tout semblait, jusqu'alors, lui échapper.

Dans d'autres hypothèses, le consentement porte sur la sanction ou sur une modalité d'exécution de celle-ci. Ainsi, un travail d'intérêt général ne peut être imposé. Il en va de même pour les nombreux stages dont le suivi a été érigé en peine[2] et pour le traitement prescrit dans le cadre d'une injonction de soin[3]. Certes, la liberté du consentement donné paraît assez douteuse[4]. De telles peines ou modalités d'exécution sont acceptées sous la menace d'autres peines ou de modalités d'exécution plus sévères : la violation des obligations résultant de la peine de TIG expose son auteur à 2 ans d'emprisonnement et 30.000 € d'amende (C. pén., art. 434-42) ou à la révocation du sursis assorti de l'obligation d'accomplir un travail équivalent (C. pén., art. 132-56). De même, l'inobservation des obligations imposées au titre du suivi socio-judiciaire expose l'intéressé à un emprisonnement de 3 ans en cas de condamnation pour délit et de 7 ans en cas de condamnation pour crime (C. pén., art. 131-36-1, al. 3). Le refus de se soumettre au traitement ou soins décidés dans le cadre d'un suris avec mise à

---

[1] V., F. Alt-Maes : « La contractualisation du droit pénal, mythe ou réalité ? », *RSC* 2002, p. 502.
[2] V., G. Vermelle : Stage(s). in *Mélanges Bouloc* : Dalloz, 2006, p. 1135.
[3] V., A. Vaissière : « Une peine après la peine, bilan de la gestion de l'état dangereux par l'instauration du suivi socio-judiciaire », in *Le nouveau Code pénal, dix ans après*. Pédone, 2005, p. 75.
[4] Objection surmontée au motif que l'exécution de la sanction semble adoucie, à cette occasion, pour le condamné (V., M. Danti-Juan : « Le consentement et la sanction », in *Mélanges Couvrat*. Puf, 2001, p. 371).

l'épreuve peut également entraîner la révocation de ce sursis (C. pén., art. 132-45, 3°). Et le refus de débuter un traitement durant sa période d'incarcération prive le détenu des réductions supplémentaires de peine auxquelles il pouvait éventuellement prétendre (CPP, art. 721-1), etc. Mais, là encore, l'évolution paraît considérable. L'État ne prétend plus exercer une emprise directe sur les corps. Il pousse seulement les coupables à accepter ce qu'il n'ose pas leur imposer formellement.

Si l'on peut nourrir de sérieux doutes sur la légitimité de la « contractualisation » de la procédure pénale, l'on en éprouve moins à l'égard de cette « contractualisation » de la sanction pénale. Manifestement, c'est le respect de la dignité de la personne qui inspire une telle solution : la personne n'est plus la « chose » du système pénal, une fois sa culpabilité établie[1]. Le constat de cette culpabilité ne confère plus à l'État tous les droits. Quelle que soit la gravité de l'infraction accomplie, le respect de l'irréductible humain constitue désormais une limite à son action[2]. Ce constat en rejoint un autre, tenant à la réalité des droits reconnus à la personne poursuivie.

B – Les droits effectifs

La procédure pénale d'Ancien Régime, codifiée dans l'ordonnance de Colbert qu'enregistra le parlement de Paris le 26 août 1670, avait pour seul objectif de donner aux juges les moyens de défendre la société. Inquisitoire, c'est-à-dire secrète, écrite et formaliste, elle ne reconnaissait aucun droit à l'individu soupçonné. Son procès a été fait depuis longtemps[3]. Depuis lors, mais sans qu'une complète égalité des armes ne puisse jamais être

---

[1] La juridictionnalisation de l'application des peines constitue sans doute une étape essentielle dans cette évolution (V., not., P. Couvrat : « Dispositions générales et nouvelle organisation judiciaire de l'application des peines », *RSC* 2004, p. 286).

[2] V., X. Pin : *Le consentement en matière pénale*. LGDJ, coll. « Bibl. sc. crim.», t. 36, 2002, p. 328, n°383.

[3] V., A. Esmein : *Histoire de la procédure criminelle en France*. Ed. Panthéon-Assas, coll. « Les introuvables », 2010, [1882], p. 329 et s.

établie, les réformes ont été multipliées pour reconnaître des droits aux mis en cause, sans sacrifier l'objectif principal poursuivi : la manifestation de la vérité. Nous ne saurions revenir ici sur cette longue évolution de plusieurs siècles. Là n'est pas notre propos.

Ce qui caractérise en revanche les droits d'aujourd'hui par rapport à ceux d'hier, c'est que leur nature a changé. Il ne s'agit pas seulement de droits reconnus à un mis en examen, un prévenu ou un accusé. Il s'agit de droits reconnus à des êtres concrets. Leurs titulaires sont moins envisagés en tant qu'individus en délicatesse avec le système pénal qu'en tant qu'hommes. Il s'ensuit une perception et une forme différentes. Ces droits ne sont plus seulement organisés par le législateur dans un souci d'équilibre avec l'espoir qu'ils concourront à la manifestation de la vérité (celui qui les exerce concourant ainsi à l'œuvre de justice). Ces droits sont inhérents à la personne ; ils sont un bouclier qui évite de voir cette personne écrasée par l'appareil d'État. Ils peuvent toujours être revendiqués, même dans le silence du législateur ou lorsque celui-ci cherche à les nier.

On n'a peut-être pas suffisamment réfléchi au changement de perspective complet qu'opère la possible invocation directe de la Convention EDH et l'exercice du recours individuel devant la juridiction de Strasbourg. Ils permettent au mis en cause ou en examen, au prévenu ou à l'accusé, de sortir du rôle qui est censé être le sien dans le procès pénal, de refuser la place qui lui est assignée par le Code, de bouleverser la règle du jeu. Ces différents personnages deviennent les véritables acteurs d'un procès qu'ils ne sont plus contraints de subir mais dont ils peuvent contrôler la régularité. Le juge n'a plus nécessairement le dernier mot en vertu d'un droit qu'il maîtrise et qui est son allié. Le juge doit s'assurer en permanence de la conventionalité de son action ou prendre le risque que sa décision soit, tôt ou tard, remise en cause par un constat de violation du texte conventionnel. Là encore, la dignité de la personne en sort grandie : l'individu n'est plus seul face à l'État qui prétend le juger. Un contrôle s'exerce sur ce jugement dont la finalité n'est plus le maintien de la sécurité publique mais le respect de droits fondamentaux.

Il devrait s'ensuivre, durant les prochaines années, une transformation profonde du droit pénal. Car toutes les conséquences de ce mouvement n'ont pas encore été tirées. La ratification par la France de la Convention EDH et de ses différents protocoles est récente[1]. Elle fut à peine anticipée par le développement du contrôle de constitutionnalité. Les droits de l'homme sont ainsi restés ineffectifs pendant très longtemps. Il ne s'agit pas de relancer ici le débat sur la judiciarité de ces droits suivant les générations auxquelles ils peuvent appartenir. Il s'agit de constater qu'en l'absence de contrôle de constitutionnalité des lois par un organe *ad hoc*, ou d'exception d'inconstitutionnalité par le juge répressif, les garanties pénales figurant dans la Déclaration de 1789 n'ont longtemps eues qu'une portée symbolique. A titre d'exemple, le principe de légalité des délits et des peines commande des incriminations précises où le comportement punissable est clairement défini. Or, la plupart des incriminations figurant dans le code de 1810 n'ont pas été définies et bon nombre d'entre elles ont été reprises, en 1992, dans le Code actuel, sans qu'aucun effort de définition supplémentaire ne soit opéré : il serait prétendument devenu inutile compte tenu de l'effort de clarification opéré par la jurisprudence ! L'on a légitimé ainsi des incriminations en grande partie judiciaires, au mépris d'un principe fondamental qu'il convenait pourtant de faire respecter[2]. De la même façon, l'absence d'effectivité des normes constitutionnelles a permis pendant longtemps au législateur de déroger, chaque fois que nécessaire, au principe de non-rétroactivité de la loi pénale[3]. On ne parlera même pas de la rétroactivité *in mitius* dont la portée constitutionnelle a longtemps été niée.

---

[1] Si la Convention a été signée par la France - qui en fut l'une des initiatrices- dès le 4 nov. 1950, chacun sait qu'elle n'a été ratifiée qu'en 1974 et que le droit de recours individuel n'a été accepté qu'en 1981. Il fallut attendre une dizaine d'années supplémentaires pour que les praticiens réalisent l'intérêt de ce texte et que soient opérés à Strasbourg les premiers constats de violation.

[2] V., E. Dreyer : *Droit pénal général*. Litec, coll. « manuel », 2010, n°548 et s..

[3] V., H. Donnedieu de Vabres, *Traité élémentaire de droit criminel et de législation pénale comparée* : Sirey, 3e éd., 1947, n°1564.

L'on est aujourd'hui en droit d'attendre que cessent de tels excès. Le toilettage de notre arsenal répressif pourrait même s'accélérer grâce au mécanisme de la question prioritaire de constitutionnalité. Par rapport au contrôle de conventionalité, qui sert essentiellement d'aiguillon, le contrôle de constitutionnalité, sous ces deux formes, présente en effet l'avantage d'empêcher l'entrée en vigueur ou le maintien de textes méconnaissant une garantie essentielle due aux individus confrontés à la justice pénale. Ce contrôle doit permettre de réduire l'actuelle distance, intolérable, entre le discours sur les droits de l'homme et la réalité d'une pratique répressive qui ne s'en soucie guère. Il ne s'agit pas seulement de suspendre *in concreto* l'application de la loi dans une hypothèse particulière ; il s'agit de faire échec *in abstracto* et *erga omnes* à l'application de cette loi lorsqu'elle méconnaît les droits fondamentaux d'un individu pénalement poursuivi.

Le bel optimisme dont nous venons de témoigner ne doit pas dissimuler les difficultés. Le courage des institutions chargées de défendre les droits de l'homme n'est pas toujours à la hauteur des attentes que l'on place en elles. La Cour EDH hésite quelques fois quelquefois à contrarier les États. Sa conception de la légalité en matière pénale, entendue au sens matériel et non formel, procède d'une regrettable transaction entre principes de *common law* et principes de droit écrit. Sa conception de la matière pénale est, en partie, influencée par le contexte dans lequel la Convention a vu le jour[1]. Quant à la jurisprudence du Conseil constitutionnel, elle s'avère encore plus décevante. Soucieux de ménager le parlement autant que le gouvernement, il ferme les yeux sur une qualité de la loi incompatible avec le respect du principe de légalité. Renonçant à imposer au législateur une stricte méthode, il s'abstient par ailleurs d'exercer un véritable contrôle de proportionnalité : la nécessité des incriminations n'est pas vérifiée ; de rares sanctions excessives ont été condamnées. Le Conseil constitutionnel se révèle même incapable de dégager les critères du recours à la peine et de définir le périmètre de celle-ci. Il fait ainsi

[1] L'influence de la *DSN* apparaît nettement dans les différents cas d'atteintes à la liberté individuelle légitimés par l'article 5 de la Convention. Il s'ensuit des décisions parfois contestables (V., au sujet du FIJAIS, Cour EDH, 17 déc. 2009, *Gardel c/ France*, § 45).

varier l'étendue de la matière pénale, et des garanties qui y sont attachées, en fonction des espèces et des contingences politiques[1]. Il multiplie les exceptions aux principes qu'il est chargé de défendre[2] et tolère, désormais, que perdurent des violations qu'il constate dans l'attente d'une réforme annoncée[3]... Certaines de ces décisions sont véritablement scandaleuses mais il faut peut-être y voir des erreurs de jeunesse commises par un organe auquel l'absence de légitimité historique continue à causer problème[4]. Sans doute, ne s'agit-il là que d'épiphénomènes qui ne suffisent pas à inverser le sens de l'Histoire. Les progrès sont trop considérables pour que ces incidents de parcours ne remettent en cause l'évolution générale ci-dessus rappelée. A certains égards, le droit contemporain réalise l'idéal des Lumières. Il donne enfin à l'homme des droits et les moyens d'exercer ceux-ci en jouissant pleinement des garanties qu'impose le bon exercice de la justice répressive. Mais, paradoxalement, cette préoccupation humanitariste conduit à s'intéresser aussi à un autre acteur du procès pénal en risquant alors de déséquilibrer celui-ci.

II – LE SOUCI DE LA PERSONNE DE LA VICTIME

On l'a vu, l'égalité qui est l'âme de la justice conduit à reconnaître des droits à la personne confrontée à la puissance de

---

[1] V., déc. n°2008-562, DC du 21 fév. 2008, *Loi relative à la rétention de sûreté et à la déclaration d'irresponsabilité pénale pour cause de trouble mental*, § 10.

[2] V., admettant que le législateur puisse tenir en échec la rétroactivité *in mitius* en matière économique, déc. n°2010-74 QPC du 3 déc. 2010, *J.-M. P... et autres*, § 3.

[3] V., retardant l'abrogation de dispositions relatives à la garde à vue qui portent pourtant atteinte aux droits de la défense, déc. n°2010-14/22 QPC du 30 juill. 2010, *Daniel W. et autres*, § 30.

[4] Le Conseil a redéfini lui-même ses missions en prétendant contrôler la conformité des lois à un « bloc » élargi de constitutionnalité. Il n'ose toutefois pas aller au bout de ce contrôle en se montrant exigeant à l'égard du Parlement. Spécialement, en matière pénale, on peut le regretter (Voir E. Dreyer : *Droit pénal général*. Litec, coll. « manuel », 2010, n°317).

l'État dans la recherche d'un équilibre qui permet au juge de statuer sereinement sur l'objet de la poursuite. Cette égalité des armes qui pousse à revaloriser le rôle de la personne de l'agent conduit à revaloriser également le rôle de la personne de la victime. Une telle solution se comprend dans la perspective contemporaine de défense de droits de l'homme conçus comme des droits fondamentaux[1]. Comment tolérer que de tels droits, s'agissant de victimes d'infractions pénales, restent sans protection efficace ? Comment imaginer que leurs titulaires ne puissent pas dénoncer de telles violations, soit en mettant en cause la responsabilité pénale des agents de l'État qui en sont à l'origine, soit en mettant en cause la passivité de l'État qui n'a pas su empêcher leur réalisation par des tiers ? Pour garantir l'effectivité de la Convention EDH, la juridiction de Strasbourg a très vite été conduite à reconnaître à ce texte non seulement une application verticale mais aussi une application horizontale : les États membres doivent s'abstenir de violer ses dispositions mais ils ne peuvent se contenter d'une attitude passive ; afin d'en garantir l'effectivité, ils sont désormais tenus d'obligations positives de protection qui rendent le respect des droits garantis exigible entre particuliers[2]. Ainsi, en combinant les articles 1 et 3 de la Convention EDH, la juridiction de Strasbourg impose aux États membres « de garantir à toute personne relevant de leur juridiction les droits et libertés consacrés par la Convention leur commande de prendre des mesures propres à empêcher que lesdites personnes ne soient soumises à des mauvais traitements, même administrés par des

---

[1] « Le droit pénal s'est rapproché de l'homme. L'extension du droit pénal, marquée par le passage de l'infraction naturelle à l'infraction artificielle ainsi que les progrès de la criminologie et de la victimologie ont amené la société à voir dans le couple délinquant victime non plus des êtres d'exception mais de simples citoyens. L'idée a progressé selon laquelle tout le monde était susceptible d'être une victime et tout le monde était capable de devenir délinquant. Aujourd'hui, il apparaît que le délinquant et la victime peuvent être considérés dans leur entière humanité » (X. Pin : *Le consentement en matière pénale*. LGDJ, coll. « Bibl. sc. crim. », t. 36, 2002, p. 29, n°13).

[2] F. Massias : « Pénaliser : une obligation positive très circonscrite », in *Mélanges Bouloc* : Dalloz, 2006, p. 745.

particuliers »[1]. Et, sur le fondement de l'article 8, la même juridiction déduit que « le viol, qui met en jeu des valeurs fondamentales et des aspects essentiels de la vie privée, appelle des dispositions pénales efficaces »[2]. Dans cette affaire, il a été clairement jugé qu'une action civile ne suffit pas à rendre justice compte tenu de la gravité des faits[3]. Dans une autre affaire, d'esclavage moderne, il a été jugé que le dispositif répressif était insuffisant et n'a, en conséquence, pas assuré à la requérante « une protection concrète et effective contre les actes dont elle a été victime »[4]. Un discours comparable est tenu au sein du Conseil de l'Europe et, même, de l'Union européenne où la protection des victimes d'infractions s'affiche désormais comme une préoccupation[5]. En effet, l'opinion ne comprendrait pas que tous les égards soient dus aux coupables et que la justice pénale continue d'ignorer les victimes dont la dignité n'est pas moindre et qui suscitent plus facilement la compassion[6]. Pourtant, une telle évolution s'avère dangereuse. Car elle est parfaitement acceptée par les États et justifie, sous couvert d'un progrès des droits fondamentaux, des politiques sécuritaires qui paraissent fort éloignées de leur inspiration d'origine. Une place de plus en plus

---

[1] Cour EDH, 10 mai 2001, *Z. et autres c/ RU*, § 73. – Mais la Cour n'est pas allée jusqu'à admettre la légitimité de la revendication d'une femme contestant la relaxe d'un médecin poursuivi pour l'homicide involontaire d'un « enfant » à naître : le droit à la vie appliqué *in utero* ne saurait justifier une pénalisation totale (Cour EDH, 8 juill. 2004, *Vo c/ France*, § 94).

[2] Cour EDH, 4 déc. 2003, *M.C. c/ Bulgarie*, § 150.

[3] V., aussi, Cour EDH 26 mars 1985, *X et Y contre Pays-Bas*, § 27.

[4] Cour EDH, 26 juill. 2005, *Siliadin c/ France*, § 148.

[5] V., M.-L. Lanthiez : « La clarification des fondements européens des droits des victimes », et G. Gamberini : « Les politiques supranationales européennes ou l'âme ambiguë de l'harmonisation », in *La victime sur la scène pénale en Europe :* Puf, coll. « Les voies du droit », 2008, p. 145 et p. 161.

[6] V., rattachant plus généralement les politiques sécuritaires contemporaines au traumatisme provoqué par les attentats du 11 sept. 2001, M. Delmas-Marty : *Libertés et sûreté dans un monde dangereux*. Seuil, coll. « La couleur des idées », 2010, p. 16 et s.

importante est ainsi faite aux victimes d'infractions pénales (A). Le souci de prévenir les atteintes qui leur sont portées conduit à méconnaître les principes les mieux établis (B). L'apparente contradiction sur ce point tient au fait que les droits de l'homme à la base du procès pénal sont revisités dans une logique étrangère à l'institution répressive.

A – Une place reconnue

On a longtemps dit que la victime « est le ventriloque du procès pénal », le personnage au nom duquel des décisions sont prises sans qu'il ne soit réellement écouté[1]. Le progrès du droit, c'est-à-dire l'abandon de la justice privée pour une justice publique, a légitimé une telle évolution. Il fallait étouffer toutes prétentions vindicatives, confiner la victime dans un rôle accessoire[2]. Longtemps, on lui a tout au plus reconnu le droit de se constituer partie civile et de demander des dommages-intérêts en réparation des préjudices directement causés par l'infraction poursuivie. En pratique, cependant, un tel jugement de valeur paraît de moins en moins exact. Il a été ébranlé, dans les années 1970, lorsque la Cour de cassation a admis qu'une personne pouvait se constituer partie civile dans le seul but de corroborer l'action publique, c'est-à-dire à des fins purement vindicatives[3]. Ensuite, le législateur n'a cessé de voler au secours des victimes[4].

---

[1] Expression de J. Danet : « La défense et le choix de la peine », in *L'individualisation de la peine*. Erès, 2001, p. 247.

[2] « La victime est au fond le seul personnage qui ne soit pas indispensable, car il existe des crimes sans victime individualisée et, quand la victime existe, le procès peut avoir lieu sans qu'elle se manifeste. Enfin, lorsqu'elle décide d'agir en exerçant l'action civile, elle devient seulement partie accessoire au procès, ne détrônant pas la société, qui, par l'intermédiaire du magistrat chargé de la représenter, reste la partie principale » (M. Delmas-Marty : *Les chemins de la répression*. Puf, coll. « Droit d'aujourd'hui », 1980, p. 137).

[3] V., sur cette évolution, Ph. Bonfils : *L'action civile, essai sur la nature juridique d'une institution.* PUAM, 2000, p. 123, n°87.

[4] Pour un auteur néanmoins, l'exacerbation des victimes tiendrait au fait que la légitimité de leurs revendications continue à être niée (V., R. Cario : « Les droits des victimes : état des lieux ». *AJ Pénal* 2004, p. 425).

D'abord, les délais de prescription de l'action publique ont été aménagés, non pour renforcer la défense de la société mais bien pour permettre à la victime de se faire entendre devant les juridictions répressives. L'objectif était de permettre aux personnes ayant subi des infractions sexuelles durant leur enfance de dénoncer ces faits pendant les 10 ou 20 années qui suivent leur majorité (CPP, art. 7 et 8, al. 2). Depuis une loi du 15 juin 2000, la victime dispose également d'un statut véritable, étranger à toute logique d'indemnisation[1]. Les droits des victimes lors du procès – notamment de l'instruction- n'ont cessé de se développer. L'article préliminaire du Code de procédure pénale dispose, désormais, que « l'autorité judiciaire veille à l'information et à la garantie des droits des victimes au cours de toute procédure pénale » (§ 2). Ainsi, les victimes peuvent à l'instar des autres parties demander au juge d'instruction l'accomplissement d'un certain nombre d'actes de procédure, présenter des requêtes en annulation, faire appel de la plupart des ordonnances de ce magistrat ; elles doivent être informées par lui du déroulement de la procédure à l'instar de la personne poursuivie. De surcroît, un juge délégué aux victimes a été institué par un décret du 13 novembre 2007, pour leur permettre notamment d'obtenir du juge de l'application des peines qu'il fasse respecter les obligations mises à la charge d'un condamné, ou les complète (CPP, art. D. 47-6-1)[2]. Les victimes sont également informées par ce magistrat des aménagements possibles de cette peine et peuvent exprimer des observations devant le Tribunal ou la Chambre de l'application des peines (CPP, art. 712-7, 712-13). L'aménagement de la peine tient désormais compte « de la situation de la victime » (CPP, art. 712-16-1 et -2, art. 721-2). Et des représentants d'associations de victimes siègent au sein des juridictions statuant sur les aménagements de peines alors que ces aménagements devraient tendre uniquement à la

[1] Voir X. Pin : « Les victimes d'infractions, définitions et enjeux ». *Arch. pol. crim.*, 2006, t. 28, p. 52.

[2] En effet, la victime n'a pas directement accès au JAP : elle n'est pas « *partie* » à l'action en application des peines. – V., Cass. crim., 15 mars 2006 : *Bull. crim.*, n°81, *AJ pén.*, 2006, p. 267, obs. M. Herzog-Evans.

réinsertion des condamnés (CPP, art. 712-13)[1]. Même l'article premier de la loi pénitentiaire du 24 novembre 2009 affirme désormais que « le régime d'exécution de la peine de privation de liberté concilie la protection de la société, la sanction du condamné et les intérêts de la victime avec la nécessité de préparer l'insertion ou la réinsertion de la personne détenue afin de lui permettre de mener une vie responsable et de prévenir la commission de nouvelles infractions ». Ces objectifs, en partie contradictoires, laissent mal augurer des suites qui leur seront données.

La soif de reconnaissance des victimes semble inaltérable[2]. Leurs revendications se multiplient avec l'encouragement de la Cour EDH. Elle leur fait une place dans le procès pénal[3]. Ainsi, a-t-elle admis, à plusieurs reprises, la nécessité de maintenir l'action

---

[1] Voir sur tous ces points, M. Giacopelli : « Quelle place pour la victime dans l'exécution des peines ? », in *La réforme du Code pénal et du Code de procédure pénale*. Dalloz, coll. « Thèmes et commentaires », 2009, p. 325.

[2] Cette émergence des victimes sur la scène pénale est sans doute liée à la façon dont fut envisagée la répression des crimes contre l'humanité : c'est là qu'une telle reconnaissance – en l'absence de responsables clairement individualisés et de sanctions proportionnées à la gravité des actes accomplis- a été organisée et reconnue légitime (V., A. Garapon : *Des crimes qu'on ne peut ni punir ni pardonner* . Odile Jacob, 2002, p. 64). L'idée a été reprise et développée ensuite à l'occasion des grandes catastrophes sanitaires qui ont émaillé la fin du XXe siècle (V., R. de Gouttes : Droit pénal et droits de l'homme. *RSC* 2000, p. 143). En effet, sur le plan technique, ces catastrophes ont posé des problèmes similaires s'agissant de l'identification des coupables et de l'adéquation des pénalités. Dans les deux cas, seule la douleur des victimes semblait échapper à toute discussion.

[3] Comme toujours, le Conseil constitutionnel suit le mouvement. Tout en reconnaissant que « la partie civile n'est pas dans une situation identique à celle de la personne mise en examen ou à celle du ministère public », il vient de déclarer contraire à la Constitution les limites imparties au pourvoi de la partie civile contre les arrêts de chambre de l'instruction : « qu'en privant ainsi une partie de l'exercice effectif des droits qui lui sont garantis par le code de procédure pénale devant la juridiction d'instruction, cette disposition apporte une restriction injustifiée aux droits de la défense » (Const. const., déc. 2010-15/23, 23 juill. 2010, QPC, *Région Languedoc-Roussillon*, § 8).

civile malgré l'extinction de l'action publique devant la juridiction répressive. Dans une affaire *Niţă c/ Roumanie*, la juridiction de Strasbourg a notamment estimé qu'elle « ne saurait admettre que, par le décès d'une personne, le caractère illicite de ces agissements reste non reconnu, voire même, comme c'était le cas en la présente espèce, qu'ils soient totalement passés sous silence dans les décisions du parquet et des juridictions nationales en dépit des preuves indubitables versées au dossier par les organes d'enquête »[1]. Dans une telle hypothèse, le procès pénal ne remplit plus sa fonction normale. Il est instrumentalisé par les victimes et se substitue au procès civil perçu comme inefficace, long et cher[2].

Se pose alors la question de savoir si la place reconnue à la victime dans le procès pénal ne transforme pas celui-ci. Certes, la même juridiction européenne juge encore que « la Convention ne garantit ni le droit, revendiqué par la requérante, à la 'vengeance privée', ni l'*actio popularis*. Ainsi, le droit de faire poursuivre ou condamner pénalement des tiers ne saurait être admis en soi : il doit impérativement aller de pair avec l'exercice par la victime de son droit d'intenter l'action, par nature civile, offerte par le droit interne, ne serait-ce qu'en vue de l'obtention d'une réparation symbolique ou de la protection d'un droit à caractère civil »[3]. Mais pour combien de temps ?

En toute hypothèse, cet arrêt ne suffit pas pour lever les craintes qu'une telle évolution peut inspirer. Le seul fait d'admette l'existence d'une « victime » pose difficulté en l'absence de jugement définitif de condamnation faisant apparaître un « coupable » : lui reconnaître ce statut, c'est admettre la réalité des faits et la présomption d'innocence vole en éclats, dès lors que ceux-ci sont imputés à une personne déterminée. Certes, la victime ne comprend pas que sa parole soit remise en cause ; pourtant,

---

[1] Cour EDH, 4 nov. 2008, § 36. – V., depuis, Cour EDH, 1er déc. 2009, *Velcea et Mazăre c/ Roumanie*, § 132.

[2] Tout en empruntant certains de ses caractères (V., F. Bussy : « L'attraction exercée par les principes directeurs du procès civil sur la matière pénale ». *RSC* 2007, p. 39).

[3] Cour EDH, 12 fév. 2004, *Perez c/ France*, § 70.

cette remise en cause paraît nécessaire sous peine d'inverser la charge de la preuve[1]. Les déclarations de la victime ne peuvent être admises qu'à titre de témoignage. Car, à l'occasion d'un procès pénal, il ne suffit pas de désigner un coupable ; il faut démontrer une culpabilité. La personne désignée n'a donc pas à se justifier[2]. Son silence, ou ses dénégations contre toute évidence, ne peuvent être retenues contre elle... Pourtant, en pratique, la personne poursuivie aura bien souvent le sentiment de devoir répondre à une double accusation. Elle devra se défendre contre les demandes de la plaignante, constituée partie civile, et contre les réquisitions du procureur de la République. Ils seront deux « contre » elle, tenant un discours qui, s'il ne se recoupe pas entièrement, tendra néanmoins à lui reprocher la commission des mêmes faits, en exigeant que les conséquences les plus terribles en soient tirées. L'égalité des armes n'est plus respectée dans une telle hypothèse[3].

Dès lors que la victime prend conscience de son rôle dans le procès pénal, elle n'est plus un simple témoin écouté avec condescendance (comment pourrait-elle être objective, juge et partie à la fois ?) mais la principale intéressée au résultat d'un procès qui semble fait pour elle; la dramatisation de l'audience est portée à son comble : la pression exercée sur l'accusé dépasse le tolérable en même temps que l'impartialité des juges peut être prise en défaut[4]. Ainsi, les victimes deviennent-elles des acteurs

---

[1] V., D. Salas : *La volonté de punir, essai sur le populisme pénal*. Hachette, coll. « Littératures », 2007, p. 91.

[2] V., censurant l'arrêt ayant aggravé les sanctions prononcées au seul motif que le prévenu refusait d'admettre sa culpabilité en cause d'appel et avait imposé un second procès -perçu comme inutile- à la victime, Cass. crim., 24 janv. 2007 : *Bull. crim.*, n°17.

[3] F. Desprez, *Rituel judiciaire et procès pénal*: LGDJ, coll. « Bibl.sc.crim. », t. 46, 2009, p. 450, n°628. – V., aussi, A. Garapon : *Bien juger, essai sur le rituel judiciaire*. O. Jacob, 2005, p. 244.

[4] Ceux qui défendent la position des victimes réclament une évolution du système pénal qui réduit la portée d'une telle objection : ce n'est pas dans le cadre de cette justice d'autorité que la parole de la victime doit être accueillie mais dans le cadre d'une justice de conciliation dont la fonction est davantage de réparer que de punir (V., G. Picca : « Victime : un concept d'avenir ? », in *Mélanges Gassin* : PUAM, 2007, p. 484. – R. Cario, « La justice restaurative : vers un nouveau modèle de justice

« encombrants » du procès pénal. Et ceci sans même parler du fait que les associations d'aide aux victimes sont en train de devenir de véritables auxiliaires de la justice répressive. En effet, un membre de ces associations conventionnées peut être officiellement désigné par le procureur de la République « afin qu'il soit porté aide à la victime de l'infraction » (CPP, art. 41). Le procureur de la République peut même habiliter ces associations pour procéder à des rappels à la loi, demander à un délinquant de régulariser sa situation, d'indemniser sa victime, d'effectuer divers stages (CPP, art. 41-1, 1° à 4°). Le procureur peut les habiliter pour effectuer des missions de médiation pénale (CPP, art. 41-1, 5°) et même pour intervenir lors de la procédure de composition pénale (CPP, art. 41-2 et -3). Ces représentants d'associations deviennent ainsi « *délégués du procureurs* » (CPP, art. R. 15-33-30). La confusion entre intérêt privé et intérêt social paraît alors totale[1].Mais cette place accordée à la victime dans le procès pénal ne vient pas seulement perturber les relations déjà complexes entre défense et accusation. Le danger aujourd'hui est qu'une prise en compte excessive de l'intérêt des victimes n'affecte en profondeur les règles régissant la responsabilité pénale.

B – Une protection anticipée

La loi du 25 février 2008 est à l'origine de deux mécanismes surprenants et, désormais, bien connus. Tout d'abord, cette loi a permis un jugement des « fous » dans le but d'établir non leur culpabilité mais leur irresponsabilité pénale. Ce premier aspect de la loi paraît très ambigu. Car tout n'est pas mauvais dans cette réforme. Tout n'est même pas original. Depuis une loi du 15 juin 2000, il est admis que la procédure d'instruction ou de

---

pénale ? », *AJ Pén.*, 2007, p. 372). Cependant, ce n'est pas dans ce cadre que les victimes se manifestent : elles ne semblent pas prêtes à abandonner le rituel de la justice pénale qui satisfait en partie leur besoin de vengeance.

[1] V., X. Pin : « La privatisation du procès pénal ». *RSC* 2002, p. 254. . – V., aussi, P. Couvrat : « Le rôle moteur du développement des droits de l'homme en procédure pénale ». *Dr. pén.* 2002, étude n°5, p. 5.

jugement ne peut être close par un non-lieu, une relaxe ou un acquittement sans que le juge ne s'explique sur la réalité des faits reprochés (CPP, art. 177, 349-1 et 470-2). Les victimes doivent être reconnues comme telles ; leurs proches doivent savoir ce qui s'était passé. Des psychiatres de télévision prétendent en effet que cela aide au « travail de deuil », que le procès pénal a une vertu thérapeutique, qu'il permet aux victimes directes et indirectes de se reconstruire… Sauf si l'horreur des faits révélés rend cet objectif inatteignable et condamne à s'allonger pendant des années sur un divan ceux qui auront voulu aller jusqu'au bout de l'explication[1] ! La loi du 25 février 2008 n'a fait qu'ajouter à cet établissement des faits une audience publique. Et c'est ici que commencent les difficultés. Car cette audience organisée devant la chambre de l'instruction ou la juridiction de jugement présente tous les caractères -même si les auteurs de la loi s'en défendent- d'un procès. C'est l'ultime occasion pour la victime ou ses proches d'être confrontés à la personne poursuivie. Quel sens peut avoir cette confrontation s'il est acquis qu'au moment des faits le discernement de cette personne était aboli, qu'elle n'avait aucune conscience de ses actes ? À supposer que l'auteur des faits soit revenu à la raison, comment pourrait-il expliquer ce qui s'est passé, donner une réponse acceptable, satisfaisante à entendre ? Cette confrontation est absurde et, pourtant, elle se révèle dangereuse car, à la suite d'une telle audience, des conséquences peuvent être tirées de la déclaration d'irresponsabilité. La même juridiction statue en effet sur les « mesures » auxquelles l'auteur des faits s'expose et qui ressemblent étrangement à des peines : une hospitalisation d'office qui est une privation de liberté aggravée par l'obligation de soins qui l'accompagne (et qui ne peut être refusée, ce qui contredit toute idée de traitement et renforce au contraire l'idée de neutralisation) ainsi que différentes interdictions qui sont apparues si proches des peines complémentaires portant le même nom qu'elles ont pu, un temps, être confondues avec celles

[1] « La réparation psychologique de la victime n'est pas et ne peut être un objectif du procès pénal, au sens où les acteurs du procès sauraient y parvenir et seraient en mesure de reproduire ce résultat » (J. Danet : *Justice pénale, le tournant*. Folio, coll. « Le Monde », t. n°119, 2006, p. 235).

(CPP, art. 706-135 et 706-136)[1]. Comment ne pas faire de lien entre la souffrance exprimée par les victimes au cours de l'audience publique et ces mesures prononcées à la suite par la juridiction ? Comment, les faits étant établis, ne pas voir dans ces « mesures » une réponse aux agissements du mis-en-cause, c'est-à-dire une sanction ? Si la juridictionnalisation de l'hospitalisation d'office est une bonne chose, elle ne pouvait être réalisée de la sorte. Seul un autre juge, n'ayant pas eu à connaître des faits, aurait dû en décider : le juge des libertés et de la détention, voire un juge purement civil, car rien ne peut plus être pénalement reproché à la personne reconnue « folle » (*i.e.*, dont le discernement était aboli ou qui avait perdu le contrôle de ses actes au moment des faits). En l'état, la procédure mise en œuvre ne cesse d'inquiéter, car elle sème le doute sur les raisons pour lesquelles des mesures aussi graves sont prononcées aussitôt après la déclaration d'irresponsabilité. Un auteur a pu évoquer une « objectivation » de la responsabilité pénale, à l'instar de la responsabilité civile débarrassée de toute condition d'imputabilité[2]. Le propos est excessif car l'on se situe, par définition, hors du cadre de cette responsabilité, mais l'on ne peut nier que l'analogie paraît frappante et le risque de dérapage à proximité. Une fois de plus, le législateur a voulu donner satisfaction aux victimes en leur conférant un droit de regard sur le sort de l'auteur des faits. Elles peuvent débattre avec le juge de la place à lui réserver. Elles sont heureuses d'apprendre qu'il sera hospitalisé et que toute levée de cette mesure sera portée à leur connaissance (CPP, art. 706-138). L'objectif est de prévenir de nouveaux abus. Il faut que les victimes dorment en paix…

Le deuxième aspect de la loi du 25 février 2008 concerne les non moins célèbres rétention et surveillance de sûreté. Ces mesures ne s'inscrivent pas dans le même cadre que les précédentes. Elles frappent des individus auteurs de crimes graves

---

[1] V., Cass. crim., 21 janv. 2009 : *Bull.* n°24. – V., ttfois, Cass. crim., 16 déc. 2009 : *D.*, 2010, p. 471, note J. Pradel ; *JCP* 2010, 117, n°5, note P. Mistretta ; *Gaz.Pal.*, 24-25 mars 2010, p. 17, obs. St. Detraz.

[2] V., S. Jacopin : « La dangerosité saisie par le droit pénal », in *Peine, Dangerosité, quelles certitudes ?* : Dalloz, coll. « ICP », 2010, p. 241.

reconnus responsables pénalement de ces crimes. Il s'agit d'ajouter aux peines prononcées lorsque, après exécution, il apparaît que le condamné présente encore une certaine dangerosité. Au titre de la rétention de sûreté – qui doit avoir été envisagée par la juridiction de jugement – l'individu peut être privé de sa liberté dans un établissement spécialisé censé lui délivrer des soins par périodes d'un an indéfiniment renouvelables (CPP, art. 706-53-13 et s.)[1]. Au titre de la surveillance de sûreté, l'individu peut notamment faire l'objet d'une injonction de soins et d'un placement sous surveillance électronique mobile (CPP, art. 706-53-19). Avec l'exécution de sa peine, le condamné ne paye donc plus sa dette à la société. S'il constitue encore une menace, il peut être placé sous son contrôle, voire sa dépendance, à perpétuité[2]. Le législateur a réinventé ainsi les peines après la peine. Car seules les modalités d'exécution de ces mesures de sûreté sont vraiment nouvelles. Leur principe fait renaître des institutions comme la relégation ou la surveillance de Haute police qui, au XIXe et jusque dans la première moitié du XXe siècle, ont permis d'éloigner les individus dangereux, notamment les récidivistes[3]. Mais, précisément, cette renaissance inquiète. Sans doute, des raisons pratiques ont-elles conduit à aménager puis supprimer la relégation et la surveillance de Haute police. Néanmoins, toute difficulté pratique peut être surmontée. Si, au lendemain de la Seconde guerre mondiale, ces peines n'ont pas été réintroduites sous des formes nouvelles et mieux adaptées, c'est parce qu'elles semblaient heurter la

---

[1] « La rétention de sûreté consiste dans le placement de la personne intéressée en centre socio-médico-judiciaire de sûreté dans lequel lui est proposée, de façon permanente, une prise en charge médicale, sociale et psychologique destinée à permettre la fin de cette mesure » (CPP, art. 706-53-13, al. 4).

[2] Au XIXe siècle, le condamné était plaint : « ce n'est pas pour rien que notre peuple appelle le crime un « malheur » et le criminel un « malheureux » » (F.-M. Dostoïevski : *Souvenirs de la maison des morts*. Folio, coll. « classique », t. 925, 2010, [1860], p. 116). Aujourd'hui, il est regardé avec suspicion. L'exécution de la peine ne suffit plus à apaiser la colère des victimes. Individualisée, la peine semble insuffisante. Un surcroît de rigueur est réclamé dans un souci de protection.

[3] V., J.-A. Roux : *Cours de droit criminel français* : Sirey, 2e éd., 1927, t. 1, p. 446 et s.

conception que l'on se faisait de l'homme, même flétri par une condamnation pénale. L'exécution de la peine devant permettre au condamné de prendre conscience de sa responsabilité, de se soigner, de se former, en d'autres termes de s'amender, la fin de peine était perçue comme une véritable « libération » : elle devait être le moment où, rendu aux siens, le condamné allait pouvoir retrouver sa place, ou se faire une place, dans la société des hommes. Bien loin d'être crainte, la libération devait ainsi être anticipée, préparée, aménagée. Cette foi dans l'homme semble aujourd'hui avoir disparu. Au lieu de remettre en cause la façon dont la privation de liberté s'exécute, le législateur prend acte de l'échec de la prison comme lieu de traitement et de réinsertion. Il admet que l'on peut en sortir dangereux et, par conséquent, il refuse que cette sortie puisse réellement s'opérer : la dangerosité d'un individu fait courir un risque à la société ; un principe de précaution curieusement appliqué ici dissuade toute remise en liberté. Au nom de victimes futures, potentielles, une atteinte certaine à la liberté individuelle est ainsi pérennisée. Or, si l'évaluation de la dangerosité de l'agent pouvait être sûre, la question mériterait peut-être d'être discutée[1]. Mais, en l'état de nos connaissances scientifiques, elle semble encore relever du mystère[2]. C'est donc sur la base de diagnostics incertains que l'on

---

[1] Sous réserve de l'objection classique – mais s'agit-il d'une démarche médicale ? – selon laquelle des soins ne peuvent être imposés à autrui (V., L. Proal : *La peine*. Alcan, 2e éd. 1894, p. 475) et d'un effet pervers de cette réforme : « le nouveau texte prolonge en effet l'état de victime au-delà du temps du procès qui aura déterminé la culpabilité et la responsabilité de l'auteur et définitivement nommé sa ou ses victimes. Cet état victimaire qui doit être transitoire risque de voir ici s'enkyster chez elle des maux tout aussi inexpiables que ceux de son auteur sans que quiconque ne se soit demandé parmi ceux qui ont soutenu ce projet, le mal qui pourraient en résulter pour elles » (B. Lavielle : Une peine infinie (libres propos sur la rétention de sûreté. *Gaz. Pal.*, 2-4 mars 2008, p. 2).

[2] « Cet ébranlement juridique n'est-il pas, pour la démocratie et les libertés individuelles, « un prix très élevé pour satisfaire le désir de vengeance publique » qu'accueille avec bienveillance le populisme pénal dominant ? » (X. Lameyre : « Les dangers de la notion de dangerosité »,

accepte de priver de liberté des individus afin de prévenir des infractions dont ils n'ont pas encore l'idée, auxquelles mêmes ils pourront ne jamais songer !

Le droit à la sécurité justifie-t-il ces dérives ? La sécurité est l'objet d'un slogan plutôt que d'un droit de l'homme[1]. Mais cette réfutation ne peut suffire. Les obligations positives de protection que dégage la Cour EDH sont bien réelles. De même, la mission de protection de l'ordre public que le Conseil constitutionnel reconnaît au législateur et qui peut être légitimement opposée aux droits constitutionnellement garantis ne l'est pas moins[2].Il ne suffit donc pas de dénoncer comme électoralistes les manifestations les plus choquantes de l'actuelle politique sécuritaire[3]. Peu affectée par de telles critiques, elle ne disparaîtra pas facilement. Au contraire, elle dispose d'un socle théorique qui ne cesse de se renforcer. Elle s'appuie notamment sur cette nouvelle génération de droits de l'homme qui soutient le principe de précaution. Après la sécurité sociale et la sécurité alimentaire, il faudrait évoquer la sécurité individuelle, droit garanti à chacun et qui permettrait de condamner toute activité ou individu dangereux au seul motif qu'il fait courir un risque à d'autres ? En effet, pourquoi les victimes seraient-elles exposées à ce danger alors que l'on n'accepte plus que les coupables soient exposés à un quelconque risque d'arbitraire ?

---

in *Peine, Dangerosité, quelles certitudes ?* Dalloz, coll. « ICP », 2010, p. 322).

[1] V., M.-A. Granger : « Existe-t-il un droit fondamental à la sécurité ? », *RSC* 2009, p. 273.

[2] Rappelons que le Conseil estime que « le législateur doit veiller à concilier les exigences constitutionnelles énoncées ci-dessus avec la nécessité de rechercher les auteurs d'infractions et de prévenir les atteintes à l'ordre public, et notamment à la sécurité des personnes et des biens, qui sont nécessaires à la sauvegarde de droits de valeur constitutionnelle » (déc. n°2007-553 DC du 3 mars 2007, *Loi relative à la prévention de la délinquance*, § 11).

[3] V., sur la cohérence du mouvement législatif contemporain, J. Danet : *La justice pénale entre rituel et management*. Pur, coll. « L'univers des normes », 2010, p. 85 et s.

Dans la logique contemporaine des droits fondamentaux, qui fait primer la protection de l'intégrité physique et psychique (contre des atteintes pouvant occasionner jusqu'à la mort) sur la protection de la liberté, une telle conclusion peut sembler acceptable. Une conciliation s'impose. Dans la démarche classique des droits de l'homme, qui fait au contraire le pari de l'intelligence et de la liberté, une telle conclusion s'avère lourde de menaces. Le passage de l'une à l'autre s'explique par une transformation de la philosophie applicable[1]. Il n'existe plus de véritable philosophie pénale (empruntant à une conception de la Justice qu'avaient dégagées les Lumières), mais une philosophie plus générale qui prétend défendre la dignité de tout être humain[2]. A une conception verticale du droit associé à la morale se substitue une conception horizontale du droit associé à l'éthique, sans doute plus respectueuse de l'individu mais beaucoup moins de la personne. Le droit pénal néo-classique pourrait bien en faire les frais.

Emmanuel DREYER

Professeur à la faculté J. Monnet de l'Université Paris Sud (Paris XI)

---

[1] V., craignant une « dérive fondamentaliste », D. Salas : *La volonté de punir, essai sur le populisme pénal*. Hachette, coll. « Littératures », 2007, p. 228.

[2] Dans une autre perspective, un auteur a dénoncé au contraire « une opposition binaire des victimes et des agresseurs » (V., A. Garapon, : *La Raison du moindre État, le néolibéralisme et la justice*. O. Jacob, 2010, p. 98). Mais cette opposition n'est peut-être qu'apparente car le même discours laisse aussi entendre que le coupable est en partie victime, de lui-même et de la société ; que la victime est en partie coupable, de la société dans laquelle elle s'intègre et de son égoïste besoin de protection ; qu'ils souffrent finalement d'une même perte d'identité.

Dans la même collection :

Droits de l'homme et libertés, collection « Champs Libres » n° 1, éditeur L'Harmattan, Paris : 2000 -, 144 pages. ISBN : 2-7449-00226-8. Dir. J.-J. SUEUR

Justice et opinion publique, collection « Champs Libres » n° 2, éditeur L'Harmattan, Paris : 2002 -, 263 pages. ISBN : 2-7475-2158-3. Dir. J.-J. SUEUR.

Justice et religions, collection « Champs Libres » n° 3, éditeur L'Harmattan, Paris : 2002, 360 pages. ISBN : 2-7475-28452-6. Dir. J.-J. SUEUR.

Les contentieux du spectacle vivant, collection « Champs Libres », n° 4, éditeur L'Harmattan, Paris : 2004, 313 pages. ISBN : 2-7475-6650-5. Dir. J.-J. SUEUR.

Les contentieux de l'appartenance, collection « Champs Libres » n° 5, éditeur L'Harmattan, Paris : 2006 -, 341 pages. ISBN : 2-296-00669. Dir. J.-J. SUEUR.

Le droit et les droits de l'enfant, collection « Champs Libres » n° 6, éditeur L'Harmattan, Paris : 2007, 285 pages. ISBN : 978-2-296-04625-2. Dir. J.-J. SUEUR et E. PAILLET.

L'étranger entre la loi et les juges, collection « Champs Libres », n° 7, éditeur L'Harmattan, Paris : 2008, 222 pages. ISBN : 978-2-296-06099-9. Dir. M. REYDELLET.

Mise en forme typographique : SARL « Les mots passants ». 25 rue Massillon. 83400 Hyères. Tél : 04/94/33/75/84.

Table des matières

L'HARMATTAN, ITALIA
Via Degli Artisti 15; 10124 Torino

L'HARMATTAN HONGRIE
Könyvesbolt ; Kossuth L. u. 14-16
1053 Budapest

L'HARMATTAN BURKINA FASO
Rue 15.167 Route du Pô Patte d'oie
12 BP 226 Ouagadougou 12
(00226) 76 59 79 86

ESPACE L'HARMATTAN KINSHASA
Faculté des Sciences sociales,
politiques et administratives
BP243, KIN XI
Université de Kinshasa

L'HARMATTAN CONGO
67, av. E. P. Lumumba
Bât. – Congo Pharmacie (Bib. Nat.)
BP2874 Brazzaville
harmattan.congo@yahoo.fr

L'HARMATTAN GUINÉE
Almamya Rue KA 028, en face du restaurant Le Cèdre
OKB agency BP 3470 Conakry
(00224) 60 20 85 08
harmattanguinee@yahoo.fr

L'HARMATTAN CÔTE D'IVOIRE
M. Etien N'dah Ahmon
Résidence Karl / cité des arts
Abidjan-Cocody 03 BP 1588 Abidjan 03
(00225) 05 77 87 31

L'HARMATTAN MAURITANIE
Espace El Kettab du livre francophone
N° 472 avenue du Palais des Congrès
BP 316 Nouakchott
(00222) 63 25 980

L'HARMATTAN CAMEROUN
BP 11486
Face à la SNI, immeuble Don Bosco
Yaoundé
(00237) 99 76 61 66
harmattancam@yahoo.fr

L'HARMATTAN SÉNÉGAL
« Villa Rose », rue de Diourbel X G, Point E
BP 45034 Dakar FANN
(00221) 33 825 98 58 / 77 242 25 08
senharmattan@gmail.com